Joachim Bröcher
Jan Bröcher
Philipp Bröcher

Vater und Sohn auf Reisen

Ein (pädagogisches) Tagebuch

Nachdruck oder Vervielfältigungen, auch auszugsweise, bedürfen der schriftlichen Zustimmung des Verlags.

ISBN 3-89906-675-8

© 2003 by Verlag videel OHG, Niebüll
Schmiedestr. 13 - 25899 Niebüll
Tel.: 04661 - 90010, Fax: 04661 - 900179
eMail: info@videel.de
http://www.videel.de

Alle Rechte liegen bei der Autorin

Gesamtherstellung: videel, Niebüll
Umschlagzeichnung von Joachim Bröcher

Bibliografische Information der deutschen Bibliothek
Die Deutsche Bibliothek verzeichnet diese Publikation in der Deutschen Nationalbibliografie; detaillierte bibliografische Daten sind im Internet über *http://dnb.ddb.de* abrufbar.

Bibliographic information published by Die Deutsche Bibliothek
Die Deutsche Bibliothek lists this publication in the Deutsche Nationalbibliografie; detailed bibliographic data are available in the Internet at *http://dnb.ddb.de*.

Vorwort

Man muss vielleicht wiederum auf Reisen sein, wenn es an die letzte Durchsicht, Überarbeitung und Korrektur solcher Notizen und Tonbandaufzeichnungen geht, wie in dem vorliegenden Fall. Nun bin ich dieses Mal allein unterwegs, unter anderem mit dem Manuskript *Vater und Sohn auf Reisen* im Gepäck. Die Großzügigkeit und die Abgeschirmtheit eines Zimmers in einem alten neapolitanischen palazzo an der Piazza Bellini erscheint mir als würdiger Ort, den letzten Schliff an diese Texte zu bringen, wenngleich es hierbei nicht um literarische Ambitionen geht.

Damit diese meine abschließende Arbeit nicht der Inspiration und der Leichtigkeit entbehrt, mische ich mich in gewissen Abständen in das bunte Getümmel in den umliegenden Gassen und Straßen, die das Herz dieser Stadt ausmachen. Ich schlendere die Treppen hinunter, auf einen espresso, eine pizzetta oder ich kehre ein in eine trattoria. Natürlich sind die in diesem Band mal fragmentarisch, mal ausführlicher dokumentierten Reisen, einmal abgesehen von ihrer persönlichen, biografischen Bedeutung, auch pädagogische Anliegen. Sie sind *pädagogisch*, wie jede interessierte, liebevolle und vernünftige Zuwendung zu Kindern pädagogisch ist.

Die im einzelnen gemachten Erfahrungen während dieser Reisen weisen jedoch, besonders in der zweiten Hälfte des Bandes, über den Horizont des Privaten und Persönlichen hinaus, indem politisch-historische, künstlerisch-technische und naturgeschichtliche Dimensionen unseres Daseins, oftmals mit den Augen des Kindes *entdeckt* und im Sinne von *Bildung* erschlossen werden. Doch soll das Buch nicht belehrend wirken, weshalb ich das Adjektiv *pädagogisch* im Untertitel wiederum in Klammern gesetzt habe. Diese Texte können allenfalls anregen, eigene, bisher unbekannte Wege im Umgang mit Kindern zu suchen und etwas Neues auszuprobieren. Ziel war und ist, die elterlichen Handlungsmöglichkeiten und zugleich die Spielräume kindlicher Weltaneignung durch einen explorativen Blick auf die Phänomene auszuloten.

Wenn sie nicht lediglich eingespielten Routinen und Lebensmustern folgt und etwa Experimente wie die hier thematisierten Vater-Sohn-Reisen wagt, hat auch die immer mehr ins Abseits geratende Lebensform Familie wieder eine Chance auf echte Gemeinschaft und Gemeinsamkeit, gerade durch die Verschiedenheit eines Teils der gemachten Erfahrungen.

Vor allem sind diese, mit meinen Söhnen Jan und Philipp bewerkstelligten Aufzeichnungen der Versuch, ein Stück gelebtes Leben festzuhalten und dem Vergessen zu entreißen, auch dem eigenen. Wie vergänglich die Dinge sind, sieht man hier in der morbiden Atmosphäre der neapolitanischen Altstadt auf Schritt und Tritt. Zugleich fasziniert die Schönheit, nicht nur in der Architektur, wie sie sich trotz des Verfalls von einem Jahrhundert ins andere hinübergerettet hat, sondern auch die Schönheit in der jungen Generation, die im Golf von Neapel besonders wild und ungestüm zur Blüte kommt und sich in ihrem Lebenswillen behauptet, trotz aller Vergänglichkeit ...

Sich im Lebenswillen behaupten ..., nichts anderes wollen diejenigen, die hier reisen und ihre Erfahrungen dokumentieren. Dabei wird deutlich werden, in welch komplexen Bezügen sich dies alles vollzieht und was sich im einzelnen entdecken lässt. Obwohl das Reisegeschehen naturgemäß in der Gegenwart spielt, ist es immerzu auf die nähere Zukunft hin ausgerichtet und zugleich sind diese Reisen auch Berührungen mit der Vergangenheit, die letztlich durch alles hindurch scheint.

Joachim Bröcher, Neapel, September 2003

21. Dezember 2002

Jetzt bekommen sie diesen Gutschein zu Weihnachten. Abgesichert habe ich mich schon, ob sie das auch interessiert, ob sie das wollen. Sie wollen. Jan ist jetzt dreizehn, und wenn die Reise stattfindet, wird er vierzehn sein. Philipp ist jetzt neun, und zu dem Zeitpunkt, an dem die Reise stattfindet, wird er zehn Jahre alt sein. Natürlich habe ich nicht allzu auffällig oder direkt gefragt. So quasi nebenbei und dann schnell das Thema gewechselt. Es soll ja eine Überraschung werden. Ich habe versucht, die beiden Gutscheine ein wenig nett zu gestalten und diese aus farbigem Karton selbst gefertigt. Mit goldenem Stift habe ich auf der Außenseite der Karte, jeweils neben dem Namen des Jungen, einen Rucksack gezeichnet, daneben die Wörter travelling, viaggio und voyage gesetzt, innen noch ein Seidenpapier reingeklebt und darauf geschrieben: Gutschein für eine gemeinsame Reise von Jan bzw. Philipp und Papa, zu zweit, im Sommer des Jahres 2003. Wie und wohin wir reisen, darfst du mitentscheiden und mitplanen. Wohin möchtest du gerne einmal reisen und schließlich mit welchem Verkehrsmittel? Die Gutscheine habe ich dann noch mal in Geschenkpapier eingepackt und mit einem Bändchen verziert. Mal sehen, was sie sagen, am Heiligen Abend, die beiden.

Jan und ich sind schon öfter zu zweit gereist. Der Anlass waren zunächst Spannungen in der Familie, zwischen Mutter und Sohn, zwischen den beiden Buben. Dann entdeckte ich, dass es so oder so gut ist, in Abständen solche Vater-Sohn-Reisen zu unternehmen. Jan hatte das erste Jahr der Grundschule hinter sich, da flog ich mit ihm für zwei Wochen nach Schottland, mietete einen Wagen und machte mit ihm eine Rundreise. Wir starteten in Edinburgh und fuhren die Ostküste hoch. Dann ging es Richtung Highlands, Isle of Skye und schließlich die stürmische Westküste wieder runter. Wir übernachteten in den verschiedensten Gästehäusern, bed & breakfast. Stets begegneten wir äußerst gastfreundlichen Menschen und zumeist wohnten wir in gemütlichen und geschmackvoll eingerichteten Zimmern.

Im Jahr darauf ging es mit dem Zug nach Vorarlberg und Südtirol zum Wandern. Es war schon Oktober und es regnete viel. Weil es nicht aufhörte zu schütten, brachen wir unseren Aufenthalt dort schließlich ab und fuhren nach München. Wir verbrachten viel Zeit im Deutschen Museum. Das war auch interessant. Eine andere gemeinsame Reise mit Jan ging nach Sardinien. Wir flogen nach Olbia. Zwei Wochen standen uns zur Verfügung, um die Insel mit einem Fiat Punto zu erkunden. Etwa alle zwei Tage wechselten wir das Quartier. Erneut ging es zum Wandern nach Vorarlberg und Südtirol, diesmal im Sommer. Es war sehr abenteuerlich, gemeinsam übers Timmelsjoch zu fahren. Mal zelteten wir, mal blieben wir in Gasthöfen oder Hotels. Und unsere fünfte gemeinsame Reise führte uns ins Gebiet der Cinque Terre, zum Wandern, unterbrochen von gelegentlichen Abstechern in die Toskana, etwa nach Pisa oder Florenz. Bei dieser Tour nahmen wir einen Nachtzug mit Schlafwagen.

Leider fand ich nie einen anderen Vater mit Sohn, um in einer Viererkonstellation, das heißt zwei Väter, zwei Söhne, im Idealfall jeweils miteinander befreundet, auf Reisen zu gehen. Also reisten wir jeweils zu zweit. Sicher hatte es so auch viele Vorteile. Schon als ich die Reisen mit Jan unternahm, machte der vier Jahre jüngere Philipp gelegentlich deutlich, dass er auch einmal mit mir alleine verreisen wollte. Ich fürchtete immer, es könnte ihm zu langweilig werden und war auch deshalb darum bemüht, einen weiteren Vater und dessen Sohn zur Begleitung zu gewinnen, was mir leider nicht gelungen ist. Bei Jan hatte ich dieses Problem weniger gesehen. Er verhielt sich stets sehr genügsam, freute sich über jede Aktivität, jede Schiffsfahrt, jedes Essen in einem Lokal, jedes Picknick in der Landschaft oder auf der

Bettdecke des Zimmers. Er ertrug auch eine längere siesta, während der ich Tee trank, Kleider durchwusch, las oder schrieb, ohne das leiseste Zeichen von Ungeduld oder Unruhe. Aber Philipp?

Irgendwie kam ich in der Sache nicht weiter und packte diese ganzen Überlegungen auf Eis. Schließlich waren wir als Familie mehr als genug unterwegs gewesen, in Deutschland, Holland, Frankreich und vor allem in Italien. Karin und ich hatten, als die Jungen noch klein waren, Ferienhäuser oder Ferienwohnungen am Meer gemietet, in Cadzand, Katwijk, Egmond oder auf Sylt. Später dann nahmen wir an speziellen Eltern-Kind-Reisen, insbesondere nach Süditalien teil, um den Kindern mehr Kontaktmöglichkeiten zu verschaffen und auch selber während der Kinderbetreuung etwas Freizeit und Muße zu haben. Ein anderes Mal kreuzten wir in Nachtzügen oder mit dem Auto durch Frankreich, Österreich, Italien. Mal campierten wir auf dem Zeltplatz, mal gingen wir in Hotels. Dann kam die Zeit der Erlebnis- und Abenteuercamps. Ich buchte sie mal über das Jugendherbergswerk, mal über andere Träger. Für Jan folgte, im Alter von zwölf Jahren, die erste Sprachreise nach Südengland. Sind also Vater-Sohn-Reisen noch angesagt? Ich vermute ja. Bei Philipp stehe ich ohnehin noch in der Schuld. Er hat bisher keine einzige solche Reise mit mir alleine erlebt, während Jan und ich unterwegs schottische fish & chips oder sardische Tintenfische gespachtelt haben. Und Jan? Es wird ihm wohl nicht schaden, noch mal mit mir auf Tour zu gehen. Interesse hat er ja bekundet.

Außerdem werde ich ja etwas anders an die Sache rangehen als bisher. Nicht Papa organisiert und plant alles. Nein, diesmal sollen die Jungs sich an der Reiseplanung und den nötigen Vorbereitungen beteiligen. Die Reise wird größtenteils so beschaffen sein, wie sie ein jeder der beiden Jungen plant und gedanklich vorwegnimmt. Natürlich werde ich mich nicht auf alle denkbaren Unannehmlichkeiten einlassen. Ich bin nicht mehr fünfundzwanzig. Ich werde wohl für mich selber sorgen und meine persönlichen Bedürfnisse ins Spiel bringen. Außerdem will ich in ein Land fahren, wo ich die Sprache einigermaßen beherrsche. Das gemeinsame Reiseprojekt muss also irgendwie mit Deutsch, Englisch, Französisch oder Italienisch zu bewerkstelligen sein. Oder? Philipp sagte beim Aufräumen des Bücherregals, er würde gerne mal nach Schweden fahren. Gut, darauf würde ich mich auch noch einlassen. Die Schweden können bestimmt auch Englisch. Warum gerade Schweden? hatte ich so beiläufig wie möglich zurückgefragt. Er wolle nach Bullerbü und gucken, wie es dort aussehe. Hm. Da ging es doch schon um Inhalte, nicht wahr? Vorsichtshalber sagte ich schon mal, dass sich die in der Literatur konstruierten Bilder nicht immer in der Wirklichkeit wiederfinden. Ob er das verstanden hat? Reisen öffnet demnach nicht nur Horizonte. Es kann auch ziemlich ernüchternd sein, indem es schöne, durch Bücher oder Filme aufgebaute Bilder ins Wanken bringt. Für heute soll es genug sein. Wenn die Gutscheine ausgepackt sind, werde ich weiter berichten.

22. Dezember 2002

Ich glaube, ich muss jetzt aufpassen, welche Artikel, Hefte oder Bücher ich wo im Haus liegen lasse. Gestern las ich noch einen ZEIT-Artikel über die Adirondacks im Nordosten der USA, jenes wilde und abenteuerliche Lederstrumpf- und Indianerland. Nicht dass da einer von den Jungs noch hin will. Bären und Wölfe, gelegentlich Grizzlys, soll es noch geben dort. Dann ist in den Medien ständig die Rede von den sich breit machenden Billigfliegern. Auch das könnte die Jungs in irgendeiner Form beeinflussen. Ryanair, Germanwings ... Bis zu dem Brand in einem der Schlafwagen im Nachtzug Paris-Saarbrücken bestand meine ganze

Familie nur aus leidenschaftlichen Nachtzugfahrern. Karin und ich hatten es immer sehr gemocht, die Kinder in die frisch bezogenen Kojen klettern zu sehen. München-Neapel, in den dunkelblauen Wagen, das war eine unserer Lieblingsstrecken. Oder Köln-Mailand. Und jetzt, nach diesem Unglück? Wird noch einer von den Jungs einen Schlafwagen buchen wollen? Ehrlich gesagt, ich will es auch nicht mehr. Fliegen? Nach den entsetzlichen Bildern von New York? Gut, ich bin nach dem 11. September schon noch geflogen, aber beruflich bedingt. Nicht aber in Form einer Reise, schon gar nicht mit den Kindern. Das Beste wäre vielleicht im Hochsauerland von einer Jugendherberge zur anderen zu wandern. Werden sie so etwas wollen? Wird das interessant genug sein? Ich bin gespannt, wie Jan und Philipp auf den Gutschein reagieren. Liege ich am Ende doch daneben mit einem solchen Geschenk? Ist es überhaupt legitim, so eine Reise zu verschenken? Ist es nicht vielmehr selbstverständlich, in der Form etwas mit seinen Kindern zu unternehmen? Hätte ich nicht besser neue Fahrräder oder Computerspiele gekauft? Warten wir es ab. Morgen muss ich mich endlich um den Weihnachtsbaum kümmern. Noch liegt er, vom Regen durchnässt, auf der Terrasse.

26. Dezember 2002
Die Geschenke sind ausgepackt. Ob es eine besondere Reaktion auf meine beiden Reisegutscheine gab? Ich würde sagen, die Jungs haben das Geschenk gewürdigt, aber nicht überschwänglich. Natürlich waren sie auch sehr mit den anderen Geschenken beschäftigt, mit Dingen die konkreter vor ihnen lagen, als eine Reise, die fern in der Zukunft stattfinden wird. Philipp sagte, nachdem er den Text im Innern des Gutscheins gelesen hatte: Mit dem Zug. Ich möchte mit dem Zug fahren! Mehr hörte ich an den Weihnachtstagen darüber nicht. Neben den Familienessen, Verwandtschaftsbesuchen

und Spaziergängen wurde von Jan und Philipp der Versuch unternommen, mit Hilfe eines Experimentierkastens Kristalle zu züchten, oder es wurde gepuzzelt oder der *Name der Rose* und *Pinocchio* als Hörbuch genossen. Von den Reisen erst mal kein Wort.

27. Dezember 2002

Ich kam abends aus dem Fitnessstudio und wurde von Philipp, meinem Neunjährigen, schon an der Haustür empfangen. Nachmittags hatten wir uns nicht gesehen, weil er bei Freunden im Dorf war. Geh mal in dein Zimmer, rief er mir von oben zu. Ich stellte meine Sporttasche ab und ging nach oben. Auf meinem Schreibtisch lag ein zusammengefalteter Brief. Ich las darauf: *Ich habe mir was überlegt.* Sogleich öffnete ich das Papier. Darin stand geschrieben: *Lieber Papa, wo ich in der Schule das Thema Nordrhein-Westfalen hatte, habe ich gedacht, mir Denkmäler anzuschauen. Ich weiß nicht, ob es eine Zugverbindung gibt, sonst können wir ja mit dem Auto fahren. Wohin mein ich wohl? Tipp: Guck mal im Karton „Reisen" in Deinem Zimmer! Philipp.*

Ich ging rüber zu der Ablage und entdeckte in dem betreffenden Fach ein Sachkundebuch aus der Grundschule, *Unsere Welt. Atlas für die Grundschule. Nordrhein-Westfalen*, darin ein Lesezeichen. Ich nahm das Buch und öffnete es auf der entsprechenden Seite. *E 4* stand in großen handgeschriebenen Buchstaben darauf. Unter E 4 fand ich zum Beispiel die Stadt Detmold. Da kam Philipp schon in mein Zimmer herein, trat neben mich, blätterte eine Seite weiter in dem Buch und zeigte mir ein Photo der Externsteine.

Philipp: Könnte doch interessant sein. (Er deutet auf eine darunter befindliche Karte der unmittelbaren Gegend um die Externsteine.) Hier, das rote sind Wanderwege. Und da ist auch eine Jugendherberge eingezeichnet. Da könnten wir wohnen und morgens dann hier über den roten

Wanderweg zu den Externsteinen gehen. Und hier sind noch Hügelgräber, da ist eins und da ist noch eins.

Joachim: Ach, so eins wie auf Sylt. Das Hügelgrab bei Wenningstedt, weißt du noch?

Philipp: Ja klar. (Philipp blättert nun zurück zur Regionalkarte Ostwestfalen-Lippe. Sein Finger durchwandert die Planquadrate.) Hier ist der Teutoburger Wald. Und da ist das Hermannsdenkmal. Das würde ich auch gerne mal sehen. Hier die Porta Westfalica.

Joachim: Was ist das hier noch mal?

Philipp: Der Weserdurchbruch. Auch ein Denkmal. Und dann hier das Wasserstraßenkreuz bei Minden, ist bestimmt auch interessant. (Dann holt Philipp noch ein zweites Sachkundebuch herbei. Es stammt wohl aus der didaktischen Sammlung seiner Mutter.) Hier das Wasserkreuz bei Minden auf dem Foto! Da noch mal die Externsteine von einer anderen Seite fotografiert. Hier Bad Salzuflen. Vielleicht kann Mama doch mitkommen und dort solange eine Kur machen. Da Schloss Detmold. Das würde ich mir auch gerne mal ansehen. Und da ist noch mal eine Karte mit dem Teutoburger Wald und dem Wesergebirge, die ist aber nicht so genau, ist ja auch selber gezeichnet.

Darunter sehe ich eine recht sympathische Abbildung. Eine Gruppe von Kindern mit Rucksack und Wanderkarte vor der Landschaft Ostwestfalens.

Joachim: Junge, du hast was gelernt im Unterricht. Alle deine Pläne klingen sehr interessant. Ich muss jetzt dringend etwas zu Abend essen. Morgen sehen wir weiter.

Philipp: O.k., gute Nacht dann.

Joachim: Gute Nacht, Philipetto.

Lieber Papa, 27.12.02

wo ich in der Schule das Thema "Nordrhein-Westfalen" hatte, habe ich gedacht, mir Denkmähler anzuschauen. Ich weiß nicht, ob es eine Zugverbindung gibt, sonst können wir ja mit dem Auto fahren. Wohin mein ich wohl?

Tipp: Guck mal im Karton „Reisen" in deinem Zimmer!

Philipp

29. Dezember 2002

Beim Abendbrot fragt Karin Philipp irgendetwas zu dem von ihm anvisierten Reisegebiet. Ich weiß nicht mehr, was es genau war. Es ging um irgendein Detail. Jan, mit leicht spöttischem Unterton zu seinem Bruder: Ja, ja, du und dein Gebiet da aus dem Unterricht von deiner Frau Lanfer. Meine Frau bremst Jans Vorstoß ab, indem sie ihn fragt, ob er sich denn auch schon etwas für seine Reise überlegt hätte.

Jan: Nicht direkt.

Ich übernehme die Gesprächsführung, dankbar für diese Überleitung.

Joachim: In welche Richtung geht es denn ganz grob, Jan?

Jan: Sizilien wäre interessant.

Joachim: Sizilien? Wieso gerade Sizilien?

Jan: Weil du dort letztes Jahr mit deinem Freund Reinhard warst.

Joachim: Das ist der Grund?

Jan: Ja.

Joachim: Aber wir waren dort im September. Im Hochsommer ist es dort furchtbar heiß. An die vierzig Grad, oder gar mehr.

Jan: Na und? Dann kann ich ja viel trinken.

Joachim: Und sonst? Hast du noch andere Ideen?

Jan: England. Ich möchte England besser kennen lernen.

Joachim: Irgendwas Bestimmtes in England?

Jan: Kann ich so nicht sagen. Jedenfalls nicht Christchurch. Was anderes eben.

Joachim: Und Irland?

Jan: Ja, wäre auch interessant.

Joachim: Blätter doch bei Gelegenheit ein wenig in unseren Karten und Reiseführern, oder auch in deinen Englischbüchern aus dem Unterricht. Vielleicht gibt es irgendeine Gegend, irgendeine Stadt in Großbritannien, die du gerne näher kennen lernen willst. Und übrigens: Seiner Lehrerin

Marita Lanfer verdankt Philipp unglaublich viel! Sie hat ihm den Blick für so manches in der Natur und in der Welt, auch für die Dinge hinter den Dingen, geöffnet.

Jan: Schon gut.

Karin: Wo und wie wird denn im Teutoburger Wald übernachtet?

Philipp: Eine Jugendherberge habe ich schon herausgefunden. Sie ist in Horn-Bad Meinberg.

Ich ziehe das Verzeichnis deutscher Jugendherbergen aus dem Regal und gebe es an Philipp weiter.

Joachim: Schau doch mal nach, ob noch mehr Jugendherbergen in der Gegend sind.

Philipp: Prima, mache ich.

Natürlich geschieht dies sofort nach dem Essen.

Philipp: Hier, in Detmold ist auch noch eine. Da, sie ist sogar abgebildet. Und hier ist die Herberge in Horn-Bad Meinberg. Die Herbergseltern heißen....

Er legt Lesezeichen ins Buch.

Joachim: In meinem Zimmer steht eine Box. Da kannst du alles reinlegen, was mit deinen Reiseplänen zu tun hat.

Philipp: Gute Idee.

Als ich in mein Arbeitszimmer hochkomme, liegt Philipp beim Licht der Leselampe auf meinem Sofa und studiert eine Deutschlandkarte, in der speziell die Jugendherbergen eingezeichnet sind. Sie befindet sich vorne in dem deutschen Herbergsverzeichnis.

Joachim: Das, was du bisher geplant hast, wird es eine Woche füllen? Ich glaube im Augenblick, dass es ein Programm für drei bis vier Tage ist.

Philipp: Kann sein.

Joachim: Wir müssen nicht auf sieben Tage kommen, du kannst die sieben Tage aber auch voll ausschöpfen. Sie gehören dir. Vielleicht nehmt ihr in Sachkunde ja noch was Interessantes durch.

Philipp: Ja, vielleicht.
Joachim: Wir könnten ja verschiedene Reiseziele miteinander kombinieren.
Philipp: Aber ich weiß noch nicht wie.
Joachim: Wir haben ja noch Zeit.

30. Dezember 2002

Jan ist im Internet herumgesurft. Er hat ein Routenplanungsprogramm ausfindig gemacht. Ich muss in das Arbeitszimmer, wo der Computer steht, herunter kommen und mir das Ergebnis seiner Recherchen anschauen. Eine mögliche Verbindung zwischen unserem Wohnort und Dublin. Ich bitte ihn um einen Ausdruck, weil ich nicht viel Zeit habe, um am Bildschirm zu lesen. Später lese ich die drei Din-A-4 Seiten: Start Nümbrecht-Heddinghausen, in Nümbrecht rechts abbiegen auf Schlossstraße Richtung Bierenbachtal, weiter auf L 320 Richtung ... Leuven Richtung Brüssel ... Richtung Oostende ... in Calais weiter Richtung Fährhafen Dover ... in Dover in Kreisverkehr einfahren Richtung Folkestone ... Richtung Birmingham ... Richtung Bangor ... Fährhafen Dublin ... Nicht schlecht, alles versehen mit genauen Zeitangaben: Abfahrt 20.40 Uhr, Ankunft Dublin 15.00 Uhr. Gesamtkilometer: 1084. Am späten Abend kommt Jan noch mal in mein Arbeitszimmer.

Jan: Hier ist eine Umgebungskarte von Dublin. Ich habe sie soeben ausgedruckt. Air Lingus. Die fliegen nach Irland. Ich hab´ im Internet nachgesehen.
Joachim: Und Ryanair?
Jan: Werde ich noch recherchieren.
Es ist schon sehr spät, da taucht Jan noch mal bei mir auf.
Jan: Mist, Ryanair fliegt nicht nach Dublin. Es ist irgendein anderer Ort, wo sie hinfliegen, ach wie hieß er noch ...
Joachim: Bestimmt nach Shannon...
Jan: Wo ist das denn?

Joachim: Ein Charterflughafen genau auf der anderen Seite von Irland, in der Nähe der Westküste, bei Limerick... Komm, für heute ist es genug. Jetzt gehst du mal schlafen.

31. Dezember 2002
Joachim: Du willst also wirklich nach Dublin?
Jan: Warum nicht.
Joachim: Weißt du schon was über diese Stadt?
Jan: Nicht viel.
Joachim: Ich habe einen guten Reiseführer zu Irland. Darin findest du Informationen. Ich lege ihn dir raus. Außerdem gibt es jede Menge Informationen zu den verschiedenen Regionen von Irland. Wir müssen aber nicht nach Irland, nur weil ich es vielleicht mal erwähnt habe. Wir können genauso nach Polen fahren. Aber wenn du wirklich selber nach Irland willst, können wir die Idee ja weiterverfolgen.
Jan (mit spöttischem Seitenblick auf seinen jüngeren Bruder): Jedenfalls will ich auf keinen Fall in Nordrhein-Westfalen bleiben. Das ist ja fast vor der Haustür.
Joachim: Darauf kommt es ja nicht an, wie weit ein Ziel entfernt ist. Die Frage ist vielmehr, mit welchen Augen du dich dort umschaust, mit welchem Bewusstsein, du die Dinge dort wahrnimmst und dann ist es einerlei, ob du vor den Externsteinen stehst, vor dem Eiffelturm oder vor einer Pyramide.
Jan: Käme denn auch Afrika in Frage?
Joachim: Bei einer Woche möchte ich keinen Langstreckenflug machen. Es ginge dann höchstens Nordafrika.
Philipp: Und die Sprache dort?
Joachim: Französisch. So gesehen ginge das.
Jan: Und Griechenland?
Joachim: Das käme von der Sprache her auch noch hin. Ich nehme an, dass wir mit Englisch oder Deutsch durchkä-

men. Ich fürchte allerdings, dass es dort im Hochsommer etwas zu heiß sein könnte.

1. Januar 2003

Gestern, zu Sylvester, machte ich mit den Kindern eine lange Wanderung hier durchs Oberbergische. Unterwegs ging es unter anderem auch ums Reisen. Philipp sagte, er sei sich nicht sicher, ob wir auch wirklich in die von ihm genannte Gegend fahren würden. Bis auf weiteres bleibe es jedoch bei dem Plan.
Jan (zu mir): Mit welchem Verkehrsmittel würdest du denn gerne reisen?
Joachim: Kommt auf das Ziel an.
Jan: Nach Irland am liebsten mit dem Flugzeug. Nach Österreich mit dem Zug oder dem Auto.
Heute sitzt Jan wieder vorm PC. Er hat die website von Ryanair aufgerufen und studiert Flugrouten und Flugpreise.

25. Januar 2003

Unser Programm ist so dicht, keiner hat jetzt Zeit, an die Reisen zu denken, die vielleicht im Sommer stattfinden. Zwar habe ich für die Osterferien wieder eine gemütliche Wohnung in Wenningstedt auf Sylt gebucht und suche auch nach einer Gruppenfahrt für Jan, für den Sommer, doch ich habe noch nichts festmachen können... Ansonsten ist unser Leben bestimmt von Schule, Schule, Schule... Unterrichtsvorbereitungen, Hausaufgaben, Zeugnisschreiben, Konferenzen, Telefonate und Termine. Karin an zwei Grundschulen, Philipp im vierten Jahr der Grundschule, Jan in der siebten Klasse des Gymnasiums und ich an einer Sonderschule. Dazu bei mir das wissenschaftliche Arbeiten, Vorträge, Bewerbungen an Universitäten und und... Um das alles auszuhalten und durchzuhalten machen wir natürlich gelegentlich Spaziergänge, jetzt wo Schnee liegt, ist es mit dem Joggen leider nichts, zwei Mal die Woche ins Fitnessstudio, ein wenig Lektüre, Romane, versteht sich, und natürlich das ganze Geschäftliche, was in einem Vierpersonenhaushalt anfällt, eine Baustelle vor der Haustür, ein angefangener carport, jetzt ist alles eingeschneit. Die Reisen des Sommers liegen noch in weiter Ferne.

2. Februar 2003

Abends lese ich in *Arturos Insel* von Elsa Morante. Rätselhaft diese Beziehung zwischen Arturo und seinem nur gelegentlich auf Procida anwesenden Vater. Immer wieder verlässt William Gerace, der Vater, die Insel zu langen Aufenthalten irgendwo, und lässt Arturo, dessen Mutter auch noch bei der Geburt gestorben ist, in der Obhut eines Pflegevaters zurück. Arturo sehnt sich nach Anerkennung und Zuwendung durch den Vater. *Könnte ich nicht mit dir reisen?* fragt Arturo den Vater schließlich, als dieser wieder abreisen will. Und weiter heißt es im Romantext: *Ich hatte mich nicht darauf vorbereitet, ihm heute diese Frage zu stellen, und man sah sogleich, dass er sie nicht einmal in Erwägung zog. Sein Blick verdüsterte sich ein wenig, und seine Lippen verzogen sich kaum wahrnehmbar, als dächte er an etwas anderes. Mit mir! erwiderte er dann, indem er mich musterte. Um was zu tun? Du bist ein kleines Bengelchen. Warte, bis du groß bist, um mit mir zu verreisen.* Das steht auf Seite fünfundvierzig. Mal sehen, wie das weitergeht mit Arturo und seinem Vater.

4. Februar 2003

Wir gingen wieder einmal alle gemeinsam durch den Schnee spazieren, hier im Bergischen Land. Zwischendurch sprach ich Jan auf seine Reisevorstellungen und seine momentanen Pläne diesbezüglich an. Zu Fumiko, Bill und Zen, nach White Plains, meinte er, das wäre doch nicht schlecht. Dann müssten wir bis New York fliegen, entgegnete ich. Aber es sei so schwül und drückend dort im Sommer. Ich hätte dies selber schon zweimal erlebt. Jeweils für zehn Tage. Es sei einfach furchtbar anstrengend gewesen, sagte ich. Komm, lass uns in Europa bleiben, auch weil es nur eine Woche ist, drängte ich. Kein Protest. Und was könnten wir in Europa machen? fragte ich. Island, sagte er. Sicher? fragte ich. Wie man hinkommen könne? fragte Jan. Mit Icelandair zum Beispiel, antwortete ich. Das hätte ich schon mal gemacht, auf dem Weg nach Amerika, nach Michigan, 1984, sagte ich. Weißt du noch, fügte ich hinzu, der Professor in dem Roman von Jules Verne steigt dort doch in den Vulkan hinab... Ach ja... Aber Irland, das ist für mich nach wie vor interessant, sagte Jan darauf. Nach Shannon. Lass uns doch nach Shannon fliegen und dann sehen wir weiter.

5. Februar 2003

Philipp und ich sitzen beim Abendbrot. Seine Wangen glühen. Er ist mit seinem Freund Lukas den ganzen Nachmittag hier im Dorf mit dem Schneebob gefahren.

Joachim: Was machen eigentlich deine Reisepläne?
Philipp: Weiß nicht.
Joachim: Ist es dabei geblieben? Ich meine Externsteine, Hermannsdenkmal und so weiter?
Philipp: Ja schon, würde ich mir schon gerne mal ansehen.
Er murmelt das vor sich hin und kaut an einem Butterbrot.
Joachim: Aber so ganz Feuer und Flamme scheinst du nicht mehr dafür zu sein?
Philipp: Stimmt.
Joachim: Und, hast du dir denn inzwischen irgendwas anderes überlegt?
Philipp: Nein. (Er wirkt etwas abgekämpft.) Du kannst ja auch mal was vorschlagen.

Joachim: Gibt es denn vielleicht ein Land oder eine Gegend in Deutschland, auf die du neugierig bist?
Philipp: Ach ich weiß es im Moment nicht.
Joachim: Ist ja auch noch so weit weg, oder?
Philipp: Ja, und außerdem bin ich jetzt total müde.

20. Februar 2003

Wenig Zeit, um an Reisen zu denken oder darüber zu sprechen. Hausaufgaben, Klavier, Sport oder Verabredungen mit Freunden bei den Kindern, ein Berg von Arbeit bei mir. Neben dem Unterricht zwei neue Artikel, ein neues Buch, Vorbereitungen für eine Radiosendung, ein wenig Sport. Zwischendurch mal ein Spaziergang durch die kalte Februarluft. Der Himmel ist blau.

Joachim: Und, gibt es noch irgendwas Neues bezüglich der Reise?
Jan: Ja, fahren wir doch nach Irland.
Joachim: Sicher, dass du nirgendwo anders hin willst?
Jan: Ich will schon nach Irland.
Joachim: Nach wie vor nach Shannon mit Ryanair?
Jan: Von mir aus ja.
Joachim: Und dann? Mietwagen?
Jan: Warum nicht.
Joachim: Mietwagen sind nicht grad billig und sie haben den Nachteil, dass wir weniger mit den Leuten ins Gespräch kommen, als wenn wir mit Bahn und Bus und im übrigen viel zu Fuß unterwegs sind. Ohne Mietwagen ist natürlich manchmal auch unbequemer.
Jan: Ein bisschen abenteuerlich kann es ruhig sein.
Joachim: Gut, finde ich auch. Ich würde gerne viel zu Fuß gehen und die Landschaft auf diese Weise erkunden.
Jan: Von mir aus.

Joachim: Bei der Tour durch Schottland saßen wir doch sehr viel im Wagen. Und Zimmer zum Übernachten nehmen wir so, wie es sich gerade ergibt.
Jan: Ja.

21. Februar 2003
Abends an Philipps Bett.
Joachim: Und, irgendwas Neues, was unsere Reise angeht?
Philipp: Es gibt ja so viele Punkte auf der Welt, die erkundet werden könnten.
Joachim: Stimmt, unwahrscheinlich viele.
Philipp: Die Hawaii-Inseln zum Beispiel.
Joachim: Etwas weit für eine einwöchige Reise.
Philipp: Das Brandenburger Tor würde mich ja interessieren.
Joachim: Also nach Berlin?
Philipp: Nach Berlin würde ich schon gerne mal.
Joachim: Vielleicht können wir es das ja mit deinen anderen Plänen kombinieren. Aber jetzt wird erst einmal geschlafen. Gute Nacht.

22. Februar 2003
Endlich ist die Nachricht gekommen, dass Jan im Sommer mit auf das Segelschiff kann. Es handelt sich um eine zweiwöchige Freizeit für Jugendliche, veranstaltet von der evangelischen Kirche Reichshof-Eckenhagen, geleitet von einem Gemeindereferenten, mit dem ich vor einer Weile schon telefoniert habe. Nun, endlich ist ein Ersatz für das Skylight-Sommercamp vom letzten Jahr gefunden, das nämlich in diesem Jahr zur Hälfte in der Schulzeit, hier in Nordrhein-Westfalen, liegt. Der Segeltörn wird auf der Ostsee stattfinden. Gesegelt wird vor allem vor der dänischen Küste. Die Jungen müssen helfen beim Segelsetzen, beim Deckschrubben und Steuern. Das gefällt mir gut. Das ist, was Jan jetzt

braucht. Zur Ergänzung gibt es ein Spiele- und Sportprogramm, wohl an Land, zwischendurch. Jetzt können und müssen wir an die weitere Planung gehen. Segeltörn also vom 10. – 22. August. Irland vorher oder nachher? Im September nicht mehr nach Irland. Vielleicht fahre ich dann noch mal nach Süditalien, allein. Also Irland besser gleich am Anfang der Ferien. Zwei Stunden Surferei im Internet. Wer fliegt alles nach Irland, wann und für wie viel?

Mit Air Lingus, LTU oder British Airways nach Dublin oder Shannon, alles recht teuer. Mit Ryanair nach Shannon auch. Mit Ryanair nach Kerry? Gibt es das auch? Schnell noch mal über Kerry nachlesen. Soll landschaftlich sehr schön sein, steht im Reiseführer. Der Flughafen scheint mitten auf einer Schafsweide zu liegen. Kommen wir da auch weg? Internetrecherche. Der Kerry Airport liegt etwa zehn Meilen von Killarney. Gut, dann wird es uns nicht umbringen, wenn es eventuell keinen Bus, sondern nur ein Taxi gibt. Und von Killarney aus können wir sicher gut weiter die Gegend erkunden. Jan schaut gerade mit seinem Bruder zusammen *Wetten dass,* im Fernsehen. Ich gehe schnell noch mal hoch, um zu hören, ob Kerry für ihn in Ordnung ist, bevor ich endgültig buche. Er ist einverstanden. Für eine akzeptable Summe buche ich die beiden Plätze bei der Ryanair. Das hätten wir. Und die Reise mit Philipp, die könnte in der zweiten Woche von Jans Segeltörn sein, dann hat die Mama eine ganze Woche Ruhe zur Erholung, zu Hause oder irgendwo am Meer, ganz wie sie will. Der gemeinsame Familienurlaub wird ja dann Ostern sein, zwei Wochen Wenningstedt auf Sylt. Jetzt kann ich ja noch was für mich alleine planen. Eine Woche aus allem aussteigen, aus sämtlichen pädagogischen und familiären Verpflichtungen. Ein wenig Freiraum. Auch das muss sein. Das müssen sie einsehen, die anderen, meine ich. Ja, Süditalien, das ist es, im September, die Ferien gehen ja diesmal bis Mitte September. Ein wenig surfen und sehen, wer alles nach Süditalien fliegt. Entscheide mich für Hapag Lloyd Express, von Köln nach Neapel. Ebenfalls ein akzeptabler Preis. Dagegen hat mich die Schlafwagenfahrt nach Bologna, im vergangenen Sommer, ein Vermögen gekostet. Von Neapel aus vielleicht rüber nach Apulien oder nach Procida. Mal sehen.

23. Februar 2003
Wenn sich doch die politische Lage nur entspannen würde. Dass ausgerechnet England sich so offensiv auf die Seite der USA geschlagen hat. Hoffentlich lenkt Saddam Hussein doch noch ein. Ich würde Jan Ostern so gerne wieder ins südenglische Christchurch in die Sprachferien schicken. Kostet zwar eine Menge, aber käme er mit uns nach Sylt, gemeinsam mit seinem Bruder und dessen Freund Lukas, würde es ihn vielleicht doch langweilen. Er ist vier Jahre älter als die anderen beiden, hätte dann auf Sylt zwei Wochen lang wenig außerfamiliären Kontakt und auch mit knapp vierzehn Jahren nicht mehr viel Lust zum Schaufeln und Gräben ziehen auf dem Strand. Und Jan ist auch nicht der Typ, der mit wildfremden Jugendlichen einfach so ein Gespräch anfängt. Also liebe Politiker, regelt den Irakkonflikt möglichst bald und möglichst friedlich, damit ich endlich mit meiner eigenen, familienbezogenen Entspannungs- und Bildungspolitik weiter komme.

4. März 2003
Philipp sprach mich am Samstag beim Frühstück auf die Wartburg an. Ob es dort wohl noch den Tintenfleck von Martin Luther geben würde, wollte er von mir wissen. Wie er darauf komme? Durch den Religionsunterricht. Herr Mansch, der Religionslehrer, habe erzählt, dass Luther auf der Wartburg vor seinen Verfolgern versteckt worden sei und dass er dort das Neue Testament übersetzt habe. Bei

dem vielen Schreiben sei dieser Tintenfleck entstanden. Man könne ihn heute noch sehen.
Joachim: Wo? Auf dem Schreibtisch?
Philipp: Nein, an der Wand.
Joachim: An der Wand? Wie kommt die Tinte denn an die Wand?
Philipp: Das habe ich mich ja auch gefragt.
Joachim: Willst du die Burg gerne einmal besichtigen? Dann können wir die Sache mit dem Tintenfleck mal näher erforschen.
Philipp: Ja, schon.
Joachim: Wäre das was für unsere Woche im Sommer?
Philipp: Ja, sicher.
Joachim: Vielleicht können wir es mit deinen anderen Reiseplänen kombinieren. Übrigens lebte auf der Wartburg auch Elisabeth von Thüringen, jedenfalls eine Zeitlang. Sie ist sehr berühmt geworden wegen ihrer Hilfsbereitschaft den Armen und Kranken gegenüber. Später ist sie sogar heilig gesprochen worden.
Philipp: Hm. Gibt es auf der Burg eine Jugendherberge?
Joachim: Ich glaube eher nicht. Wir können aber nachsehen.
Philipp: Du meinst in dem Herbergsverzeichnis.
Joachim: Ja, aber in Eisenach werden wir sicher auch irgendein Pensions- oder Hotelzimmer kriegen. Das ist nicht das Problem.
Philipp: Könnten wir nicht eine Art Burgenreise machen?
Joachim: Wieso nicht. Klar können wir das. Mich würde das sehr interessieren. Als Junge habe ich Photographien von Burgen und Schlössern gesammelt. Ich hole mal das Herbergsverzeichnis. Da ist eine Seite, wo nur Jugendherbergen aufgelistet sind, die sich in Burgen oder Schlössern befinden.
Ich holte das Verzeichnis und kehrte zu Philipp zurück.
Gemeinsam gingen wir die Liste durch.

Joachim: Nein, auf der Wartburg ist keine Jugendherberge.
Philipp: Hier, Burg Blankenheim, da will ich nicht grad wieder hin.
Joachim: Schon klar. Die Burg ist schön, aber ich weiß schon, was du meinst. Die Ritterprojektwoche dort, vor zwei Jahren. Außerdem liegt die Burg Blankenheim auch zu weit weg von den Externsteinen und der Wartburg. Sie kommt daher eh´ nicht in Frage.

6. März 2003
Zu Irland habe ich weiter nichts von Jan gehört. Mehr beschäftigt uns zur Zeit die Frage, ob Jan Ostern nach Südengland fahren kann oder, mehr im Sinne einer Ausweichlösung und aus Sicherheitsgründen, mit nach Sylt kommt. Die drohende Kriegsgefahr ist noch nicht abgewendet. Eben erst sah ich in den Nachrichten einen kampfbereiten Tony Blair. Gleichzeitig zeigten sie, wie im Irak exemplarisch einige Raketen unter Aufsicht verschrottet werden. Morgen werde ich die Gesellschaft Europartner anrufen und mal nachhören, wie sie dort die aktuelle Situation der Sprachreisen in England einschätzen.

10. April 2003
Die Zeit vergeht wie im Fluge. Die mittlere Etage unseres Hauses steht voller offener Koffer, Taschen und Rucksäcke, auf die noch alles Mögliche verteilt wird. Soeben wurden drei große Koffer vom Kurierservice der Bahn abgeholt. Morgen Abend bringe ich Jan zu einer Autobahnraststätte bei Köln, wo er in den Reisebus zur Fähre nach England steigen wird. Die letzten Tage hat er noch viel Latein und Englisch für zwei Klassenarbeiten pauken müssen. Jetzt freut er sich auf seinen Aufenthalt in Weymouth, bei einer englischen Familie, auf das betreute Freizeitprogramm und hoffentlich auch ein wenig auf den Sprachunterricht. Die

Gruppe für Christchurch war diesmal zu dem Ostertermin nicht zustande gekommen. So lernt Jan etwas Neues kennen.

Die Berichterstattung zum Thema Irak ist bereits Alltag geworden. Es ist traurig, aber wir haben uns an die tragischen Fernsehbilder und Nachrichten gewöhnt. Wir wollen natürlich, dass das Leben normal weitergeht. Deshalb haben wir Jan angemeldet und er will und wird reisen. Ich habe den Europartner-Reiseveranstalter gebeten, den Tagesausflug nach London, wegen einer möglichen Anschlagsgefahr, eventuell zu streichen und stattdessen woanders hin zu fahren. Sie meinten, sie würden nach Canterbury fahren, wenn sich die politische Lage weiter zuspitzen sollte. Jan fährt wirklich gerne, wie er sagt, und er hätte auch keine Lust, mit der übrigen Familie nach Sylt in einer Ferienwohnung zu sein. Genügend Britische Pfund habe ich von der Bank geholt und hoffentlich auch sonst alles zusammen, was er braucht. Karin hat seine Kleidungsstücke mit einem farbigen Punkt aus Stopfgarn markiert, damit Mrs Palmer, seine englische Ferienmutter nicht beim Waschen durcheinander kommt, weil sie ja auch noch einen anderen Jungen zu Gast hat.

Für Karin, Philipp und mich, sowie für Lukas, einen Freund unseres jüngsten Sohnes, steht Sylt ganz nah vor der Tür. Philipp ist schon seit Tagen intensiv damit beschäftigt, seine sieben Sachen zusammenzubringen. Er überlegt genau, was er braucht. In seinem kleinen Handkoffer hat er sorgfältig Spiele, Quartette, Bücher, Hefte, Stifte, Hörkassetten und anderes verstaut. Er hat auch Zeichenmaterial, Farbkasten und Pinsel und weitere Bücher mit in einen der großen Koffer gepackt. Gemeinsam mit Lukas will er sich in dem Kinderzimmer in Wenningstedt eine kleine Kreativwerkstatt einrichten, damit sie auch ordentlich was zu tun haben. Von unserer gemeinsamen Sommerreise, das heißt der Vater-Sohn-Reise, ist gar keine Rede im Moment. Philipp ist ganz und ausschließlich auf Sylt konzentriert.

Was die Irlandreise mit Jan betrifft, so habe ich durch Recherchen in unserer Buchhandlung ein kleines Handbuch zum Kerry Way, einem Rundwanderweg von Killarney aus, entdeckt und gekauft. Sieht sehr vielversprechend aus. Ich will ja selber auch viel Bewegung haben und wenn ich Jan auf seinem Schreibtischstuhl über den Mathematik- oder Lateinaufgaben sitzen sehe, bin ich sicher, dass er möglichst viel Aktivität an frischer Luft sehr schätzen wird. Er wandert ja auch wirklich sehr gerne. Nur dass schon wieder ein neues Paar Wanderschuhe fällig ist. Die Jungen wachsen einfach von Jahr zu Jahr... Vor allem müssen diese Schuhe rechtzeitig eingelaufen werden. Und was habe ich noch in Richtung dieser beiden Vater-Sohn-Reisen unternommen? Ich habe mich im Bekanntenkreis nach den Erfahrungen mit Ryanair erkundigt. Man ist recht zufrieden. Außerdem habe ich in einer Grundschulzeitschrift eine interessante Beilage zum Thema Karte und Kompass aufgestöbert und photokopiert. Da steht noch mal Schritt für Schritt, auch für ein Kind verständlich, drin, wie man adäquat und zielsicher mit einem Kompass umgeht. Den Kompass selbst haben wir ja schon, von den Alpenwanderungen. Ich werde das Material gemeinsam mit den Kindern ansehen und den Kompass anhand einer Karte vom Bergischen Land ausprobieren.

12. April 2003
Jan ist unterwegs Richtung Südengland. Der Bus hatte etwas Verspätung wegen Stau. Statt um 22.45 Uhr sollte es dann um 24.00 Uhr losgehen. Zwei Betreuer von Europartner waren glücklicherweise an der Raststätte in Frechen präsent. Ein Bus, der bereits in Richtung Fähre unterwegs war, hatte sie dort abgesetzt. Ich kaufte Jan noch einen Pott heißen Kakao und fuhr. Ich habe wenig Zeit zu schreiben, denn

gleich kommt Guido, um uns zum Kölner Hauptbahnhof zu bringen. Nun, wir nehmen seinen Sohn Lukas mit nach Sylt. So brauchen wir nicht den Umweg über den Schladerner Bahnhof zu machen, wo wir sonst den Wagen geparkt hätten. Beeilung! Die letzten Sachen in die kleinen Koffer und Rucksäcke. Die großen Koffer sind ja schon per Kurier unterwegs.

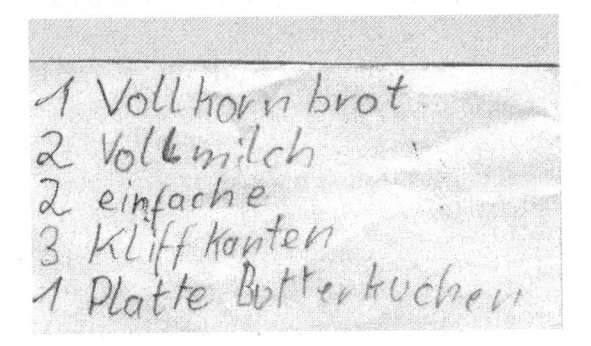

```
1 Vollkornbrot
2 Vollmilch
2 einfache
3 Kliffkanten
1 Platte Butterkuchen
```

Einkaufszettel von Philipp und Lukas, April 2003

26. April 2003
Wir kehrten am frühen Abend wohlbehalten von Sylt zurück. Ein bisschen Wehmut spürte ich schon, als wir heute morgen über den Hindenburgdamm wieder Richtung Festland rollten. Selten habe ich eine solche Ruhe verspürt, und das über zwei Wochen hinweg. Lukas und Philipp vertrugen sich ausgezeichnet. Karin und ich gingen regelmäßig joggen, wenn es der Wasserstand erlaubte, auch am Meer entlang. Der Himmel war blau und die Luft recht warm. Manchmal war es regelrecht hochsommerlich. Die Sylter schoben das auf den konstanten Ostwind. Nun, ich mag im Prinzip das wildere Klima lieber, den brausenden Westwind, doch so konnte ich etliche Radtouren mit den Kindern unternehmen, zum Beispiel durch die Dünen nach List oder nach Hörnum. Bei der Gelegenheit konnte ich den Jungen

auch das Fünf-Städte-Heim im Norden von Hörnum zeigen, wo ich schon des öfteren mit Schulklassen hingefahren bin. Aber Philipp und Lukas wollten auch gerne den Osten der Insel erkunden. Vielleicht war es die Sylter Milch, die sie zusammen mit den Kliffkanten jeden Morgen vom Bäcker Jessen, direkt nebenan, holten. Die Milch kam nämlich vom Hof der Familie Nielsen und der lag eben in Morsum.

Daher fuhren wir mit dem Rad auch nach Keitum, wo wir das alte Kirchlein und das Heimatmuseum besichtigten und dann ging es weiter über Archsum bis nach Morsum. Die Jungs bestaunten die Morsumer Kühe und dachten vermutlich schon wieder an das nächste Frühstück. Aber was dann plötzlich reizte, war der Hindenburgdamm. Wir radelten durch ein Wäldchen voller blühender Bäume. Ich sah es mit Schrecken, waren wir nicht auch nach Sylt gekommen, um etwas gegen unsere Allergien zu tun? Und dann der ewige Ostwind! Es ging uns jedoch gut, wenn der Wind auch fast die ganze Zeit aus der falschen Richtung, also vom Festland her, wehte. Aber genau genommen brachte uns der Wind ja diejenigen Luftmassen, die sich zuvor über der Ostsee befanden. Also jetzt zum Hindenburgdamm, am allerletzten Haus vorbei, richtig spannend, eine ganz besondere Atmosphäre. Wir machten ein kleines Picknick mit Apfelsaft, Keksen und Müsliriegeln und beobachteten die Züge, deren Bild wie eine Fata Morgana über dem Meer verschwamm.

Ich habe natürlich auch ein wenig gearbeitet, während der zwei Wochen, wie immer. Diesmal ging es um einen Bewerbungsvortrag für eine Fachhochschule. Außerdem habe ich gezeichnet. Auch die Erlebnisse mit den Kindern haben mich dazu inspiriert. Etwa, wie sie auf den etwas zu großen Fahrrädern, die wir im Keller vorfanden, fuhren und die Pedalen gerade mal mit den Zehenspitzen berührten. Es war schon lustig anzusehen. Als Philipp die Zeichnungen mit den Knirpsen auf den Rädern an der Schrankwand hängen sah, meinte er entrüstet und zugleich schmunzelnd, das sei ja eine Unverschämtheit!

Gut, ich hatte wirklich etwas übertrieben beim Zeichnen. Alles war sehr erholsam, sehr gleichmäßig vom Ablauf, sehr rhythmisch und ruhig. Es gab nur wenig Aufregung, wie zum Beispiel ein Streit mit anderen Kindern auf einem Spielplatz oder der Tag, an dem uns eine große Schildkröte zulief. Die Jungs schrieben einen Zettel und gingen damit in die Wenningstedter Bäckerei gleich nebenan. Während sie dann mit Karin an den Strand gingen, um zu schaufeln, passte ich auf das Tier auf. Ich saß auf der Terrasse, las die englische Fassung von Bram Stokers *Dracula* und trank Tee. Glücklicherweise meldeten sich noch an demselben Nachmittag die Besitzer von Metusalem, so hieß die Schildkröte nämlich, eine blonde Sylterin mit ihrer Tochter. Sie hatten sich in der Bäckerei nach der entlaufenen Schildkröte erkundigt, waren unendlich glücklich über den Aushang, den die Kinder geschrieben hatten und den die Verkäuferin dort aufgehängt hatte. Auch ließen sie den beiden Jungen einen kleinen Finderlohn da. Syltgeschichten, Urlaubsgeschichten... Morgen früh kommt Jan zurück. Ich kann ihn in Siegburg an der Autobahnraststätte abholen.

27. April 2003

Jan ist aus England zurück. Jetzt schläft er erst einmal. Er wirkte ruhig und schon ein wenig welterfahren, als er neben mir im Auto saß, mit seinen dreizehn Jahren, heute morgen, es war gegen 7.00 Uhr, als ich ihn in Empfang nahm. Wir frühstückten gemeinsam und hörten erste Eindrücke und Erlebnisse aus Weymouth, aus der Sprachschule, aus dem Leben der Familie Palmer, dem Freizeitprogramm am Strand und natürlich aus London, wo Jan zwei Tage verbracht hat. Jetzt müssen wir alle erst mal den Übergang in den Alltag schaffen...

In den Sylter Dünen mit Blick aufs Meer, Zeichnung, Joachim, 2003

2. Mai 2003
Es ist für alles zu wenig Zeit. Jeder läuft hier in seinem Rädchen. Schule, Tennis, Klavier, Schwimmen, Verabredungen bei den Kindern und Unterricht, Kongressvorbereitungen, Bewerbungsverfahren, Sport, Geschäftliches, Haushalt, Garten, Natursteine legen. Und ich dachte, ich könnte mit den Kindern so nach und nach an die Planung der Reisen gehen. Wann nur?

4. Mai 2003
Wäre es vielleicht interessant, einmal in die früheren Tagebücher meiner Reisen mit Jan hineinzuschauen? *Arturos Insel* liegt auf dem Board neben meinem Lesesessel und verstaubt. Mein Beruf verlangt mir das letzte ab.

13. Mai 2003
Zurück vom Kongress in Berlin. Mit Sylvia, einer befreundeten Kollegin, auch Potsdam und Sanssouci besichtigt. Wäre das etwas für Philipp und mich, durch die neuen Bundesländer zu reisen? Was für mich interessant ist, könnte für ihn doch langweilig werden. Nach dem Essen lenkte ich das Gespräch darauf. Philipp reagierte sehr zurückhaltend, ausweichend ... Mal sehen, was daraus wird. Im Grunde weiß ich, dass er Kinder in seiner Nähe braucht, gerade auf Reisen. Karin war es, die ein passendes Angebot bekommen hat. Claudia, die Mutter von Lukas, hat Karin und Philipp nach Marbella eingeladen, wo die Familie seit kurzem eine geräumige Wohnung in einer Anlage mit Terrasse und Pool besitzt. Philipp war sogleich begeistert, obschon er nicht furchtbar gern fliegt. Doch Karin fürchtete die Hitze. Südspanien im August, auf der Suche nach Kühle, Schatten, Wasser... Ich musste sogleich an das sommerliche Leben denken, wie es Marguerite Duras in den *Pferdchen von Tarquinia* beschrieben hat. Es braucht sicher etwas Gewöh-

nung, bei so hohen Temperaturen zu leben. Vielleicht kann Karin ja mal zu einer kühleren Jahreszeit auf Claudias Angebot zurückkommen. Andererseits ist die trockene Wärme dort unten leichter zu ertragen als die sommerliche Schwüle in unseren Breiten. Ich weiß es von Marokko. Zwei Mütter mit drei Jungen wären das dann. Auch interessant.

15. Mai 2003
Ryanair hat die Flugzeiten geändert. Ich fand eine Nachricht in der Mailbox. Die neuen Zeiten finde ich sogar besser. So haben wir morgens mehr Zeit. Ist ja schließlich der erste Tag der Sommerferien. Statt um 11.00 Uhr geht es erst um 15.40 Uhr von Hahn, jenem kleinen Militärflughafen im Hunsrück, nach Kerry. Auch der Rückflug ist entsprechend später. Kein Problem.

16. Mai 2003
Karin hat für Jan einige Ausgaben der englischsprachigen Zeitschrift *Spot on* gekauft. Das war schon vor der Englandreise. Die Zeitschrift ist extra auf Jugendliche zugeschnitten. Aber gelegentlich ging Jan auch schon an die *Spotlight*-Stapel heran, die wir neben *adesso* und *écoute* in den Regalen liegen haben. Es gibt jedenfalls ein *Spot on*-Heft über Irland. Wir lasen eine Viertelstunde daraus, abwechselnd. Es ging um den St. Patricks-Day, den Nationalfeiertag der Iren.

18. Mai 2003
Wieder mit Jan ein wenig in dem *Spot on*-Heft gelesen. Diesmal ging es um einen irischen Musikmanager, der sich darauf spezialisiert hat, junge Talente zu entdecken, zu Musikgruppen zusammenzustellen und zu vermarkten. Es ist Sonntag. Eigentlich wollte ich ins Fitnessstudio, konnte mich jedoch nicht aufraffen. Instinktiv griff ich nach dem Outdoorhandbuch über Kerry und setzte mich damit in den

Garten. Ich las über die Stadt Killarney, über den Ring of Kerry, über die verschiedenen Etappen des Kerry Way, die landschaftliche Beschaffenheit, Flora, Fauna und andere Besonderheiten. Könnte abenteuerlich werden, denn dann und wann gibt es Sümpfe, fehlende Wegmarkierungen, Nebel...

An einigen der empfohlenen Zwischenstationen Knappheit an Quartieren. Man empfiehlt, im Voraus zu buchen. Das ist genau, was ich nicht so mag. Die zwei Orte können wir auch auslassen und uns dann an die größeren Ortschaften halten, wo es anscheinend genügend Zimmer oder Hotels gibt. Die einfachen Herbergen, Jugendherbergen usw. scheiden diesmal wohl aus, wenn ich hier lese, wie schlecht der Standard sein soll. Man macht schon überall genug Kompromisse, obwohl meine finanzielle Lage wahrlich keine überzogenen Ansprüche erlaubt. Dazu kommt, dass der gesamte Kerry Way ohnehin nicht in einer einzigen Woche abzuwandern ist. Man braucht wohl insgesamt neun Tage. Da ist es doch nur folgerichtig, zwei bis drei Etappen rauszunehmen. Es müsste also gehen, ohne von hier aus vorzubuchen. Außerdem sehe ich auch die Häuser gerne, bevor ich ein Zimmer nehme.

Wie bei anderen Wanderungen auch muss man hier gut ausgerüstet sein, lese ich, feste, gut eingelaufene Wanderschuhe zum Beispiel... Wo ist Jan? Die neuen Wanderschuhe stehen schon da, aber er hat sie natürlich noch keinmal angezogen. Ich ging sogleich in sein Zimmer und bestand darauf, dass er sie erstens anprobiert und zweitens für einige Stunden trägt und auch am besten morgen damit in die Schule geht. Zum Glück passen die Schuhe. Jetzt also gut einlaufen. Nun, wir sind ja schon mehrfach in den Alpen gewesen. Er müsste wissen, worum es hier geht. Ich erzählte ihm ein wenig von dem, was ich gelesen hatte. Er nahm alles neugierig zur Kenntnis und gab mir im Übrigen das Gefühl, dass die Reiseleitung ganz gut in meinen Händen aufgehoben sei. Du kannst dir dieses kleine Büchlein auch gerne mal durchlesen, sagte ich. Dann las ich noch ein wenig im Irlandreiseführer. Killarney soll sehr überlaufen sein, oh, ausgerechnet, viele Deutsche ... sehr beliebt bei den Amerikanern... Na, ja, wir sind auch Touristen, ich kann mich ja nicht über die anderen stellen... Aber auf dem Wanderweg wird es wohl nicht mehr ganz so ein Gedränge geben wie in den Einkaufsstraßen von Killarney...

20. Mai 2003
Im Bad lag ja immer noch der Marco Polo über Berlin. Und alles, was dort in dem Regal liegt, zieht in besonderer Weise Philipps Aufmerksamkeit auf sich.
Philipp: Warst du auch in der Straße des 17. Juni? (Er zeigt sie mir auf dem Stadtplan.)
Joachim: Nein, nein, so viel Zeit war ja nicht. Die vielen Vorträge und Workshops, weißt du... Es reichte gerade an dem Freitag für ein paar Kölsch in der Ständigen Vertretung und an dem Samstag Nachmittag für einen Abstecher nach Sanssouci. Und bei den früheren Tagungen, die ja in Blankensee, das heißt im Süden von Berlin, stattfanden, fuhr ich jeweils am letzten Abend mit Karlheinz in ein Lokal auf dem Prenzlauer Berg. Das war´s schon.
Philipp: Hm.
Joachim: Was war denn wohl an dem 17. Juni?
Philipp: Na, abgesehen von meinem Geburtstag...
Joachim: Meinst du, sie haben die Straße nach deinem Geburtstag benannt? Also, wenn ich Bürgermeister von Berlin gewesen wäre, zu dem Zeitpunkt als du geboren wurdest, dann hätte ich das sicher getan. Die größte und schönste Straße, hätte ich dafür genommen... Aber Spaß beiseite. Der Name dieser Straße geht auf einen Volksaufstand zurück, gegen die sowjetische Besatzungsmacht. Damals war Berlin ja noch aufgeteilt, später mehr ...

Zeichnung, *Cadzand*, Joachim, 1996

21. Mai 2003

Philipp: Könnten wir auch zum Nordpol fahren?

Joachim: Könnte etwas schwierig werden. Lass uns doch in Europa bleiben. Also die Grenze wäre vielleicht Island, oder Norwegen.

Sogleich holt Philipp einen Atlas herbei und studiert die Geographie von Island. Sein Zeigefinger fährt über die Insel. Er weist mich auf Höhenunterschiede hin.

Philipp: Hier ist der höchste Berg.

Joachim: Müsste dieser Vulkan sein. Weißt du noch? *Die Reise zum Mittelpunkt der Erde*, von Jules Verne.

Philipp: Ach ja. Das würde mich schon interessieren. Da könnten wir ja wandern.

Er zeigt auf einen Küstenabschnitt, südlich des Vulkans.

Philipp: Hier, da würde ich dann gerne hin. Nicht gerade nach Reykjavik. Da ist es bestimmt ziemlich voll. Meinst du, es gibt da Jugendherbergen?

Joachim: Bestimmt. Zur Not nehmen wir ein Hotel. Aber willst du da wirklich hin?

Philipp: Wie lange fliegt man nach Island?

Joachim: Vor Jahren, ich glaube es war 1984, auf dem Weg nach Amerika, flog ich mit Icelandair über Island. Es sind vielleicht drei Stunden Flug. Aber hattest du nicht was dagegen zu fliegen?

Philipp (überlegt): Eine Zeitlang schon. Damals, bei diesem Flug mit FTI nach Italien, da war mir ja schon schlecht... Ach nein, ich würde schon wieder fliegen...

Wir sitzen inzwischen über drei aufgeschlagenen Atlanten, die Philipp herbeigeholt hat. Ich schaue auf die skandinavischen Länder.

Joachim: Und Norwegen oder Schweden? Wie stehst du dazu?

Philipp: Ach, ich würde eigentlich überall hinfahren. Es ist alles interessant.

Joachim: Und dann hast du ja immer in dem Berlinreiseführer gelesen...
Philipp: ... weil der im Bad lag. Ich hätte in jedem Buch gelesen, das dort liegt.
Joachim: Ach so.
Philipp: Weil mich eben jedes Land und jede Stadt interessiert.
Joachim: Wie können wir uns denn bloß entscheiden? Was hältst du denn davon, wenn wir nach Berlin fahren würden? Da gibt es doch so viel zu tun und zu sehen. Es gibt zwei Zoos, jede Menge Museen...
Philipp: ... und das Brandenburger Tor...
Joachim: ... und den Reichstag und wenn es uns zu warm wird, fahren wir an den Wannsee zum Schwimmen.
Philipp: Prima! So machen wir es!!
Joachim: Und ich schaue mal, ob wir über eine der Mitwohnzentralen eine kleine, ruhig gelegene Wohnung mieten können. Das ist doch viel gemütlicher als ein Hotelzimmer.
Philipp: Wie ist die Zugverbindung?
Joachim: Von Köln nach Berlin, vier Stunden, mit dem ICE.
Philipp: Und ich fahre zum ersten Mal in meinem Leben ICE!
Joachim: Ja.
Philipp: Wo hält der in Berlin?
Joachim: Am Bahnhof Zoo.
Philipp: Ja, fast wäre Emil da ausgestiegen, als er nach Berlin fuhr. Aber er musste ja bis Friedrichstraße.

10. Juni 2003

Die Irlandbücher liegen da, die Berlinbücher auch. Ach, wir sind alle so beschäftigt... Schule, Tennis, Klavier... schon wieder eine Lateinarbeit, schnell die Vokabeln abfragen, dann angewandtes Prozentrechnen, oh, je... ich muss mich erst mal wieder reinarbeiten... und jetzt wieder an den Handbucharticle, die Postsendung für die Fachhochschule, die Bücher und Unterlagen für die Gutachter. Die Studien zum Kerry Wanderweg müssen wieder einmal warten. Es lässt sich ja ohnehin nicht alles vorherplanen.

11. Juni 2003

Zufällig ist mir ein Tagebuch von einer früheren Reise mit Jan in die Hände geraten. Ich blättere es auf und lese: *Tagebuch zur Herbstreise von Jan und Papa, Oktober 1998.* So steht es auf der ersten Seite in dem Büchlein. Ich lese weiter:

3. Oktober 1998. Morgens haben wir die letzten Sachen in die Rucksäcke gestopft und schon ging es los. Mama und Philipp haben uns nach Ründeroth gefahren. Der Zug nach Köln fuhr um 9.05 Uhr ab. In Köln sind wir umgestiegen in einen Intercity bis Stuttgart. Die Fahrt dauerte vielleicht drei Stunden. Zwischendurch haben wir im Speisewagen gegessen. Im Abteil saß ein kleiner Junge. Der hat die ganze Zeit geplappert und rumgehampelt. In Stuttgart stiegen wir in den Interregio nach Lindau. Wir lernten eine sehr freundliche, ältere Dame kennen. Sie fuhr bis Ulm mit uns im Abteil. Sie sagte, das Ulmer Münster hätte den höchsten Turm von allen Kirchen Deutschlands. Wir konnten diesen legendären Turm vom Zugfenster aus sehen. Auch haben wir zwischendurch Schach und Mühle gespielt. Nur gut, dass die Spielfiguren magnetisch sind, denn einmal hat es ganz schön geruckelt. Bei der Ankunft in Lindau konnten wir den Bodensee direkt vom Zug aus sehen. Der See ist riesig groß. Unsere letzte Etappe war eine kurze Bahnfahrt von Lindau nach Bregenz, direkt am Bodensee entlang. Am Ufer liegen viele kleine Boote, besonders Segelboote.

Am Bahnhof erkundigten wir uns nach einem Zimmer. Ein paar Meter zu Fuß und wir erreichten das Wirtshaus

Lamm. Zum Glück hatten sie noch ein Zimmer mit Dusche, sodass wir uns ein wenig erfrischen konnten. Dann gingen wir in die Gaststube zum Essen. Es waren jede Menge Leute da. Sie aßen viel Fleisch, so wie Jan, sie tranken, so wie Papa, und alle hatten viel Spaß. Zwischen den verschiedenen Gängen haben wir ins Tagebuch geschrieben. Jan hat sich gerade noch einen Nachtisch bestellt, banana split, oder so ähnlich. Eis mit Obst jedenfalls und Papa probiert das österreichische Bier. Auf Schreibfehler achten wir heute nicht mehr. Die Leute am Nachbartisch singen und Jan lacht. Draußen regnet es. Dicke Wolken hängen über dem Bodensee und es ist schon längst dunkel. Aber es ist hier wenigstens wärmer als im Oberbergischen. Wir müssen sehen, wie der Himmel morgen früh aussieht. Ob wir die geplanten Wanderungen in Vorarlberg machen können? Oder ob wir besser gleich auf die Südseite der Alpen fahren? Die Seniorchefin des Gasthofs kommt und begrüßt uns. Die Atmosphäre ist ausgelassen und herzlich. Und wieder wird gesungen. Du lieber Himmel! Der Kellner bringt den Dessertteller. Gigantisch! Jan wird hier wohl um einiges zunehmen. Die Leute rücken zusammen und hören nicht wieder auf zu singen. Die Frauen im Herrgottswinkel sangen plötzlich *Mir loßen dän Dom in Kölle...* als sie hörten, dass wir aus der Nähe von Köln kommen würden...

Ja, wie ging das nur weiter, welche Reise war das denn eigentlich? Ging es nachher nach Südtirol, oder in die Cinque Terre, oder nach München? Lese ich doch noch ein wenig weiter... Mal hat Jan geschrieben und mal ich ... Es kleben auch jede Menge Zugfahrkarten oder Eintrittskarten in dem Büchlein, auch ein paar Photos.

4. Oktober 1998. Die Nacht war geruhsam, die morgendliche Dusche erfrischend. Zum Frühstück aßen wir Müsli mit Naturjoghurt. Dann ging es zum Bregenzer Bahnhof. Zwischen den vielen Wolken schaute für eine Weile die

Sonne durch. Wir kauften Zugfahrkarten bis Bludenz. Herr Schenk, der Wirt vom Gasthof Lamm, meinte, das Wetter in Feldkirch wäre kein bisschen besser als das Wetter in Bregenz. Also fuhren wir noch höher ins Klostertal hinauf, gleich bis Bludenz. Doch dort hat es den ganzen Tag geregnet. Wir nahmen ein Zimmer im Hotel zum Weißen Kreuz. Das Zimmer war schön und hatte ein kleines Bad. Bludenz ist umgeben von hohen Berggipfeln, die aus den dicken, nassen Regenwolken herausschauten. Wir haben uns aber von dem Regen nicht unterkriegen lassen. Stattdessen haben wir einmal unsere neue Regenkleidung getestet. Wirklich gut die blauen Hosen und Jans Poncho. Aber eine richtige Wanderung konnten wir leider nicht machen. Immerhin hat es für einen Spaziergang durch die Altstadt gereicht. Außerdem haben wir schon die Fahrkarten und Platzreservierungen für morgen früh besorgt. Es geht über Innsbruck und den Brenner nach Italien, genau gesagt nach Bozen. Wir hoffen, dass dort die Sonne scheint und dass wir dort etwas mehr unternehmen können.
Für heute muss dieser Einblick in jenes, schon ein wenig verstaubte Tagebuch genügen, denn die Arbeit ruft...

14. Juni 2003
Mich interessiert ja doch, wie das da weiterging, Bregenz, Bludenz, Bozen, war das nicht diese völlig verregnete Herbstreise? Nichts als Wasser, nasse Wolken und Stechmücken? Jan muss da neun Jahre alt gewesen sein. Ich lese weiter:
5. Oktober 1999. (Jan schreibt) Erst mal sind wir zum Frühstück gegangen. Papa hat noch das letzte Gepäck in die Rucksäcke gestopft. Um kurz vor neun sind wir dann zum Bahnhof gegangen. Unser Zug kam um 9.28 Uhr. Wir sind eingestiegen und der Zug ist losgefahren. Die Fahrt dauerte zwei Stunden. In Innsbruck mussten wir umsteigen. Die

Fahrt dauerte noch mal zwei Stunden. Zwischendurch haben wir Äpfel gegessen. Schließlich waren wir auch schon auf dem Brenner. Aus dem Zugfenster haben wir eine Burg und auch die Brennerautobahn gesehen. Sie führte genau an der Eisenbahnlinie vorbei. Die Berge lagen im dichten Nebel. Die nächste Haltestelle hieß Fortezza. In den Alpen gibt es manchmal Schneelawinengefahr, aber zum Glück nicht im Herbst. Schon waren wir in Italien. Es war eine kurvige Strecke. In Brixen sind noch neue Leute eingestiegen. Wir fuhren durch zwei lange Tunnels, ich sah eine Kirche und an der nächsten Haltestelle mussten wir schon aussteigen. Wir sind am Bozener Bahnhof in ein Büro gegangen, aber sie hatten dort keine Ahnung, wo wir ein Zimmer mieten konnten. Nachher haben wir einen netten Herrn getroffen, der hat uns bis zur Seilbahn gefahren. Wir haben Fahrkarten gekauft und es ging los. Oben angekommen, haben wir erst einmal eine Touristeninformation aufgesucht. Die Frau dort hat uns drei Pensionen oder Gasthöfe vorgeschlagen: Den Gasthof Hirsch, den Gasthof Jenesien und das Hotel Rössl. Wir sind in das Hotel Rössl gegangen und haben uns dort eingerichtet. In der Gaststube haben wir uns mit Kakao und Kuchen gestärkt. Dann sind wir spazieren gegangen.

    Hier ist der von Jan geschriebene Text zuende und ich habe offenbar selbst weitergeschrieben in meiner Sonntagsdruckschrift, denn Jan sollte es ja schließlich lesen können. Später einmal mehr.

21. Juni 2003
Kann ein Kinofilm eine Art Reise sein? Eine innere Reise vielleicht. Ein Erinnern und Rekonstruieren von Bildern. Gestern, es war Jans vierzehnter Geburtstag, war ich mit ihm und zwei Freunden, die er eingeladen hatte, in Köln im Kino. Es war dieselbe Konstellation wie im vergangenen Jahr, nur dass wir diesmal nicht in einen Film wie *Spider-*

man gegangen sind, sondern in Andrej Tarkovskys *Nostalgia*. Nun, es war einiges an Vorarbeit notwendig, um die drei Jugendlichen auf ein solch anderes, mehr meditatives Kinoerlebnis einzustimmen. Alle drei, auch Vladimir und Nils konnten dem Film schließlich etwas abgewinnen. Vladimir sprach später in der Studentenkneipe plötzlich von Karaganda, seinem Geburtsort in Kasachstan, an den er eines Tages zurückkehren wolle, koste es, was es wolle...

22. Juni 2003
Beim Frühstück deutet Philipp auf eine Abbildung in einem Sachkundebuch. Sie zeigt das Skelett eines Dinosauriers.
Philipp: Schau, das steht in Berlin.
Joachim: Wo?
Philipp: Im Museum für Naturkunde.
Joachim: Ja, interessant. Willst du es ansehen, wenn wir in Berlin sind?
Philipp: Ja. Es ist das Skelett des Brachiosaurus brancai.
Als wir aus dem Freibad zurück sind, lesen wir im Marco Polo Berlin. *Die im Museum für Naturkunde ausgestellten Saurierskelette stammen aus Ostafrika. Außerdem gibt es dort noch den versteinerten Urvogel Archaeopteryx lithographica* ... Und was machen ansonsten die Reisevorbereitungen? Von der Mitwohnzentrale in Berlin habe ich noch nichts gehört. Gleich gehe ich ins Internet, um die Zugfahrt zu buchen.

Ich arbeite an meinem Englisch für Irland. Dazu lese ich Melvilles *Moby Dick*, besser gesagt, ich lasse es mir in kleinen Häppchen von einer CD vorlesen, allerdings von einem Sprecher mit amerikanischem Akzent. Dann und wann sehe ich mal einige Vokabeln nach. Manche Textpassagen höre ich mir zweimal oder mehrmals an. Wird das helfen, in Irland sprachlich zurecht zu kommen? Ich hoffe. Ich werde aber auch noch mal die *Spotlight*-Hefte durchblättern, auch einiges von den zugehörigen CDs anhören. Außerdem mache ich immer mal ein wenig Italienisch. Es geht ja im September auch noch in den Golf von Neapel.

23. Juni 2003
Aber es ging in meiner Familie ja nicht nur um Vater-Sohn-Reisen. Auf dem Bücherregal entdeckte ich ein Tagebuch, dass wir alle vier, also meine Frau, die Kinder und ich, zu einer Sommerreise nach Frankreich angefertigt haben. Na ja, die Mappe ist mehr improvisiert. Ein Teil der Photographien ist nicht einmal festgeklebt. Immer wieder der Mangel an Zeit. Auch enthält die Kladde nicht schrecklich viel Text, dafür aber viele schöne Bilder.

Philipp schreibt darin: *Der Garten von Claude Monet*. Es war für mich sehr schön, das Haus von Monet zu besichtigen. Toll fand ich den Seerosenteich mit den grünen Holzbrücken. In dem gelben Esszimmer standen vierzehn Stühle um einen langen Tisch. Das Bett von Monet fand ich auch sehr kuschelig (Philipp, im Juli 2000).

Und Karin schreibt einige Seiten weiter: *Der Besuch im Garten von Claude Monet*. Endlich war es so weit. So lange hatte ich mich darauf gefreut. Ich war ganz aufgeregt, als wir nach der langen Fahrt das Ortsschild Giverny sahen. Nun kamen wir in das Dorf, in dem Claude Monet sich ein Haus kaufte und seinen Garten anlegte. Hier malte er unter anderem auch seine berühmten Seerosenbilder. Schon der Ort an sich ist wunderschön. Stockrosen überall entlang der Straßen, weiße, rosafarbene, dunkelrote... Dann endlich der große Augenblick. Das rosa getünchte Haus mit den grünen Fensterläden und Türen, die Terrasse zum Garten... Und Blumen überall, in den herrlichsten Farben, Rosen und Malven in wilder Ordnung auf den Beeten. Wir hatten Glück, denn die Sonne schien und ließ die Farben leuchten. Es waren sehr viele Besucher da, wahrscheinlich wie immer. Ein besonderer Höhepunkt ist der Seerosenteich mit seinen berühmten grünen Brücken und den Trauerweiden. Hier ist es schattiger. Auf einer Bank machten wir Rast, um in aller Ruhe die Atmosphäre zu genießen. Auch Monets Wohnhaus, das rosa Haus, beeindruckte uns sehr. Jedes Zimmer in einer anderen Farbe. Das Esszimmer mit einem großen Tisch war in helles Gelb getaucht. Monet hat alles, auch die Möbel und die Tür, in Gelbtönen gestrichen. Die Küche dagegen war ganz in helles Blau getaucht. Ich versuchte mir vorzustellen, wie Monet hier mit seiner Familie und mit seinen Freunden gegessen, gefeiert, gelebt und gearbeitet hat. Der Besuch in Monets Haus und Garten war für mich ein ganz besonderes Erlebnis und wird mir immer in Erinnerung bleiben (Karin, im Juli 2000).

Es ging dann weiter an die Loire, und schließlich in die Charente, wo wir Conny, einen Freund, besuchten und wiederum danach an den Atlantik. Ein Leuchtturm an der Côte Sauvage hatte die Jungs und mich besonders in seinen Bann gezogen. Ich notierte die folgende Passage ins Tagebuch: Besonders interessant war für mich, auf den Leuchtturm zu gehen. Le phare nennen ihn die Franzosen. Eigentlich heißt das Scheinwerfer. Die Engländer sprechen dagegen von lighthouse. Wollte man dieses Wort ganz genau übersetzen, müsste man tatsächlich Lichthaus sagen. Der Leuchtturm, den wir nun besucht haben, liegt genau an der Stelle, wo der riesig breite Girondefluss in den Atlantischen Ozean mündet. Von innen sind die Wände des Leuchtturms türkisgrün, also in einer meiner Lieblingsfarben, gekachelt.

Wegen der dicken Außenmauer fiel kaum etwas von dem grellen Sonnenlicht durch die schmalen Fenster herein, in das hohe Innere des Turms. Die Atmosphäre war recht seltsam. Es wirkte ein wenig wie in einem Schwimmbad, das man zu einer unendlich langen Röhre auseinandergezogen hat und aus dem man das Wasser herausgelassen hat. Die

Luft in dieser Röhre schimmerte blaugrün. Wir hangelten uns ein äußerst schmales Treppchen entlang, das sich an den Wänden wirbelte, hinauf bis zur gläsernen, eisenverzierten Turmspitze. Unten saß gemächlich hinter einem Holztisch ein alter Mann mit blauer Mütze und Pfeife im Mundwinkel, der Leuchtturmwärter.

Still hockte er da und stapelte Münzen auf. Er meinte zu uns, wir sollten aber doucement, also langsam und bedächtig, nach oben gehen. Und die Jungen sollten vorsichtshalber ihre Sonnenkäppchen in den Rucksack stecken, denn oben auf dem Turm gäbe es beaucoup de vent. Immerhin ist der Turm einhundert Meter hoch. Sein Leuchtfeuer reicht bis achtzig Kilometer weit. Morgens und abends klettert der alte Mann die vielen Stufen nach oben, wie er uns erzählte. Und abends, gegen 22.00 Uhr, schaltet er das Leuchtfeuer in der Turmspitze an. Jedenfalls jetzt Anfang Juli, wo die Tage noch lang sind. Morgens früh schaltet er das Licht dann wieder aus. Aber wir haben das nie gesehen, weil wir so früh noch schlafend in den Zelten lagen.

Langsam erhoben wir uns nun vom Boden. In sanften Kreisen und stets ansteigend ging es peu à peu in die Lüfte. Das letzte Stück arbeiteten wir uns über eine extrem steile Holzstiege hoch. Oben angelangt, pfiff der Wind über unsere Köpfe hinweg. Wir waren nun gut hundert Meter über der Erde und sahen weit hinaus aufs Meer. Rechts und links lagen die langen Sandstrände der Côte Sauvage, der wilden Küste. Nicht weit davon die breite Mündung der Gironde. Dann tasteten wir uns vorsichtig auf die andere Seite hinüber. Unter uns lagen nun weite Kiefernwälder und mittendrin unser Campingplatz. Hier und da lugten Wohnwagen und Zelte zwischen den Bäumen hervor. Der hellblau leuchtende swimming pool war am deutlichsten zu erkennen.

Wir machten uns an den Abstieg. Zuerst die steile Stiege hinunter, bis zu dem unter der Kuppel eingezogenen Holzfußboden. Dann hatten wir wieder die tief nach unten abstürzende Röhre vor uns. Ein kurzer Blick übers Geländer und wir sahen ganz unten den gekachelten Boden, den Tisch, den alten Mann. Schön locker bleiben und gemächlich, doucement, nach unten gehen, sagte ich mir leise. Nur nicht nervös werden. Als wir endlich wieder festen Boden unter den Füßen hatten, sammelten wir unsere Gedanken und Fragen: Wäre das Leben eines Leuchtturmwärters nicht ideal für einen Schriftsteller? Oder: Wie viele Leuchttürme gibt es eigentlich auf der Welt? Welcher ist der höchste von ihnen und wo steht er? Haben alle Leuchttürme dieselbe Lichttechnik? Wie funktionierten die aller ersten Leuchttürme? Wer baute den ersten Leuchtturm und wann? Wieso sind Leuchttürme eigentlich auch heute noch notwendig für die Schiffsfahrt? Reichen denn Kompass, Seekarten, Radar und Computersteuerung nicht aus? (Joachim, im Juli 2000).

Es gibt einige weitere kleine Passagen, zur Charente, zur Ile d´Oléron, zur Loire, zu Fontainebleau, zum Teil auch von Jan geschrieben, und wirklich schöne Photos: Philipp baut am Strand eine Skulptur mit weißen Steinen, Jan lesend zwischen den Zelten, auf einer Matte liegend, oder: Rast am Rande einer Nationalstraße, vor endlos scheinenden Sonnenblumenfeldern... Mir scheint, all das sei erst gestern gewesen. Die Kinder schauen mich an auf den Photos, gelöst, heiter... Es lässt sich kaum ein Eindruck, ein Erlebnis festhalten, nicht einmal mit Photos oder Tagebüchern, oder doch? Eine sehr abwechslungsreiche Reise mit der gesamten Familie. Vielleicht doch das beste Modell?

25. Juni 2003

Die Zugfahrt nach Berlin ist jetzt gebucht, online. Philipp hat die genauen Abfahrts- und Ankunftszeiten in den Zeitplaner, der für die jeweiligen Monate auf dem Kühlschrank mit Magnetsteinen angebracht ist, eingetragen. An seinem

Kleiderschrank hängt ein weißer Bogen mit Stichpunkten drauf, was er alles besichtigen will in Berlin. Das Ganze will er aber noch weiter ausarbeiten. Aber schauen wir doch noch einmal in jenes Tagebuch... von der Herbstreise mit Jan, im Oktober 1998... Hier geht es weiter.

Jetzt sitzen wir wieder in einer Gaststube und warten auf das Essen. Nach dem Gasthof Lamm in Bregenz und dem Hotel zum Weißen Kreuz, ist es nun der Gasthof Rössl in Jenesien. Obwohl wir eigentlich in Italien sind, sprechen hier alle deutsch. Die Südtiroler wollen von Italien unabhängig sein. Wir haben uns ein Omelett mit Schinken bestellt, für Papa außerdem einen gemischten Salat. Der Mann, der uns zur Seilbahnstation gefahren hat, arbeitet hier als Denkmalpfleger. Er ist Bildhauer von Beruf und kümmert sich um Altäre und Heiligenfiguren in den Kirchen. Das Wetter soll weiter regnerisch bleiben, meint die Rösslwirtin. Richtig gewandert sind wir bis jetzt ja noch nicht. Hoffentlich haben wir uns Wanderkarten, Kompass und Teleskopstöcke nicht umsonst eingepackt. Neu kennen gelernt haben wir das sogenannte Rüttelbrot. Das ist ein trockenes, hartes, knuspriges, rundes, flaches und sehr dünnes Brot. Das Rüttelbrot schmeckt ein wenig nach Kümmel und Lakritz. Außerdem haben wir uns auf dem Zimmer einen milk shake gemacht, aus einem Liter Südtiroler Milch und einem großen Topf Fruchtjoghurt. Das ist, was Jan mit einer kleinen Stärkung bezeichnet. Für heute soll es genug sein. Papa nimmt noch seinen Schlaftrunk. Morgen sehen wir weiter.

6. Oktober 1998. Wir haben tief und fest geschlafen. Hier oben auf dem Berg ist es nachts sehr ruhig. Das ist sehr schön. Nach dem Aufstehen haben wir ausgiebig geduscht. Kein Vergleich zu der miserablen Dusche in Bludenz, aus der nur eiskaltes Wasser kam, als hätte man die Duschleitung direkt mit einem Gletscher aus Schnee und Eis verbunden. Zum Frühstück nahm Jan zwei Kännchen warmen, aufgeschlagenen Kakao und Papa bekam wirklich guten englischen Tee. Ein kleiner Trost angesichts der dicken Regenwolken draußen vor dem Fenster. An Wandern war ja immer noch nicht zu denken.

(Ab jetzt schreibt Jan) Wir haben Dame gespielt. Wir sind mit der Seilbahn den Berg runter und weiter mit dem Bus zum Bozener Bahnhof gefahren. Papa hat sich die Zugfahrpläne durchgelesen. Danach ging es mit dem Bus zur Seilbahnstation zurück. Die Seilbahn braucht acht Minuten, bis sie oben ist. (Ab jetzt schreibt wieder der Papa) Bozen im Regen ist kein bisschen schöner als Waldbröl oder Gummersbach. Immerhin ist heute am Bahnhof die Entscheidung gefallen, wie es weiter geht. Ich habe Fahrkarten für die Strecke Bozen-München gekauft und Plätze für den 13. Oktober reserviert. Außerdem habe ich im Informationsbüro, hier in Jenesien, ein Zimmer in Meran reserviert, vom 8. bis 11. Oktober. Auf dem Ritten, dem Nachbarberg, speziell in Oberbozen, war alles ausgebucht. Was vom 11.-13. Oktober läuft, ist noch offen und muss in Meran entschieden werden.

Wir haben den verregneten Nachmittag zum Postkartenschreiben genutzt, an Philipp und Mama, an die Großeltern, unsere liebe Kinderfrau und Haushälterin Ursel Eschmann, an Jans Klassenlehrerin, an verschiedene Freunde. So viele Karten habe ich schon lange nicht mehr geschrieben. Dem Regen sei Dank. Gerade lugte ein ganz klein wenig die Sonne durch, doch sie ist schon wieder weg. Vor dem Abendessen machte ich ein paar Yogaübungen. Der Seilbahnschaffner hat uns heute morgen bei der Talfahrt erklärt, wie eine Seilbahn funktioniert. Die Gondel hängt an dem sogenannten Tragseil. Transportiert wird sie aber vom Zugseil, das von einem Motor betrieben wird. Es starten immer eine Gondel oben (Talfahrt) und eine Gondel unten (Bergfahrt) gleichzeitig. Nur so funktioniert der gesamte Zugmechanismus. Falls einmal der Motor unten an der Talstation ausfallen sollte, kann der Seilbahnschaffner die Gondel mit einem kleinen Dieselmotor weiter steuern, der oben auf dem Dach der Gondel befestigt ist. Außerdem gibt es noch ein drittes Seil für eine Rettungskabine. Im Tagebuch befinden sich an der Stelle verschiedene technische Skizzen, die allesamt mit der Seilbahn zu tun haben. Oh, 850 Meter Höhenunterschied werden hier, bis hinauf nach Jenesien, allein durch die Seilbahn überwunden. Jan hat noch Fragen zu dem Thema.

Jan: Wieso hört man in der Gondel das Surren des Motors, wenn der Motor doch unten in der Talstation ist?

Joachim: Ich vermute, dass sich das Geräusch des Motors durch Schwingungen oder Vibrationen über das Zugseil bis hin zur Gondel überträgt. Natürlich ist das nur eine Hypothese, die wir überprüfen müssen.

Jan: Wie denn?

Joachim: Wir könnten den Seilbahnschaffner fragen.

Das Essen ist gekommen. Wir sitzen wieder in der urigen Gaststube des Rössl. Nebenan hocken die zahnlosen Alten aus dem Dorf und trinken Schnaps. Das Rössl liegt schräg gegenüber dem Kirchlein. Alle paar Stunden läutet es dort kräftig. Heute morgen wären wir fast von dem Geläut aus dem Bett gefallen. Noch ein leckeres Forst Pilsener vom Fass und wir beginnen mit einem Damespiel.

7. Oktober 1998. (Jan schreibt) Papa hat die halbe Nacht Mücken gejagt. Morgens um neun schauten wir aus dem Fenster. (Ab hier schreibt Papa) Was wir sahen, war eine echte Enttäuschung. Es regnete noch mehr als am Tag davor. Wir gingen erst einmal duschen und dann frühstücken. Zwischendurch kam die Entscheidung, auf der Stelle abzureisen. Wir sagten Herrn Eschgfäller, dass wir die dritte Nacht nicht bleiben würden. Die Reservierung in Meran sagten wir ab. In Windeseile wurde gepackt und die Zimmerrechnung bezahlt. Draußen goss es jetzt wie aus Eimern und zur Seilbahn waren es noch etwa zehn bis fünfzehn Minuten. Kein Taxi weit und breit. Vor dem Rössl standen zwei ältere Männer neben ihren Autos. Papa drückte dem einen einen Geldschein in die Hand, dass er uns fahren solle. So kamen wir trockenen Fußes bei der Seilbahn an.

Plötzlich stand eine Österreicherin neben uns, eine Fee, wie im Märchen, und hielt Jan eine große Tüte mit Süßigkeiten hin. Magscht a Zuckerl? fragte sie und bot auch mir etwas davon an. Wir nahmen dankend an, einmal aus Höflichkeit, zum anderen wahrscheinlich aus Verzweiflung wegen all dem Regen. In Venedig wäre Hochwasser, meinte die Frau. Zusammen mit ihrem Mann, der etwas abseits stand, wollte sie dort hin fahren. Morgen sollte es losgehen, nach Venedig, doch vorher wollten sie sich Gummistiefel kaufen, unten in Bozen. Im Zug wollte die Frau *Aqua Alta*, den Roman von Donna Leon lesen. Für eine Platzreservierung im Schnellzug Mailand-Dortmund war es natürlich zu spät. Wir saßen noch eine Weile im Wartesaal, während draußen immer noch der Regen auf den Boden klatschte.

26. Juni 2003
Beim Abräumen des Abendbrottisches legte ich eine CD von Charly Mariano und Eberhard Weber ein. Plötzlich erinnerte ich mich, dass es doch Berlin war, wo ich diese Musik zum ersten Mal gehört hatte. Das Live-Konzert fand in einem alten, ziemlich heruntergekommenen Kino statt, 1981. Ich war nach den Abiturprüfungen nach Berlin gefahren, für eine Woche, obwohl noch Unterricht war... Ich erzählte es Philipp.
Philipp: Und Oma und Opa, haben Sie nichts dagegen unternommen, dass du während der Schulzeit gefahren bist?
Joachim: Weißt du, ich war schon neunzehn und im Unterricht lief eigentlich nichts Besonderes mehr...
Philipp: Ja, aber trotzdem...

Zeichnung, *Katwijk aan Zee*, Joachim, 1995

Joachim: Was glaubst du, wie es kam, dass ich trotz allem gefahren bin?
Philipp: Ich nehme mal an, weil du so willensstark warst.
Joachim: Erraten.
Philipp: So wie ich. Ich bin das auch.

Weiter im Bozener Tagebuch gelesen. Kurzer Nachtrag zur Seilbahn. Wir stellten dem Schaffner auf der letzten Talfahrt unsere Frage. Das Geräusch, das man während der Fahrt in der Kabine hört, entsteht durch Reibung und Vibration des Fahrrades auf dem Trageseil. Nun gut. (Jan schreibt...) Auf der Strecke von Bozen Richtung München waren ein paar Tunnels und ich habe eine Burg gesehen. (Achim schreibt...) Kurz nachdem wir Innsbruck passiert hatten, stärkten wir uns im Speisewagen.

Am Münchener Hauptbahnhof angekommen, sind wir sogleich zur Touristeninformation, um uns ein Hotelzimmer heraussuchen zu lassen. Ich wollte ein Hotel, das weder zu weit vom Bahnhof, noch vom Deutschen Museum entfernt war. Wir bekamen ein nettes Zimmer im Hotel Alcron. Mit der Untergrundbahn fuhren wir hin. Wir packten unsere Sachen aus, duschten kurz und fuhren zurück zum Bahnhof, um für den darauffolgenden Tag Fahrkarten nach Köln bzw. Ründeroth zu kaufen und Plätze zu reservieren.

Nachdem wir alles in der Tasche hatten, sind wir zum Burger-King essen gegangen, denn unsere Reisekasse war durch die vielen Zugfahrten, Seilbahnfahrten, Zuschläge und Reservierungen, die Besuche in Gasthöfen und Speisewagen doch arg strapaziert. Aber manchmal schmeckt auch fast food, jedenfalls Jan. Wir riefen, es war noch vor dem Essen, in Heddinghausen an. Mama und Philipp waren ziemlich überrascht, schon so bald etwas von uns zu hören, doch konnten wir das Wetter nicht selbst bestimmen. Und um noch weiter in den Süden zu fahren, hatten wir einfach die falsche Ausrüstung dabei.

Die Nacht im Hotel war angenehm und ruhig. Das Zimmer lag zum Glück nach hinten raus. Es war wärmer hier als in Südtirol. Die Bettdecken waren wunderbar leicht und angenehm, im Vergleich zu den schweren, federgefüllten und von der feuchten Luft klammen Decken im Gasthof Rössl. Auch das Frühstück im Hotel Alcron war angenehm. Wir wurden diskret bedient und es gab ein Buffet, von dem wir auswählen konnten. Wir starteten also in unseren letzten Reisetag.

8. Oktober 2003. Wir packten unsere Rucksäcke und fuhren mit der S-Bahn zum Deutschen Museum. Hier gibt es jede Menge zu sehen und auch zu tun. In diesem Museum wird alles ausgestellt und gezeigt, was mit Technik, ihrer Entwicklung und Geschichte zu tun hat. Wir sahen etwa schnittige Flugzeuge, Segelboote, prächtige Dampflokomotiven, Elektroloks, dann weiter Modelle von Dampfschiffen, vom Transrapid (Die Aufzählung stammt von Jan, ich habe nur notiert, Joachim).

Ich ergänze, was es noch alles gab, wobei ich vieles weglassen muss, was wir aus Zeitmangel gar nicht in Ruhe ansehen konnten: Alte Kutschen, historische und moderne Fahrräder, Hubschrauber, Raketen, Flugzeugmotoren, Körbe von Heißluftballons, frühe Schiffe und Kanus, sogar Einbäume, Modelle von Luxusdampfern, Oldtimer (das wäre die richtige Abteilung für Dr. Jürgen Strelow aus Heddinghausen!), Modelle von Bergbahnen und allen nur möglichen Zügen, Fernrohre zur Erforschung des Weltalls, Brücken und Schleusen und und ...

Oft konnte man per Knopfdruck oder per Hebel ein Experiment machen, etwa das Wasser eines simulierten Flusses zu einer kleinen Talsperre aufstauen, oder Schleusentore öffnen, oder Wasser in durchsichtige Rohre hochpumpen. Bei vielen Experimenten ging es um Gewichte, um den Schwerpunkt von Körpern, um das Hebelgesetz. Jan war hier mit Feuer und Flamme dabei. Wer einmal Physiker oder Astronom werden will, findet im Deutschen Museum München jede Menge Informationen und Anregungen.

Wir sitzen schon längst auf der Rückfahrt im ICE von München nach Mannheim. Nach Auskunft des Schaffners beträgt die Höchstgeschwindigkeit des Zuges zweihundertachtzig Stundenkilometer. Jan will stets solche Dinge wissen. Er hat den Schaffner selbst gefragt. Natürlich fährt der Zug zwischendurch auch mal zweihundert, je nach Strecke... So, noch mal genüsslich im Bordrestaurant gespeist. Alles in allem, doch ein komfortables Reisemittel.

Ein älterer Herr erzählt begeistert vom Orientexpress. Gleich werden wir versuchen, vom ICE-Telefon nach Heddinghausen anzurufen. Es hat tatsächlich funktioniert. Für wenige Minuten hatten wir Mama in der Leitung, um unsere Ankunftszeit durchzugeben, und das bei zweihundertachtzig Sachen.[...] Dann folgen einige Aufzeichnungen, Skizzen, Notizen zum Thema Transrapid [...] Umstieg in Mannheim. Wir jagen durch die Dunkelheit auf Köln zu. Dann noch ein Stückchen ins Bergische Land rein. Mama und Philipp sind mit dem Auto gekommen, um uns abzuholen.[...]

Im Tagebuch folgen nun viele Photos aus dem Deutschen Museum, Zugfahrscheine, dann eine Sammlung von Fragen: Wie kommt die Lok an den Strom? Wie wird die Stromenergie in Bewegung umgesetzt? [...] Die Rangplätze der verschiedenen Zimmer, Betten, Duschen aus Jans Sicht, aus Papas Sicht.[...] Eine Auflistung der verschiedenen Zugtypen und Zugnummern, die wir benutzt haben... Eine Aufzeichnung der ursprünglich geplanten Reiseroute (unter anderem eine Wanderung in der Gegend des Tiroler Rattenberg, auf dem Rückweg) und die dann tatsächlich genommene, abgeänderte Route.

27. Juni 2003
Die erste gemeinsame Reise mit Jan ging nach Schottland. Es war im Juli 1997. Er hatte gerade sein erstes Schuljahr hinter sich. Das Buch ist sehr ordentlich geschrieben. Ich erinnere mich, dass es damals auch darum ging, dass Jan den Text lesen, und damit zugleich lesen üben sollte. Ich habe wirklich mit äußerster Sorgfalt die Druckbuchstaben hineingeschrieben. Auch finden sich zahlreiche Photos, Eintrittskarten, Flugtickets und Teile von Prospekten in dem Buch. Wollen wir ein wenig darin blättern?

16. Juli 1997. Heute kam ein Telegramm mit der Post. Das Flugzeug nach Edinburgh fliegt schon neunzig Minuten eher ab. Wir müssen allmählich die Rucksäcke packen.

17. Juli 1997. Karin hat uns mit dem Auto zum Bahnhof nach Ründeroth gebracht. Mit der Citybahn sind wir nach Köln gefahren. Vom Kölner Hauptbahnhof ging es mit dem Zug nach Düsseldorf. Dann haben wir die S-Bahn zum Flughafen genommen. Zur Abflughalle D ging es mit einem Bus. Am Schalter mussten wir unsere Flugscheine vorzeigen. Die Rucksäcke wurden gewogen. Jan bekam einen Platz am Fenster. Dann haben wir die Waffeln gegessen, die Mama für uns gebacken hatte. Langsam rückte der Abflug näher. Schließlich wurden wir mit einem Bus zum Flugzeug gefahren. Über eine Treppe sind wir vorne eingestiegen. Eine Stewardess hat uns begrüßt. Wir haben uns angeschnallt und das Flugzeug fuhr auf die Startbahn. Der Pilot hat Vollgas gegeben und die Maschine hob ab.

Als wir hoch über den Wolken flogen, bekamen wir etwas zu essen serviert. Einmal war eine Lücke in den schneeweißen Wolken. Wir konnten bis unten aufs Meer sehen. Ein Frachtschiff sah winzig klein aus. Dann ging das Flugzeug schon wieder runter. Wir erblickten die grünen Hügel von Schottland. Das Flugzeug machte eine weite Schleife über die Meeresbucht vor Edinburgh. Bei der Landung musste der Pilot ziemlich kräftig bremsen. Als wir unsere Rucksäcke wieder hatten, ließ sich Papa einen Mietwagen geben und wir fuhren quer durch Edinburgh zu unserer Pension. Papa hatte einige Probleme, weil er auf der linken Straßenseite fahren musste. Als er sich verfahren hatte, fragte er eine junge Frau mit grünen Augen nach dem Weg. In der Pension angekommen, haben wir unser Gepäck auf dem Zimmer verstaut und dann erst einmal geduscht. Dann hat sich Papa auf englisch mit der Wirtin unterhalten. Schließlich machten wir einen Spaziergang durch das Stadtviertel. Jan hat noch ein Eis bekommen und Papa ein kühles Bier. Dann haben wir tief und fest geschlafen, unter den rosafarbenen, plüschigen Bettdecken.

18. Juli 1997. Mit einem üppigen Frühstück fing der Tag an. Neben uns im Frühstücksraum saß auch die Frau mit den langen, blau lackierten Fingernägeln, die wir schon am Flughafen gesehen hatten. Das Frühstück war quasi schon ein Mittagessen. Es enthielt Eier, Wurst und Schinken. Papa hat sich bei Anne, der Wirtin, nach dem Bus in die Innenstadt erkundigt. Als erstes haben wir dann den blauen Rucksack gepackt, den Jan von Tante Karin zum Geburtstag bekommen hat. Die neue Trinkflasche, auch ein Geschenk von der Patentante, haben wir gefüllt. Als erstes haben wir die alte Burg oben auf dem Berg besichtigt. Dann machten wir ein kleines Picknick in einem Park. Jan hat die Züge beobachtet, die im Bahnhof ein- und ausfuhren.

Danach haben wir chips gegessen und an einer Führung durch unterirdische Gewölbe teilgenommen, eine ghost and mystery tour. Es war ziemlich dunkel dort unten. Hier und da brannten Kerzen. Jan hat mit einer Taschenlampe, die er von dem schottischen Führer bekommen hatte, den Weg ausgeleuchtet. Ein Mann aus Amerika hatte die andere Taschenlampe. Plötzlich kamen wir an einem seltsamen Raum vorbei. Durch ein vergittertes Fenster schauten wir hinein.

Historisch gekleidete Menschen entzündeten tropfende Kerzen und Räucherstäbchen und tranken Wein. In dem Raum waren dicke Felsblöcke zu einem Kreis zusammengelegt. Alles sehr seltsam, aber interessant. Jan hat in einem finsteren Winkel ein altes Fass entdeckt. Es saß aber keine Ratte, auch kein Geist darin, wie der Schotte vermutete. Der Führer erzählte gruselige Geschichten aus dem Mittelalter. Oft haben sich Menschen hier unten in den Gängen versteckt, zum Beispiel Hexen oder andere Verfolgte. Als das mittelalterliche Edinburgh in Flammen stand, wurde es in den Kellern so heiß, dass viele Menschen, die sich nach hier unten geflüchtet hatten, erstickten.

Wir sind mit dem Bus zurück gefahren. Papa hat Joghurt, Brot, Käse und Obst gekauft. Im Hotel haben wir uns ausgeruht und etwas gegessen und getrunken. Abends sind wir noch nach Portobello, an den Strand von Edinburgh, gefahren. Etwas Jogging auf der Promenade, ein Abstecher in den Hafen und dann Duschen, Essen, Trinken, Tagebuch schreiben, Schlafen ...

19. Juli 1997. Nach dem Frühstück haben wir uns von Anne und ihrem Mann verabschiedet. Die Sachen wurden im Auto verstaut. Wir fuhren los. Da Papa inzwischen einen Stadtplan von Edinburgh gekauft hatte, haben wir uns auch nicht mehr verfahren. Wir fuhren über eine lange und hohe Brücke, über den Firth of Forth. Vorher mussten wir eine Gebühr für diese Passage bezahlen. Direkt auf der anderen Seite des Wassers haben wir ein Tiefseeaquarium besichtigt. Dort konnten wir Haie, Seepferdchen und viele andere Meerestiere sehen, auch Krebse. Manche Fische waren gelb wie Zitronen. Die Seepferdchen haben immerzu mit dem Kopf genickt und mit den Augen gezwinkert, als wenn sie uns begrüßen wollten. Etwas aufgeregt gingen wir durch einen unterirdischen Glastunnel. Über uns war das Meer. Die Tiere können aber nicht wegschwimmen, weil man hier ein Stück vom Meer abgetrennt hat. Dann ging es weiter über Autobahn, Schnellstraße und Landstraße bis Lunan Bay.

Wir bezogen ein Zimmer in einem wunderschönen alten Landhaus aus dem 18. Jahrhundert. Um dieses Haus gibt es einen kleinen Park. Vom Zimmer sieht man das Meer. Die Besitzer heißen Mister und Misses Mackintosh. Wir sind mit dem Auto nach Montrose gefahren. Dort haben wir am Strand, es war gerade Ebbe, ein Lauftraining gemacht. Jan hat ein altes Fischernetz entdeckt. Nachher gab es fish & chips und Fanta. Fanta gab es sogar in Süditalien, wo wir im März noch waren. Dann fuhren wir zurück nach Lunan Bay, zu unserem Haus. Wir sind zusammen unter die Dusche gegangen und haben gelacht, weil zuerst nur ein paar Tropfen Wasser kamen. Dann haben wir es uns auf dem Zimmer gemütlich gemacht. Jan hat Brause getrunken und Papa schottisches Bier. Mister Mackintosh wollte noch wissen, was wir zum Frühstück möchten. Draußen vor dem Fenster ist es jetzt ganz neblig, obwohl es den ganzen Tag über sehr sonnig und warm war. Das Meer ist nicht mehr zu sehen, nur noch die Umrisse der Bäume im Park.

Ich würde noch gerne in dem Tagebuch weiterlesen, doch es ist schon spät. Für heute muss ich schließen.

28. Juni 2003
Ein wenig Zeit, um noch einmal in das Schottlandtagebuch hineinzuschauen.

20. Juli 1997. Morgens haben wir in einem sehr eleganten Raum gefrühstückt. Bei dieser Gelegenheit konnte Papa ein wenig ausführlicher mit Misses Mackintosh sprechen. Mit dem Auto sind wir zu einer alten Burg, zu Dunnotar Castle, gefahren. Die Burg steht auf einem gewaltigen Felsen im Meer. Man erreicht diesen nur über einen schmalen Pfad. An den steilen Hängen weiden Schafe. Sicher stehen hier die leckersten Kräuter. Durch den Felsen führt an einer schmalen Stelle ein Gang. Auf der einen Seite kann man ohne besondere Mühe in eine Meeresbucht hinabsteigen. Auf der anderen Seite war uns der Weg zu steil. Die Burg ist ziemlich alt und an einigen Stellen eingestürzt. Gleichzeitig wirkt sie wie ein sehr sicherer und uneinnehmbarer Rückzugsort. Dann ging es weiter nach Stonehaven, wo wir uns den Hafen angeguckt haben. Es gab dort einen verrosteten Fischkutter, ein Rettungsboot und andere Boote. Zurück in unserem guest house haben wir eine Mittagspause eingelegt, mit Tee und Keksen. Gegen Abend waren wir am Strand, zum Laufen. Danach ging es erneut in den fish & chips-Laden von gestern. Und da saß wieder die Frau mit der tiefen und brummigen Männerstimme, wie Jan meinte. Er hat beim Essen immerzu lachen müssen. Und ich wusste zuerst überhaupt nicht, was los war. Jan blieben die chips und die Fischhappen fast im Halse stecken.

21. Juli 1997. Beim Frühstück haben wir heute eine Familie aus Australien kennen gelernt. Danach sind wir zu einem Leuchtturm gefahren. Jan hat die Felsen am Meer untersucht. In einer Wasserpfütze schwamm ein kleiner Fisch, den die letzte Flut dort zurückgelassen hatte. Anfangs war der Himmel blau. Dann zog Nebel auf. Schließlich wurde der Himmel wieder tiefblau. Als wir weggingen, lag der Leuchtturm in dichten Nebel gehüllt. Wir hörten das Signalhorn von einem großen Schiff, das trotz des Nebels aufs Meer hinausfuhr. Jan meinte, jetzt müsste der Leuchtturmwärter aber das Licht anschalten. Papa hat Postkarten geschrieben und einiges andere. Nachher waren wir noch in einem großen Supermarkt. Wir haben dort Waldbeerkuchen, Weintrauben, Joghurt, Brot und Käse und was noch alles gekauft. Als wir vom Meer weggingen, stieg der Wasserpegel wieder an. Die Flut kam zurück. Sicher ist der kleine Fisch aus der Felskuhle wieder freigekommen und konnte ins offene Meer zurück schwimmen. Abends sind wir zu einer sehr abgelegenen Bucht gefahren und haben aufs Meer geschaut.

22. Juli 1997. Wir haben unsere Sachen gepackt und uns von Mister und Misses Mackintosh verabschiedet. Bei Glamis Castle haben wir angehalten. Ein älterer Herr hat uns durch das Schloss geführt. Es gab viele alte Bilder. Auf dem Bild eines holländischen Malers warf ein kleines Äffchen einen Obstkorb um. In dem Schloss gab es viele alte Möbel, Teppiche, Vasen, Bücher und Photos mit der englischen Königin drauf. In einem Bett mit grünen Vorhängen haben die englischen Herrscher geschlafen, wenn sie hier auf Glamis Castle weilten. Im Schlosspark haben wir uns in den Schatten gesetzt und ein Picknick gemacht. Schließlich sind wir nach Dunkeld weitergefahren. [...]

Wir übernachten diesmal auf einer sehr abgelegenen Farm, inmitten von Wiesen und Feldern. Es gibt hier aber keine Tiere mehr. Es ist alles totenstill. Das warme Wasser bei der Dusche funktioniert nicht. Wir bleiben hier zwei Nächte. Papa hat schon das nächste Haus gebucht, per Telefon, auf der Westseite von Schottland, am Atlantik. Eben waren wir noch in Dunkeld. Zuerst sind wir am Flussufer gejoggt. Dann haben wir wieder einmal fish & chips gegessen und dabei am Flussufer gesessen und aufs Wasser geschaut. Über das Wasser führt eine alte Steinbrücke.

Wegen der drückenden Schwüle ist alles so anstrengend heute. Ich beende daher die Lektüre des Tagebuchs. Ein Blick noch auf die in das Büchlein eingeklebten Photos. Jan am River Tay, Enten fütternd. Jan im Zimmer auf der Farm, Glamis Castle mit seinen unzähligen Türmchen, Jan im Schneidersitz auf dem Bett, in Lunan Lodge, mit Schwung in ein Brot beißend, Jan vor dem im Nebel liegenden Leuchtturm bei Montrose, Jan vor Edinburgh Castle, vor Dunnotar Castle usw. Ja, ich muss langsam an die Planung für Irland ran, die Reise rückt näher.

29. Juni 2003

Philipp hat zum Geburtstag ein Buch geschenkt bekommen. Es heißt *Das Tal der Raben* und spielt interessanterweise in Irland, in Connemara. Ich habe ihm daraus vorgelesen. Jan hatte aber keine Lust, sich dazuzusetzen und mitzuhören. Er lässt sich schon seit einigen Jahren nicht mehr vorlesen, während das Vorlesenlassen von Büchern früher zu seinen liebsten Beschäftigungen gehörte und nicht einmal an den Abenden ausfallen durfte, an denen ich vor Erschöpfung beinahe eingeschlafen wäre. So ändert sich alles.

Philipp und ich suchten auf einer Karte nach der Gegend, wo die mysteriösen Vorgänge, die sich um archäologische Ausgrabungen drehen, spielen... Vielleicht war es das, was mich am späteren Abend, trotz der furchtbaren Hitze, erneut dazu brachte, in den Irlandreisebüchern zu blättern. Gibt es wohl einen Bus für die achtzehn Kilometer vom Kerry County Airport nach Killarney? Sollte ich nicht doch ein Zimmer in Killarney vorbestellen für die erste Nacht? Erneut las ich nämlich, dass Killarney in der Hochsaison mit Touristen überschwemmt sei. Ich notierte mir verschiedene Internetadressen. Eigentlich könnte Jan das doch mal übernehmen, dachte ich. Aber dann ließ ich den Gedanken wieder fallen. Er hatte wirklich bis über beide Ohren mit der Schule, den Internetrecherchen für seine Hausaufgaben, den Vorbereitungen für Latein- oder Mathematikklassenarbeiten zu tun... Als er zwischendurch mal in mein Zimmer kam, um sich ein Glas kühlen Zitronensprudel abzuholen, fragte ich ihn, ob er sich denn auf Irland freue? Ja, klar.

Ich plante also noch ein wenig weiter, legte eine Checkliste von mitzunehmenden Sachen an, Kompass, Wanderschuhe, Badehosen, Mückenabwehrmittel und kleiner Wecker. Dann versuchte ich einmal eine kleine Zuordnung der Wanderetappen zu den sieben Tagen: Do. 31.7., Ankunft in Killarney, Fr.1.8., Bus von Killarney nach Glencar, das heißt

Überspringen von zwei sehr im Landesinneren gelegenen Wanderetappen, Wanderung von Glencar nach Glenbeigh, Sa. 2.8., von Glenbeigh nach Cahersiveen, So., 3.8., von Cahersiveen nach Waterville, Mo. 4.8., von Waterville nach Caherdaniel, Di. 5.8., von Caherdaniel nach Sneem, Mi. 6.8., von Sneem nach Kenmare, Do. 7.8., mit dem Bus von Kenmare über Killarney zurück zum Kerry County Airport. Ob das so funktioniert? Soeben habe ich die Unterkünfte in Killarney durchsurft und bei einer Adresse an der Muckross Road nachgefragt, per e-mail. Abwarten.

Was mich gestern noch beschäftigte, war die Frage, ob ich bei der Schottlandreise mit Jan nicht etwas mehr Exploration hätte machen können? Ich meine, den Jungen zu fragen, wie er selbst die Dinge sieht und erlebt. Aber wie war es bei der Sardinienreise? Welche Art von Text haben wir da produziert? Ich suche mir das Buch aus dem Regal heraus. Auch eine schöne Kladde mit vielen Photos, Flugtickets, Kartenmaterial usw. Ich lese auf der ersten Seite: Tagebuch zur Sardinienreise im Oktober 1999, von Jan und Achim. Diesmal nicht so schön geordnet, sondern ein richtiges Sammelsurium.

Es beginnt mit einer Bleistiftskizze zur Flugroute von Düsseldorf nach Olbia. Dann kommen alle möglichen finanziellen Berechnungen, die so angelegt waren, dass Jan etwas herauszufinden und zu grübeln hatte. Weiter geht es mit Skizzen zu technischen Fragen, wie ein Flugzeug fliegt, wie ein Surfer gegen den Wind surft usw. Als nächstes ein schönes Photo mit unserem dunkelblauen Leihwagen, römisches Kennzeichnen. Ich lese noch ein wenig weiter.

3. Oktober 1999. Wir wohnen in La Caletta, im Hotel l´Ancora. La Caletta hat einen kleinen Fischerei- und einen Yachthafen. Es ist wunderbar warm und es weht ein kräftiger Wind. Der Himmel ist blau. Die Stunden am Strand waren sehr erholsam nach dem Reisetag gestern. Ich habe ein wenig Tai Chi am Strand gemacht. Jan hat sich mit Wellen und Sand beschäftigt. Jetzt siesta im Hotel. (Achim)

Es folgen wieder Berechnungen, ganze Zahlenkolonnen mit Übernachtungspreisen. Gesamtsumme, Mittelwert usw. Ein bisschen Denksport: Startgeschwindigkeit des Flugzeugs, Höchstgeschwindigkeit, Plätze im Flugzeug, so viele Sitze pro Reihe bei dem Flugzeugtyp, so viele bei dem Typ, Passagierzahlen, finanzieller Umsatz der Fluggesellschaft usw. Jedenfalls habe ich mir immer wieder Textaufgaben ausgedacht, die um die Dinge kreisten, die wir gerade machten und habe sie ins Buch geschrieben und Jan zum Ausrechnen gegeben. Das arme Pädagogenkind.

4. Oktober 1999. Nachdem wir gestern tagsüber unfreiwillig gefastet haben, weil wegen Sonntag alle Geschäfte und sonstigen Läden mit essbaren Sachen geschlossen hatten, haben wir uns abends in einer rosticceria den Bauch vollgeschlagen. Nur Jan hatte zwischendurch irgendwo ein panino con prosciutto ergattert, ich selber hatte aber nichts Passendes für mich gefunden. Jedenfalls haben wir in der rosticceria so ziemlich alles bestellt, was man dort kriegen konnte: pollo, patate, geröstete Auberginen, mit Reis und mozarella gefüllte Teigtaschen, gemischten Salat, Huhn-Tomaten-Salat, birra und aranciata.

Und weil das Leben so schön wieder in uns zurückkehrte, gingen wir gleich noch in eine Eisdiele. Danach kurz ans Telefon. Erst mal rasselten die ganzen Münzen in den Kasten. Dann hörten wir weit von Norden über Genua und die Alpen hinweg Karins Stimme durch die Leitung. Es ist schon erstaunlich, diese technischen Errungenschaften.

Jedenfalls haben wir heute morgen in einem riesigen Supermarkt so richtig mit Muße eingekauft. Wir haben uns Käse und Schinken für unser Frühstück abwiegen lassen. Schließlich haben wir noch zig Sorten biscotti, cornflakes etc. als Vorräte im Auto verstaut, eine eiserne Reserve. Natürlich auch Obst, Wasser, Joghurt und ich habe sogar leckeren englischen Tee aufgetrieben (Einen Teekocher habe ich ja fast immer im Gepäck).

Mir fiel die von Abraham Maslow beschriebene Reihenfolge der menschlichen Bedürfnisse ein, als ich Jan so hungrig sah, gestern. Und ich erzählte ihm von dieser Theorie. Aber er wollte gar nichts davon wissen, was sicher der Beweis dafür war, dass doch alles stimmt. Wer also extremen Durst oder Hunger leidet, und das sind eben die allerwichtigsten Bedürfnisse des Menschen, kann sich nicht mit höheren Dingen beschäftigen. Er kann dann weder nett zu andern sein, noch darin einen Sinn sehen. Wer kurz vor dem Verhungern ist, kann auch nicht irgendwelche Rechenaufgaben lösen oder Skizzen ins Tagebuch machen.

Der Tag ist jedenfalls gerettet und die Vorräte sind aufgefüllt, bevor die Sarden wieder in ihrer langen siesta abtauchen. Das Hotel liegt ganz nah am Meer. Warme Luft weht durchs Fenster. Die ausgewaschenen Hemden trocken gut. Jan liegt am Bett und liest in seinem Buch. Zwischendurch lacht er immer mal wieder. Nach dem Frühstück, das wir in Santa Lucia eingenommen haben, machten wir eine Wanderung entlang der Küste. Sehr schön, immer einem Pinienwald entlang, vielleicht anderthalb Stunden. Dann wieder zum Hotel. So ein Mietwagen ist schon praktisch. Sehr warm ist es. Zum Glück weht der Wind. Noch ein Blick auf die Photos: Jan vor dunkelblauem Meer und Sarazenenturm, Jan im Fiat Punto. Der Papa ganz in weiß, vor tiefblauem Wasser, auf einer Eisenbank sitzend.

Genug für den Augenblick. Ach, heute kam doch endlich die Anmeldebestätigung für die Segeltour auf der Ostsee. Jan geht mit einer Gruppe von der Evangelischen Kirche Eckenhagen zwei Wochen auf ein Schiff. Gestartet wird in Rostock, dann geht es Richtung Kopenhagen... Jan freut sich schon und ich mich auch, denn die Vater-Sohn-Reisen werden allmählich zum Auslaufmodell, obwohl Jan keineswegs dagegen protestiert. Dennoch sind jetzt offenbar vor allem Gruppenerfahrungen angesagt, denn der Junge ist schließlich schon vierzehn geworden ...

30. Juni 2003
Eine Antwort in der mailbox! Von Marie, Pension Saratoga, Killarney. *I do have a twin room available ensuite at the rate of ... per person per night and this includes a full Irish breakfast. I could give you a twin room at the back of the house so you would not hear any traffic. If you´ are interested please e-mail back. All the best, Marie.*
Ich hatte nach einem Zimmer mit zwei einzelnen Betten gefragt, und für den Fall, dass es auf der Muckross Road viel Verkehr gäbe, um ein Zimmer nach hinten raus, gebeten. Eben habe ich zurück gemailt und die Reservierung veranlasst. Außerdem habe ich im Internet nach einer Busverbindung zwischen dem Kerry Airport und Killarney gesucht. Es scheint einen shuttle bus zu geben, der von Ryanair unterhalten wird. Dann habe ich die betreffenden Seiten aus dem Reiseführer über Kerry photokopiert, damit ich die dicke Schwarte nicht die ganze Zeit über im Rucksack schleppen muss. Auch als Reiselektüre nehme ich ein Leichtgewicht mit, modern irish shortstories, ein dünnes Reclamheftchen. Jan stellt sich Irland so ähnlich vor wie England oder Schottland, meinte er jetzt abends, als er zu mir in mein Zimmer kam. Werfen wir doch noch einmal einen Blick ins Tagebuch zur Schottlandreise.
23. Juli 1997. Zuerst haben wir geduscht. Dann waren wir unten zum Frühstück. Papa hat ein paar Sachen gewaschen und draußen auf die Leine gehängt. Wir sind runter in die Stadt gefahren und haben Weißbrot gekauft. Jan hat am Fluss die Enten und die Möwen damit gefüttert. Papa hat geschrieben, Texte für ein Buch. (Ein Seitenblick auf zwei

Photos: Jan mit Enten am River Tay, nahe Dunkeld, mit historischer Brücke im Hintergrund.) Dann haben wir ein Picknick gemacht. Später sind wir das Flussufer hinaufgewandert. Der River Tay ist sehr breit. Manchmal fließt er ruhig dahin. Und dann gibt es wieder starke Strömungen.

Plötzlich hörten wir ein grelles Quietschen. Zwei kleine Tiere kämpften miteinander im Sand. Ein Wiesel versuchte, ein kleines Kaninchen zu töten. Das Kaninchen schien sich kaum wehren zu können und schrie ganz laut. Papa nahm schnell eine Hand voll Kieselsteine und warf sie nach den Tieren. Das Wiesel ließ das Kaninchen los. Papa scheuchte das Wiesel zum Flussufer hinunter. Das Kaninchen bewegte sich nicht vor Schreck. Gemeinsam bugsierten wir das arme, verstörte Tier vom Flussufer weg in ein dichtes Gebüsch, damit es sich dort verstecken konnte. Als wir unsere Wanderung am Fluss beendet hatten, zogen wir uns zum Joggen um. Es hat ein wenig geregnet, blieb dabei aber sehr warm. Wir kamen an einer alten zerfallenen Kathedrale aus dem 14. Jahrhundert vorbei. Sie besaß kein Dach und keine Fenster mehr. Auf dem Boden der Kirche wuchs Gras. Drum herum gab es viele Grabsteine. Jan wollte noch unbedingt fish & chips essen. Zurück auf der Farm haben wir *Mensch ärgere dich nicht* gespielt.

24. Juli 1997. Frühstück auf der Farm. Dann hat Papa bei der Banc of Scotland Geld geholt. Nun ging es ziemlich weit nach Nordwesten. Wir haben getankt. Links und rechts von der Straße sahen wir hohe Berge. Es gab auch viele Seen. Sie heißen hier loch. Nachmittags kamen wir in Mallaig, einer kleinen Hafenstadt an der Westküste, an. Die Frau in der Pension heißt Jenny und ist sehr freundlich. Wir haben ein Zimmer mit Blick auf den Hafen. Jan hat hier viel zu beobachten. Es gibt Motorboote, Fischkutter und Fähren zur Insel Skye. (Ein Photo zeigt Papa, etwas erschöpft auf der roten Bettdecke liegend, nach der langen Autofahrt. Ein anderes Photo zeigt Jan an seinem Lieblingsplatz, vor dem Fenster. Mit Blick auf den Hafen. Jan isst Erdnussbutterbrote von einem Teller, der auf der Fensterbank steht.)

Zu Fuß haben wir den Hafen und die Küste erkundet. Von hier sieht man mehrere Inseln, die alle noch zu Schottland gehören. Die Wolken hängen bis hinunter auf die Bergspitzen und Hügel. Das Wasser glänzt wie Silber. Wir haben auf dem Zimmer zu Abend gegessen. Jan sitzt immer noch vorm Fenster mit Blick auf den Hafen.

25. Juli 1997. Nach dem Frühstück ging es mit der Autofähre zur Insel Skye. Dort haben wir eine Wanderung gemacht. Wir hatten eine sehr schöne Aussicht auf die Berge und aufs Meer. Wir kamen an einem rauschenden Bach mit Wasserfall vorbei. In einem kleinen Dorf haben wir ein Eis gegessen. Wir gingen eine Weile durch hellgrün leuchtenden Farn. Dabei hat sich eine Zecke an Papas Bein zu schaffen gemacht. Er hat den Angriff aber gleich gespürt und das kleine, bissige Tierchen schnell und mit sicherem Griff entfernt. Am späten Nachmittag sind wir mit der Fähre zurückgefahren. Es waren etliche Leute unterwegs, manche mit dem Auto, andere mit dem Reisebus. Wieder andere hatten ein Fahrrad bei sich. Vorne und hinten hatten sie Gepäck auf ihrem Drahtesel. Einige gingen auch zu Fuß, mit einem großen Rucksack auf dem Rücken. Papa hat für morgen schon die Straßenkarte studiert.

(Ein sehr schönes Photo zeigt Jan auf der Fähre nach Skye. Dann eine Zeichnung, die Jan von der Fähre angefertigt hat. Es folgen parallel zum Text etliche andere Photos.) Jan hat genau beobachtet, was sich im Hafen abspielt. Jetzt gehen wir erst einmal Laufen bzw. Joggen. Die Restaurantpreise sind so hoch, dass wir uns lieber gelegentlich selber etwas im Supermarkt oder in einem Geschäft zu essen kaufen. Abends haben wir den Fernseher eingeschaltet. Da sahen wir zwei lustige Typen, die ziemlich viel Blödsinn gemacht haben.

26. Juli 1997. Wir sind in aller Frühe aufgestanden und von Mallaig aufgebrochen. Es war sechs Uhr morgens und es fuhren noch keine anderen Autos auf der schmalen Küstenstraße. Nach ungefähr siebzig Kilometern haben wir eine Pause gemacht. Das war in einem wunderschönen Tal. Auf beiden Seiten eines Flusses gingen ganz steile Berge empor. Es sah fast wie in den Alpen aus, weshalb sie hier ja auch von Highlands sprechen. An den Seiten des Tals stürzen Bäche, zum Teil Wasserfälle, herab. Einen solchen Wasserfall haben wir uns aus der Nähe angeschaut, von unten. Es lagen riesige Felsblöcke vor einer steinigen hohen Wand und das Wasser toste darüber. Wir haben in der Nähe gefrühstückt. Es gab Brötchen mit Erdnussbutter und dazu Brause aus den Trinkflaschen. Leider wurden wir jedoch bei diesem Freiluftfrühstück von einem riesigen Schwarm sehr aufdringlicher kleiner Fliegen gestört. Wir haben das naturgewaltige Glencoe Valley wieder verlassen und sind ziemlich weit nach Süden gefahren. Auf den Straßen war zu dieser Zeit schon recht viel los. Vor Glasgow, der größten schottischen Stadt, fuhren wir über eine hohe Brücke, die man über den dort liegenden Meeresarm gebaut hat. Es ging noch weiter die Westküste hinunter, bis hin zur Küstenstadt Ay Die Stadt Ayr ist doch größer und hektischer, als wir gedacht haben. Zum Glück kamen wir an einer Touristeninformation vorbei. Wir bekamen dort erstens einen Stadtplan und zweitens Hinweise, um das guest house zu finden, wo wir zuvor telefonisch für mehrere Tage ein Zimmer reserviert hatten. Das Haus liegt in einem sehr vornehmen Viertel an einer ruhigen Straße. Unser Zimmer ist ganz in Hellblau eingerichtet. Die Zimmerdecke ist ungefähr vier Meter hoch und mit weißem Stuck verziert. Wirklich nett hier: *Chaz-Ann*, so heißt es hier, *offers a friendly and personal service with a promise of comfortable accomodation...* Auch haben wir hier ein eigenes Bad. Papa hat sich erst mal Tee gemacht. So wie in allen anderen schottischen Zimmern auch, gibt es einen elektrischen Wasserkocher, Teebeutel, Tassen, Zucker, Löffel und Kekse. Wer will, kann sich auch Kaffeepulver aufgießen. Dann sind wir in die Stadt gegangen und haben Brot, Erdnussbutter, Weintrauben, Bananen und ein paar andere Sachen eingekauft.

(Ein schönes Photo mit Jan im Frühstücksraum. Er schaut durch eine hohe, elegante, weiß lackierte Flügeltür in den Garten hinter dem Haus.) Später sind wir über die Strandpromenade gejoggt. Zurück auf dem Zimmer haben wir geduscht. Danach haben wir ein wenig im Tagebuch gelesen. Nun hatten wir aber Hunger! Draußen schien die Abendsonne gegen die Sommerwolken. Wir hörten die Möwen lachen.

11. Juli 2003
Mrs. Marie aus Killarney wollte eine Anzahlung per Scheck. Ich habe ihn schon vor Tagen hingeschickt. Die Mitwohnzentrale in Berlin hat sich noch nicht gemeldet. Werden wir doch noch ins Hotel müssen? Philipp saß gestern auf der Treppe und schaute auf die Deutschlandkarte, die dort an der Wand hängt. Ist Berlin wirklich so groß? fragte er. Na ja, es gehören halt viele Dörfer in der Umgebung mit zum Land Berlin, meinte ich.

Ich will noch ein wenig im Sardinientagebuch lesen. Jan schreibt höchstpersönlich, am *5. Oktober 1999*: Heute haben wir einen Ausflug zur Grotta di Ispinigoli gemacht. Es war spannend. Man musste viele Treppen runter gehen. Die große Säule war mindestens zehn bis zwölf Meter hoch. Die Grotte ist viel tiefer als die Attahöhle im Sauerland. Ein Teil ist nur für Höhlenforscher zugänglich. Was ich noch vergessen habe: Wir haben eine Höhlenführung mitgemacht. Wir durften sogar schon vor der eigentlichen Führung in die Höhle. Aber natürlich nicht zu weit. Nachher sind wir noch ins Landesinnere gefahren. Es war kurvig. Erst wollten wir in Orosei übernachten, aber dann entschieden wir uns doch, wieder an die Küste zu fahren. Wir haben noch einen Schlenker über Orgosolo gemacht. Dort gibt es interessante Wandbilder an den Häusern. Danach sind wir in Richtung Santa Maria Navarrese gefahren und jetzt sitzen wir im Hotel Santa Maria.

(...und der Papa fährt jetzt fort mit dem Schreiben...) In der Grotte zu sein, war schon sehr beeindruckend. Es war ein völlig anderes Erlebnis, als zum Beispiel in der Attahöhle. Die Gänge in Attendorn sind ja eher niedrig. Hier auf Sardinien stiegen wir dagegen auf zwei frei schwebenden schmalen Leitern hinunter in einen etwa vierzig bis fünfzig Meter tiefen Raum, und von da aus geht es ja noch viel tiefer... Einfach gigantisch. Ich musste immerzu an Jules Vernes Buch *Die Reise zum Mittelpunkt der Erde* denken. So oder so ähnlich muss es für Professor Lidenbrock und seine Begleiter gewesen sein. Vielleicht gibt es ja tatsächlich eine geheime Verbindung von hier aus bis zur Insel Stromboli, wo der Professor mit seiner Mannschaft wieder aus dem Innern der Erde aufgetaucht ist...

Arbatax fanden wir etwas öde. Rote Felsen, kleiner Hafen, ein verlassener und geschlossener Bahnhof. Auf halbem Wege zurück nach Santa Maria Navarrese entdeckten wir einen schönen Strand, wo wir mehrere Stunden blieben. Nach einem ausgiebigen Picknick habe ich einen kleinen pisolino, das heißt ein Schläfchen, gehalten. Jan hat wohl die ganze Zeit über am Wasser gespielt. Später habe ich einige Übungsreihen Tai Chi gemacht, immer der Wasserkante entlang. Es wehte ein kräftiger warmer Wind. Ob Jan noch was zu gestern Abend schreiben wird?

Buntstiftzeichnung, *Paris*, Philipp, 2001

Essen auf der Terrasse eines ristorante in Santa Maria, direkt unten am Meer. Spaghetti pomodoro als primo piatto, spiegola als secondo. Fünf Kätzchen, die immerzu um uns herumschnurrten, weil sie was von dem Fisch wollten. Sie kriegten aber nur Weißbrot.

Erneut kommen einige Seiten mit Skizzen und Berechnungen zur Auslastung von Flugzeugen, zur Belegung von Hotels usw. Dann eine Serie von Photographien zur grotta und den Wandbildern in Orgosolo. Schließlich stoße ich im Tagebuch auf eine kleine Vokabelliste mit den Namen der Tiere, die hier völlig frei in der Landschaft herumlaufen und dann und wann unseren Weg oder die kleineren Straßen kreuzen: il cavallo = das Pferd, il maiale = das Schwein, la pecora = das Schaf, la capra = die Ziege, la mucca = die Kuh...

Nachdem ich mich doch schon einmal so intensiv mit den murales, das heißt Wandbildern, in Diamante, unten in Kalabrien, beschäftigt hatte, musste ich natürlich auch nach Orgosolo, dem ehemaligen Räuber- und Banditenversteck in den Bergen. Es war in der Tat sehr schwierig, überhaupt dort hin zu kommen. Der Weg war schmal, kurvig, ungeteert größtenteils. GOSO stand auf dem Ortsschild. Zuerst waren wir irritiert, bis dass wir bemerkten, dass jemand die restlichen Buchstaben übermalt hatte. Auf dem Friedhof sollen viele ermordete Leute liegen. In vielen Mauern und Straßenschildern sieht man Löcher von Gewehrschüssen. Es war schon alles etwas merkwürdig. Die Männer, die auf der piazza und am Straßenrand saßen oder standen, schauten aus finsteren Gesichtern. Wir verschwanden in einer Bar, um uns mit Eis und Kaffee zu stärken. Glücklicherweise sind wir am Ende wieder heil aus Orgosolo herausgekommen. Bei der Fahrt, zurück an die Küste, durch all diese Täler und Schluchten haben wir uns total verfahren. Wir landeten schließlich in einer Sackgasse, vor einem abgelegenen Gebäude mit Tor und Bewachung, sicher irgendetwas Geheimes. Ich sprach mit dem Sarden, der dort in Uniform am Tor stand. Er meinte, ich sei sicher falsch gefahren, weil an einer bestimmten Weggabelung ein Schild gestohlen worden sei. Also doch! Banditen! Vielleicht eine Falle? Doch nein, keine Aufregung. Wir erreichten abends die Ostküste und landeten in Santa Maria N., ohne weitere Probleme.

7. Oktober 1999. Ich finde nur sehr knappe Aufzeichnungen vor, etwa zur Autofahrt nach Cagliari, zum Teil durch das Landesinnere. So eine Trockenheit! Alles dürr. Nur Gestrüpp und Büsche auf bröckeligem Boden. Seit Monaten kein Regen mehr. Wo holen sie nur das Wasser her, für Hotels, Bars, Küchen? Gibt es eine Talsperre? Dann zu Cagliari selber. Sehr aufregend, dieser Fährhafen, Afrika ist nicht mehr weit. Viel Verkehr und Hektik im Zentrum. Zum Teil schöne klassizistische Bauten. Manches ist sehr heruntergekommen. Wir wohnen im Hotel 4 Mori, sehr zentral, nah am Hafen, so wünschte es sich Jan, und doch ist es relativ ruhig in dieser Seitenstraße.

Es folgen Photos vom Landesinneren, von Cagliari, vom Hafen, Ausschnitte aus dem Stadtplan, dann noch eine kleine Notiz: Soeben an Karin und Philipp gedacht. Mama angerufen und für Philipp ein kleines Geschenk gekauft in einer libreria. Am selben Tag noch beginnt auch Jan wieder zu schreiben: Wir waren im Hafen. Papa ist zur Information gegangen. Nachher ist eine große Fähre abgefahren, von der Tirrenia. Wir haben noch die Stadt erkundet und waren im castello-Viertel. Auch haben wir dort den Elefantenturm besichtigt. Man musste über Leitern. Es war spannend, weil es über sehr alte Treppen ging. Wir sind natürlich sofort runter bis in den Keller und anschließend in das mittlere Stockwerk geklettert. Da lag ein Haufen Netze rum. Die Kletterei war gar nicht so einfach, weil zwischen den Leitersprossen ein ziemlich großer Abstand war. Später schlenderten wir noch ein wenig durch die Straßen und kamen an einem Buchbindeladen vorbei. Es standen viele Maschinen dort. Die beiden Frauen in dem Laden haben viel erzählt, Papa, dieser Bücherfreund, allerdings auch. Nachher habe ich mir spaghetti bolognese bestellt, genau wie Papa, und noch Tintenfischringe mit Zitrone und Fritten.

Nun kommen Photos, die etwas von der besonderen Atmosphäre von Cagliari zeigen: Jan vor dem castello, Blick über die Dächer hinunter zum Hafen, die Fähre nach Civitavecchia, die stolze Fassade des castello mit vielen kleinen Einschusslöchern. Es folgt eine abenteuerliche Piratengeschichte, die Jan geschrieben hat, wohl inspiriert durch castello, porto und Elefantenturm, wo anscheinend wirklich Piraten ihr geraubtes Gold versteckt gehalten haben. Der nächste Eintrag vom Papa ist vom *11. Oktober 1999,* über Bosa Marina.

Alles in allem ein sehr nettes Örtchen. Zwei Nächte waren wir dort. Ein Zimmer mit Blick aufs Meer. Jetzt im Oktober relativ leer. Der Mann im alimentari sagt: Ja, jetzt im Winter... Was die hier unter Winter verstehen, läuft für uns Deutsche immer noch unter Hochsommer. Es ist nämlich recht heiß und zum Glück gibt es einen kühlen Wind. Bosa, zwei Kilometer landeinwärts gelegen, ist ebenfalls sehr verschlafen. Die Häuser drängen sich auf engem Raum zwischen Fluss und castello. Abends drehen allerdings die Jugendlichen auf, mit ihren Mopeds und Rollern, den motorini. Einen Riesenkrach veranstalten sie und rasen auf allen Straßen umher. Die abendliche passeggiata geht bis nach Bosa Marina. Einige sind zwar zu Fuß unterwegs, die meisten fahren jedoch mit dem Auto die Straße zwischen Strand und Ort immer hin und her, mit heruntergekurbelten Fensterscheiben und schön langsam, dass man bloß auch gesehen wird.

(... und Jan notiert noch...) In der Bucht direkt vor unserem Hotel liegt ein alter Turm oder besser die Ruine davon. War es vielleicht ein Piratenunterschlupf? Wer lebte in der Burg oben über Bosa? Gibt es vielleicht einen Zusammenhang zwischen dem rätselhaften Turm und dem castello?

12. Juli 2003
Joachim: Warum sollte man reisen?
Philipp: Damit man viel von der Welt erfährt.
Jan: Weil es interessant ist. Man lernt neue Sachen kennen, ... Leute, ein anderes Land natürlich auch...
Joachim: Was ist der Unterschied zwischen einer Reise mit der kompletten Familie und einer Vater-Sohn-Reise?
Philipp: Bei der Familie muss man immer alle fragen, ob sie mit etwas einverstanden sind, ob man zum Beispiel das oder das besucht. Bei der Vater-Sohn-Reise da muss man nur den Papa fragen und der sagt meistens ja. Und man muss nicht so viel tragen,... an Gepäck. Auch kostet es nicht so viel. Man muss nicht so viel Proviant kaufen.
Jan: Man ist vielleicht unabhängiger zu zweit und man hat vielleicht mehr Möglichkeiten.

13. Juli 2003
Joachim: Woran erinnerst du dich noch, wenn du an unsere gemeinsame Schottlandreise denkst?
Jan: An Aero Lloyd, fish & chips, Wandern...
Joachim: Wandern, wo?
Jan: Weiß ich nicht mehr, wie die Orte hießen.
Joachim: Erinnerst du dich vielleicht an bestimmte Landschaften?
Jan: Berge... und Pensionen.
Joachim: Eine bestimmte?
Jan: Nein... und einen Mietwagen...
Joachim: Weißt du noch die Farbe von dem Wagen?

Jan: Dunkelblau, ein Peugeaut.
Joachim: Noch was?
Jan: Essen.
Joachim: Was denn?
Jan: Keine Ahnung.
Joachim: Hast du in Schottland viel oder wenig gegessen?
Jan: Viel.
Joachim: Was war besonders schön für dich bei dieser Reise?
Jan: Es gibt nichts, was ich nicht schön fand. Außer der kaputten Dusche...
Joachim: Wo? Weißt du noch wo?
Jan: Nein.
Joachim: Das war auf einer Farm. Kannst du dich erinnern an die Farm?
Jan: Nein, nur an die Dusche. Da kam nur kaltes Wasser raus.
Joachim: Gab es was Stressiges für dich während dieser Reise?
Jan: Nee.
Joachim: Und Sardinien, woran erinnerst du dich?
Jan: War Olbia auf Sardinien?
Joachim: Ja.
Jan: Da war der Hafen, und eine Insel mit Leuchtturm, wo da immer die Schiffe ankamen.. und Cagliari, die Hafenstadt...
Joachim: Wie fandest du die Atmosphäre dort, in Cagliari?
Jan: Ziemlich gut.
Joachim: Erinnerst du noch was?
Jan: Als Mietwagen hatten wir einen Fiat, einen Punto.
Joachim: Kannst du dich noch an unsere erste Tour nach Österreich erinnern?
(Jan stutzt und überlegt)
Joachim: Bregenz, Gasthof Lamm?

Jan: Da sind wir doch abends eingekehrt... Habe ich da nicht was umsonst gekriegt?
Joachim: Ja, hast du. Weißt du auch noch was das war?
Jan: Ich glaube irgendwie Bananen mit Schokolade.
Joachim: Stimmt. Von der Chefin höchstpersönlich... Und Bludenz, erinnerst du dich noch? Camping Seeberger?
Jan: Oh ja, sehr gut!
Joachim: Jetzt fange ich schon an, verschiedene Reisen miteinander zu verwechseln. Egal. Kannst du dich denn an Jenesien erinnern?
Jan: Da sind wir doch immer mit der Seilbahn gefahren.
Joachim: Was fällt dir noch zu Jenesien ein?
Jan: Eine Frau, oben an der Seilbahnstation, die mir Süßigkeiten gegeben hat.
Joachim: Wenn du jetzt an Irland denkst, was fällt dir dann als erstes ein?
Jan: Da war ich doch noch gar nicht.
Joachim: Irgendwelche Vorstellungen von Irland hast du doch vielleicht trotzdem. Hast du nicht irgendein Bild oder eine bestimmte Farbe vor Augen?
Jan: Grün.
[...]
Joachim: Philipp, wenn du jetzt an Berlin denkst, was kommt dir dann in den Sinn?
Philipp: Das Brandenburger Tor.
Joachim: Noch was?
Philipp: Der Wannsee.
Joachim: Wie stellst du dir den Wannsee vor?
Philipp: Groß und voll.
Joachim: Voll mit was?
Philipp: Mit Menschen, und natürlich mit Wasser.
Joachim: Hast du noch andere Vorstellungen zu Berlin?
Philipp: Ein schönes Zimmer, wo wir wohnen.

Joachim: Wie willst du dich denn weiter auf die Reise vorbereiten?
Philipp: Meinst du das Sachen packen?
Joachim: Auch. Wir können einfach nach Berlin fahren und alles auf uns zukommen lassen oder wir machen uns einen Plan, was wir dort sehen wollen.
Philipp: Wir könnten uns Informationen über die Museen dort besorgen.
Joachim: Welche Museen speziell?
Philipp: Das Naturkundemuseum.
Joachim: Und was willst du dort genau ansehen?
Philipp: Dieses Skelett von dem Brachiosaurus.
Joachim: Wir können doch gleich mal im Internet nachsehen.

Wir gehen gemeinsam an den Computer und rufen die Homepage des Naturkundemuseums auf. Institut für Mineralogie, Institut für Paläontologie, Institut für systematische Zoologie. Wir bleiben zunächst bei der Mineraliensammlung hängen, weil Philipp genau zu diesem Thema gerade eine Wochenplanarbeit für die Schule anfertigt. Wir betrachten einen Amazonit, einen Achat usw. Philipp klickt ein wenig hin und her und nimmt die verschiedensten Informationen auf: *Die Mineraliensammlung besteht seit 1770 und wurde von Friedrich II. gegründet.*

Es gibt außerdem eine Meteoritensammlung. Ein Kupferstich von 1492 zeigt einen Meteoritenfall. Dann folgt eine Übersicht zu den Ausstellungsräumen des Museums. Was kam denn da immer? fragt er plötzlich und liest: *Entdecken, Erforschen, Bewahren...* Jetzt gehen wir mal in die Zoologie rein, zahlreiche Sammlungen, Reptilien, Amphibien, Herpetologie, Ichthyologie... Hier sind noch Forschungslabore... oh, sieh mal hier der Zeitstrahl... Devon, Jura, Trias, das habe ich schon mal irgendwo gehört... Sonderausstellung, Bilder aus dem unteren Odertal. Wo fließt die Oder? Ach so,

von Polen her... Was man unbedingt gesehen haben muss,... Saurier, Urvogel... Wir schließen die Seiten. Genug.
Philipp: Sag mal, wie oft warst du schon in Berlin?
Joachim: Vier mal.
Philipp: Und was hast du dort immer gemacht?
Joachim: Einmal war ich als Schüler dort. Direkt nach dem Abitur. Das war noch zur Zeit der Mauer.
Philipp: Darüber musst du mir bei Gelegenheit mehr erzählen. Und die anderen Male?
Joachim: Tagungen und Kongresse.
Philipp: Wie bist du hingekommen?
Joachim: Damals, 1981, da fuhr noch ein D-Zug, durch die DDR, der Interzonenzug. Zwei mal bin ich mit der Deutschen BA geflogen und einmal mit dem ICE gefahren, im Mai, mit Sylvia.
[...] Mit Jan noch ein wenig Internetsurfen. Die Kerry Towns: Waterville, Cahersiveen, Kenmare, Caherdaniel... Schöne Bilder und viele Informationen, aber es ist zuviel, das alles aufzunehmen. Wir beschränken uns auf das Ansehen der Photographien. Genug für heute.

15. Juli 2003
Gestern Autofahrt mit Jan, zum Arzt nach Bonn. Ich dachte es sei sinnvoll, während der Fahrt eine Kassette einzulegen, *English for tourists*. Auf der Hinfahrt haben wir das auch ertragen. Bei der Rückfahrt wurde es dann doch zu viel. Jan wollte es einfach nicht mehr hören. Er fand die Stimme der Frau, die zwischen den Dialogen Instruktionen gibt (*Hören Sie die Fragen...*, *Sprechen Sie sodann nach...*), so furchtbar langweilig. Er hatte recht, mir ging das auch auf den Wecker. Aber irgendwas wird wohl hängen geblieben sein von den auf der Kassette behandelten touristischen Standardsituationen. Gelegentlich schaue ich mal in die *Spotlight*-Hefte rein, höre auch einmal ein Stück von den zugehörigen CDs.

Melvilles *Moby Dick* habe ich mir angehört auf Englisch, indem ich mir den Text durch einen Amerikaner vorlesen ließ, von CD, versteht sich. Auch eine Übung. Ja und in den Osterferien habe ich Bram Stokers *Dracula* gelesen, ebenfalls in der englischsprachigen Originalfassung. Gelegentlich habe ich unbekannte Vokabeln im Lexikon nachgeschlagen. Wenn es mir zuviel wurde, habe ich es jedoch vorgezogen, auf die feinen Details im Textverstehen zu verzichten und stattdessen das Geschehen mehr intuitiv zu erfassen. Nun, bin ich vorbereitet? Ich hätte mehr tun können, habe aber aufgrund meines dichten Alltagsprogramms nicht mehr geschafft. Meine Englischkenntnisse müssten jedoch ausreichen, um gut durchs Land zu kommen. Die Reisevorbereitungen sollen ja schließlich keinen zusätzlichen Stress verursachen.

17. Juli 2003
Schauen wir doch noch einmal in das Schottlandtagebuch. *27. Juli 1997.* Wir haben heute wieder etwas länger schlafen können. Nach dem Frühstück haben wir uns die Stadt Ayr genauer angesehen. Es gibt einen langen Strand mit einem tollen Spielplatz. Im Hafen liegen kaum noch Schiffe. Die chips, die wir an einem Büdchen gekauft hatten, schmeckten ziemlich merkwürdig, nach Essig vielleicht. Wir haben sie an die Möwen verfüttert. Dazu warfen wir die Fritten im hohen Bogen über das Hafenbecken. Die Möwen haben sie sich aus dem Flug heraus geschnappt. Dann, auf dem Zimmer, machten wir eine Pause mit Tee und Keksen. Nachher sind wir über die Strandpromenade gejoggt. Es waren viele Leute da. Ältere Leute mit Hunden, Jogger und Radfahrer, junge Leute auf rollerskates oder mit skateboard.

Heute war es recht windig am Meer, aber immer noch warm. Überhaupt haben wir uns das Wetter in Schottland schlechter vorgestellt. Die warme Kleidung haben wir noch gar nicht gebraucht, höchstens auf der Fähre eine Windjacke. Jan fängt an, die fünf Zimmer, in denen wir gewohnt haben, miteinander zu vergleichen. Wo war die Dusche am besten? In Ayr. Wo war die Dusche am schlechtesten? Auf der Farm Ninewells. Welches Zimmer war am größten? Wo hat die Bettwäsche schön frisch gerochen und wo ziemlich muffig? Welche Aussicht hatte man aus dem Fenster? Hier schneidet natürlich Mallaig am besten ab, mit dem Blick auf den Hafen. Später haben wir uns die Zeit mit Mühle spielen vertrieben. Morgen wollen wir eine Fahrt mit einem alten Dampfschiff machen.

Papa musste wieder einmal im Waschbecken Hemden und Socken auswaschen. Auch das gehört zum Reisen dazu, sonst müsste man ja einen halben Kleiderschrank voll Sachen mitschleppen. Zum Abendessen gibt es heute Brote mit Erdnussbutter, Möhren, Paprika, Äpfel, Bananen und Brause. Von draußen hören wir die Möwen kichern. Ach ja, wir haben uns noch einen swimming pool angesehen. Papa wollte aber nicht reingehen. Das Becken war ihm zu klein, um ordentlich darin schwimmen zu können. Papa hat schon die Straßenkarten studiert, um den besten Weg von hier zum Flughafen in Edinburgh herauszufinden. Aber es ist ja noch Zeit. Mister Johnston hat uns empfohlen, ein Schloss hier in der Nähe zu besichtigen.

28. Juli 1997. Nach dem Frühstück haben wir ein wenig eingekauft. Vorher haben wir noch im Tagebuch gelesen und Mühle gespielt. Um viertel nach zwei fuhr das Dampfschiff los. Auf dem Schiff ist Platz für 925 Passagiere. Die Tickets waren nicht gerade billig, aber dafür dauerte die Fahrt auch fünf Stunden. Es waren viele Leute an Board. Die Waverly ist das einzige Dampfschiff in ganz Europa, das noch zur See fährt. Es wurde im Jahr 1946 gebaut. Wir haben jetzt das Jahr 1997. Das heißt, die Waverly ist jetzt dreiundfünfzig Jahre alt. Wir konnten sogar unten in den

Maschinenraum gehen. Wir sahen, wie sich die Kolben und Stangen unter dem Druck des heißen Wasserdampfes bewegten und wie mit dieser Kraft die Schaufelräder an beiden Seiten des Schiffes angetrieben wurden. Im Maschinenraum war es recht warm. Durch kleine Fensterscheiben konnte man direkt auf die Schaufelräder sehen. Die Maschine machte ein schönes, gleichmäßiges Geräusch.

Das Schiff fuhr zuerst an der Küste entlang. Wir sahen ein schönes Schloss, direkt am Meer. Dann nahmen wir Kurs auf das kleine Inselchen Ailsa Craig. Das Schiff fuhr ganz um die Insel herum. Es gibt dort ein kleines weißes Gebäude mit einem Leuchtturm. Dann gibt es an zwei Stellen merkwürdig aussehende Wohntürme, mit Rohren dran, die wie Schornsteine aussehen. (Das Tagebuch enthält auch eine Federzeichnung von Papa, einen Kartenausschnitt vom Firth of Clide, an dem Ayr liegt, nördlich die Isle of Arran, dann immer wieder Photos von der Waverly, Jan im Maschinenraum, strahlt mit seinem blonden Schopf in die Kamera, dahinter das auf- und abgehende Gestänge, Photos von Ailsa Craig). Die Insel besteht aus einem einzigen dicken hohen Felsen mit steilen Wänden. Das Gestein hat eine sehr interessante Form. Hier und da wächst ein wenig Gras. Auf der einen Seite der Insel brüten Tausende von Möwen. Hier haben sie ihre Ruhe. Die Sonne hat fast die ganze Zeit über geschienen. Meistens haben wir auf dem oberen Deck gesessen und hatten viel frische Luft.

29. Juli 1997. Heute sind wir zu einem großen Schloss gefahren. Culzean Castle liegt ungefähr achtzehn Kilometer südlich von Ayr. Das Schloss steht direkt oben auf den Klippen. Unten rauscht das Meer. Das Gebäude stammt aus dem 18. Jahrhundert und wurde oft umgebaut und erweitert. In der Waffenkammer befinden sich unzählige Pistolen, Schwerter, Säbel und Kanonen. Es gibt dort auch Lanzen und Stechwaffen. In einem anderen Raum befinden sich sehr viele Bilder, alle mit goldenem Rahmen. Auf einem Bild sind Soldaten zu sehen, einige zu Pferde. Andere stehen nur da. Auf einem sehr großen Bild ist Napoleon, der ehemalige Kaiser von Frankreich, dargestellt. Auf wieder anderen Bildern sind die Grafen und Gräfinnen zu sehen, die auf diesem Schloss gewohnt und die in dieser Gegend von Schottland regiert haben. Einige Bilder sind auch rund. Es gibt viele Möbel in den Wohn- und Schlafzimmern, den Umkleide- und Empfangsräumen. Die Stühle, Sessel und Sofas dort sind sehr fein gearbeitet. Manche stammen aus Frankreich und wurden mit Schiffen nach Schottland transportiert. Jedes Zimmer verfügt über einen offenen Kamin zum Heizen. An vielen Wänden befinden sich Spiegel, Kerzenhalter und kostbare Damasttapeten. In den Gesellschaftsräumen stehen runde Tische mit Teegeschirr. Die Briten und ihr Tee!

Aber Papa trinkt auch gerade mal wieder Tee, während wir auf dem Zimmer sind und schreiben. Heute ist es zum ersten Mal richtig am regnen. Culzean Castle hat einen großen Park. Es gibt ein Gewächshaus aus Glas, auch Orangerie genannt, mit vielen interessanten Pflanzen drin. Wir kamen an einem riesigen Beet mit hellblauen Hortensien, Mamas Lieblingsblumen, vorbei. Papa photographierte Jans blonden Schopf vor diesen schottischen Hortensien und Jan lächelt auf dem Photo sehr schön. Wenn Eckard mitgekommen wäre, hätte es sicher mehr Photos gegeben. Aber er ist nicht mitgekommen, auf diese Reise, weil er keinen Urlaub bekommen hat. Vom Zimmer des Grafen konnte man direkt aufs Meer schauen. Eine wunderbare Aussicht! Nichts als Wasser weit und breit zu sehen, sogar von dem Bett mit den dunkelgrünen Vorhängen aus. Es gab in dem halbrunden Zimmer einen Frisiertisch mit Spiegel, Bürsten und Kämmen. Von hier aus konnte der Graf sofort sehen, wenn am Horizont ein Schiff aufkreuzte. Genug Kanonen zur Verteidigung gab es ja hier oben. In einem anderen Raum sind Modelle von Segelschiffen ausgestellt. Zurück sind wir direkt am Meer entlang gefahren. Die Küste ist mal grün und flach und dann wieder fällt sie steil und felsig zum Meer hinunter ab. Abends gingen wir in Ayr in ein Lokal, um zu essen.

30. Juli 1997. Heute verbringen wir einen ganz ruhigen Tag, denn es ist unser letzter Urlaubstag. Morgen fahren wir ja nur noch zum Flughafen. Nach dem Frühstück haben wir Mühle gespielt. Dann waren wir in der Stadt, um ein paar Lebensmittel einzukaufen. Wir haben für Philipp ein kleines Geschenk gekauft. Es ist ein Kartenspiel für Kinder und heißt Snap. Vorher haben wir noch die Möwen mit altem Brot gefüttert. Später waren wir zum Joggen auf der Strandpromenade. Papa hat das Zimmer bei Mrs Johnston bezahlt. Diesmal haben wir nachmittags gegessen. Papa hat sich ein englisches Buch gekauft. Es heißt *Dr. Jekyll und Mister Hyde*. Der Autor heißt Stevenson. Das Buch ist schon 1886 erschienen und Papa fand es sehr, sehr spannend. Am späten Abend dann hat er schon mal die Rucksäcke gepackt.

Genug für heute. Ja, ja die alten Tagebücher. Wird sich Jan das jemals wieder ansehen? Welche Relevanz hat es tatsächlich für ihn? Woran erinnert er sich noch? Welche Eindrücke und Erfahrungen sind haften geblieben? Gibt es Spuren tief unten im Gedächtnis? Sicher mehr als er mir vor ein paar Tagen gesagt hat. Vieles ist vielleicht unbewusst abgespeichert und mischt sich in alle möglichen Erinnerungen, Stimmungen, Emotionen, Vorstellungen hinein. Morgen Abend ist das Vortreffen für den Segeltörn, in Eckenhagen. Von Rostock werden sie loslegen, dann in Richtung Kopenhagen. Ja, solche Gruppenerfahrungen sind angesagt jetzt... Mal sehen, was Jan von dieser Reise berichtet, was er erlebt hat und mal sehen, was bei unserer gemeinsamen Irlandtour herauskommt? Wir werden ja ausführlich berichten. Wird es unsere letzte Reise zu zweit sein? Wer weiß das schon.

18. Juli 2003
Und noch einmal ein Blick ins Sardinientagebuch? *11. Oktober 1999.* Alghero, die Küste von Bosa aus hochgefahren, ein sehr reizvoller Ort, dieses Alghero. Kaffee in einer Bar, ein Zimmer in einem ehemaligen Kloster gemietet, San Francesco. Eine sehr schöne und schlichte Atmosphäre. Wir wohnen mitten in der Altstadt, umgeben von engen Gassen, hohen Festungsmauern und Türmen. Zufall? Ob diese Zahlen etwas bedeuten? Wer ein wenig abergläubisch ist, könnte daraus vielleicht etwas Tiefgründiges oder Geheimnisvolles ableiten. Unsere Hotelzimmernummern: Hotel l´Ancora: 1, Hotel Santa Maria: 18, Hotel Quattro Mori: 51, Hotel Al Gabbiano: 108, Hotel San Francesco: 11, Hotel Ampurias: 12. In Neapel glauben sie an die magische Kraft solcher Zahlen, die zufällig im persönlichen Leben auftauchen. Man verwendet sie daher im Lottospiel. Es folgen einige Photographien aus Alghero, das Kloster, die Festungsmauern am Meer, der Himmel tiefblau.

Dann kommt ein Kapitel Geographie. Warum gibt es auf Sardinien so wenig Wald? Warum ist besonders im Landesinneren alles so vertrocknet? Die Böden sind bröckelig, spröde und verdorrt, so dass nur noch Gestrüpp, die macchia wächst. Warum ist das so? War es schon immer so? Lösung: bitte wenden. Jetzt kommen zwei Seiten mit Bleistiftskizzen, Schiffen, Baumstämmen, Bahntrassen... Aha, riesige Mengen an Bäumen wurden auf Sardinien abgeholzt, um auf dem italienischen Festland Bahnlinien zu bauen. Außerdem wurden auch Wälder abgebrannt, um Weideland für die Schafsherden zu bekommen. Und auf der nächsten Seite ein sehr schönes Photo, das Zimmer im Kloster, die Fensterläden ein Stück zugezogen, draußen grelles Mittagslicht und innen eine angenehme, schattige Kühle, ja ich erinnere mich noch, und Jan genoss diese siesta auch sehr, er hatte die Ruhe weg, über Stunden...

Es folgt ein wenig Denksport, wohl für Jan notiert. Das Klosterhotel vermietet an einem Tag fünfzehn Doppelzimmer für je ... Das Hotel muss von den Einnahmen 20 % Steuern an den Staat bezahlen. Weitere 25 % holt sich die Mafia... Der Lohn für die Angestellten beträgt ... Dann kommen Jans Berechnungen bis hin zu einer Summe, die das Hotelmanagement an Gewinn übrig behält. Und noch mal Berechnungen zu den Reisekosten von zwei Freunden, die eine Reise machen, einen Flug buchen, einen Wagen mieten usw. Oh je, habe ich Jan wirklich so sehr mit Textaufgaben gequält?

Denn es kommt noch mal Denksport, ein Flugzeug mit so und so viel Leuten, dann die Reisedauer einer Tirrenia-Fähre von Napoli nach Cagliari... Jetzt kommt eine Lektion in italienischer Sprache: Links stehen italienische Wörter wie gelato, camera, macchina, spiaggia, ristorante, buon giorno, grazie, batello, treno, sole, bambino, prego, aeroporto und rechts in durchmischter Reihenfolge die entsprechenden deutschen Wörter. Jan hatte die Aufgabe, Verbindungslinien zu ziehen. Alles richtig gemacht. Ich blättere weiter. Photos von der Grotta di Nettuno, una gita in batello...

12. Oktober 1999. Von Alghero aus mit dem Schiff Richtung Capo Caccia. Es sind viele Franzosen an Bord, ein ganzer Reisebus voll. Es ist brütend heiß und endlich geht es los. Der Fahrtwind kühlt. Nach einer Stunde legt das Schiff direkt vor den Felsen an. Über einen Metallsteg gelangen wir in die Grotte. Professor Lidenbrock in Jules Vernes spannendem Abenteuerroman *Reise zum Mittelpunkt der Erde* hätte an dieser Höhle seinen Spaß gehabt. Ja, Neptun, der Gott des Meeres... Glasklare Seen befinden sich in der grotta, dazu eine zauberhafte Landschaft von Stalagmiten und Stalagtiten, zum Teil Millionen von Jahren alt. Alles sehr verwinkelt und geheimnisvoll.

Auf der gegenüberliegenden Seite im Tagebuch sehe ich eine Bleistiftskizze vom Inneren der Höhle. Dann ein Eintrag mit etwas phantastischem Charakter: Gibt es vielleicht eine unterirdische Verbindung zu den heißen Kammern unter dem Vesuv oder dem Ätna? Schließlich hat Professor Lidenbrock die Unterwelt wieder durch den Schlund eines Vulkans auf der kleinen Insel Stromboli verlassen ...

Und nun die Fortsetzung des Italienischkurses für Jan. Wieder zwei ausgewählte Wörterlisten zum Verbinden: spaghetti, biglietto, Come stai?, Come ti chiami?, il letto, il bagno, il pomodoro, la costa, latte fresco, castello, la città, aereo, colazione, supermercato, cabina telefonica, macchina fotografica... Jan hat erneut alle Wörter richtig verbunden. Eine Seite mit Photos aus der Grotta di Nettuno.

Dann etwas über Lu Bagnu, vom *15. Oktober 1999*. Unsere letzte Station. Hier ist es sehr ruhig und angenehm. Ein Zimmer mit Blick aufs Meer, ein Balkon, eigentlich sind es eher zwei Zimmer, ein Schlafzimmer, ein großer Wohnraum mit Kochnische und bagno. Von hier aus Fahrten nach Castelsardo und Badesi Mare, wo es einen endlos langen Sandstrand gibt, der an dem Tag fast uns allein gehört. Gestern Abend haben wir selber gekocht, spaghetti pomodoro, und gut geschmeckt hat es auch. Jetzt kommen Photos: Jan im Meer in Badesi Mare, Jan wendet die spaghetti, Papa wäscht Hemden und T-Shirts aus. Ein Turm aus der Nuraghierzeit, Jan hockend vor dem niedrigen Eingang. Erkundungen in Castelsardo, Befestigungsmauern, Klippen, ein Kirchlein, alles festgehalten im Bild... Photos vom Hafen in Olbia ... Ja, die großen Fähren, die haben es Jan schon immer angetan, wir können gar nicht lange genug in den Häfen herumlaufen und alles anschauen...

19. Juli 2003

Die Irlandgeschichte, die ich Philipp gerade vorlese, ist wirklich spannend. *Das Tal der Raben,* äußerst mysteriös, handelt vom Befreiungskampf der Iren gegen die Engländer, spielt zur Zeit Heinrich VIII.. Tapfere Helden und Krieger, blutgetränkter Boden, Hügelgräber und ein Archäologe, der sich zusammen mit seinen Studenten auf Spurensuche begibt. Dazu kommt, dass der Professor seine Tochter mit dabei hat. Es ist in den Sommerferien, das Mädchen lebt sonst bei der Mutter in England, die Eltern leben getrennt... Eigentlich müsste ich eher Jan für das Buch interessieren, aber so bekommt Philipp auch ein Stückchen von Irland ab... Es wird schon richtig sein, so wie die Dinge laufen...

Alles in allem haben wir über die Jahre hinweg nicht besonders viel Tagebuch geschrieben. Wir waren einfach zu erschöpft, nehme ich an. So ist vieles verloren gegangen, gerade von den gemeinsamen Familienreisen. Oft denke ich an unsere schönen Wanderungen in Vorarlberg und Südtirol zurück, an unseren Aufenthalt etwa in der mittelalterlichen Jugendherberge in Feldkirch, einem ehemaligen Siechenhaus, draußen vor den Toren der Stadt. Die früheren Insassen wurden nur getröstet durch ein danebenstehendes Kirchlein. Aber sind wirklich alle Erinnerungen verloren?

Spreche ich mit den Kindern über die bereits unternommenen Reisen, so erinnern sie einzelne Orte, Häuser, Szenen, Landschaften, Ereignisse oftmals sehr detailreich, sinnlich, farbig, aber die geschlossene Ereigniskette einer bestimmten Tour in einem bestimmten Sommer, in einem Herbst oder Frühjahr scheint nur selten in kompletter Form erinnerbar. Müssen wir uns deswegen grämen? Wir lebten stets in der Gegenwart. Jede Erfahrung, jeder sinnliche Eindruck, sagen wir im süditalienischen Castellabate, in Pioppi, Aquafredda di Maratea oder Capo Vaticano, hat vielleicht Spuren hinterlassen und bewirkt am Ende doch etwas. Mit dem Lesen der tatsächlich regelmäßig geführten Tagebücher zu den bisherigen Reisen von Vater und Sohn komme ich jedenfalls jetzt ans Ende. Nur noch einmal habe ich etwas nachzulesen, wiederzuentdecken. Außer ich greife noch nach den mit Photos angefüllten Schuhkartons, von denen jeder Junge mittlerweile zwei besitzt. Dann sind da noch Aufnahmen von Rothenburg ob der Tauber, als ich mit Jan auf dem Weg in die Alpen war und wir dort eine Zwischenübernachtung einlegten und durch die heiße, schwüle Luft über die Stadtmauer liefen und anschließend in einem urigen Lokal zu Abend aßen, während draußen die Blitze und Donner nur so krachten.

Oder Tübingen, auf dem Rückweg, die Atmosphäre, unten am Neckar, das viele bunte Fachwerk, das Schloss, die Universität im sanftgelben Licht. Ich ging mit Jan in eine Studentenkneipe zum Abendessen. Ich sprach mit dem jungen Kellner und siehe da, er studierte Philosophie. Jan war schon beeindruckt. Am Fluss saßen Dozenten oder Professoren mit ihren Studenten, direkt in der Nähe des Hölderlinturmes... Gab es denn nicht doch ein Tagebuch zu dieser Reise? Wann war das nur? Ist alles schon weg, die ganze Erinnerung? Werde ich alt? Meines Erachtens werde ich im September erst zweiundvierzig. Also muss es doch noch irgendwo eine Kladde geben. Ich werde danach suchen. Doch jetzt ein letzter Blick ins Schottlandtagebuch.

31. Juli 1997. Nach dem Frühstück haben wir uns von Mrs Johnston verabschiedet. Wir fuhren ein Stück die Küste hinunter bis zu einem kleinen Ort namens Dunure. Es war sehr windig und die Wellen schlugen gegen die Felsen. In einem Hafenbecken lagen Segelschiffe und Motorboote. In Dunure steht eine Burgruine aus dem Mittelalter. Es fing an zu regnen und wir sind in ein Lokal gegangen. Papa hat Tee getrunken und Jan hat ein Eis gegessen. Dann haben wir Mühle gespielt. Schließlich sind wir langsam in Richtung

Edinburgh gefahren. Es ging über Landstraßen, durch saftig grüne Wiesen. Zwischendurch haben wir ein Picknick gemacht. Es war direkt neben einer Grundschule in einem kleinen Ort. Wie hier die Kinder wohl lernen?

Kurz vor dem Edinburgher Flughafen hat Papa erst einmal das Auto vollgetankt. Dann haben wir den Wagen wieder beim Autoverleih abgegeben. Wir haben auch die beiden jungen Frauen wiedergesehen. Diesmal hatte die eine ihre Fingernägel türkisgrün lackiert. Das hat schön geleuchtet. Dann haben wir unsere Rucksäcke abgegeben und unsere Bordkarten bekommen. Etwa um 20.00 Uhr saßen wir im Flugzeug. Wir wurden kurz begrüßt und schon rollte die Maschine auf die Startbahn zu. Weil wir einen sehr starken Rückenwind hatten, flogen wir etwas schneller als erwartet. Das Flugzeug hat aber auch ganz schön gewackelt, weshalb wir während des gesamten Fluges angeschnallt bleiben mussten. Es gab wieder etwas zu essen und einen Film mit Mr Bean. Es war sehr lustig und Jan hat sehr gelacht.

Dann ging die Maschine schon wieder runter. Es war inzwischen dunkel. Am Boden konnte man viele Lichter erkennen. Nach der Landung fuhren wir mit der S-Bahn zum Düsseldorfer Hauptbahnhof. Auf den letzten Drücker erwischten wir noch einen Intercity nach Bonn. Papa löste die Fahrkarten beim Schaffner im Zug. Weil der Zug so voll war, fuhren wir in der ersten Klasse. Im Abteil saß ein Journalist aus Brasilien. Papa hat sich mit ihm auf englisch unterhalten. Er kam aus Amsterdam und war gerade auf dem Weg nach Venedig. Vom Bonner Bahnhof nahmen wir ein Taxi nach Godesberg zu Karin und Jörg. Mittlerweile war es 1.00 Uhr nachts. Wir haben noch etwas getrunken und erzählt. Von unserem Zimmer aus konnte Jan alle Züge sehen, die durch den Godesberger Bahnhof durchrauschten.

1. August 1999. (Jan schreibt) Am nächsten Morgen hörten wir Karin Annas, also Mamas Stimme auf dem Anrufbeantworter. Philipp und Mama waren also schon aus Holland zurück. Karin Maria, das heißt, Papas Schwester, hat Brötchen geholt und wir haben gefrühstückt. Dann haben Karin Maria und ich Mühle gespielt. Papa hat in der Zeit das Tagebuch zuende geschrieben, bis auf diesen letzten Abschnitt. Karin Maria fährt uns gleich nach Heddinghausen. Das ist wirklich praktisch und angenehm. Und damit wäre die gemeinsame Reise von Papa und mir nach Schottland zu Ende.

20. Juli 2003

Ich habe alle Regale nach dem Tagebuch durchsucht. Es dauerte zwar eine Weile, aber schließlich bin ich fündig geworden. Es gibt also doch noch ein Tagebuch. Die Bilder vom Tübinger Fachwerk waren für mich der Erinnerungsanker. Doch bevor wir hineinschauen, noch etwas zum Thema Erinnerung. Philipp und ich führten diesbezüglich gestern das folgende Gespräch:

Joachim: Wie ist das mit der Erinnerung bei Reisen, die schon eine Weile zurückliegen?

Philipp: Ich komme sehr durcheinander mit den Jahren. Die Erlebnisse an sich kann ich aber gut auseinanderhalten. Aber wenn wir etwa mehrere Frankreich- oder Italienreisen gemacht haben, dann weiß ich nicht mehr, was genau wir bei welcher Reise gemacht haben.

Joachim: Nehmen wir ein Beispiel. Versailles, kannst du was zu Versailles sagen?

Philipp: War es das Schloss mit dem Gartenlabyrinth und dem großen See?

Joachim: Großer See, eigentlich nicht. Labyrinth? Buchsbaumhecken? Ich denke da eher an Fontainebleau.

Philipp: Da siehst du, wie man das vermischt.

Joachim: Komm, wir machen noch eine weitere Erinnerungsübung. Schließe mal die Augen und beobachte, welches Reiseerinnerungsbild in deinem Inneren entsteht. (Philipp schließt die Augen.)

Philipp: Ich sehe einen Berg... es ist in den Bergen... Kühe ... ich höre Glockengeläut... wir sind in den Wald reingegangen, da, wo ihr (Jan und Papa) vor der Kuh weggesprungen seid, wo ihr das erzählt habt, von einer früheren Tour, und wo wir dann später alle zusammen hergekommen sind...

Joachim: Ah, das war die Wanderung von Schenna aus, bei Meran...

Philipp: Auf der Hütte gab es Apfelstrudel, und wir hatten eine unwahrscheinlich schöne Aussicht runter ins Tal... Wo war das noch mit dem Zwetschgenstrudel?

Joachim: Moment, vielleicht auf der Fraßenhütte? Ja, es muss die Fraßenhütte gewesen sein...

Philipp: Die Seilbahn fuhr nicht und wir sind von Bludenz den ganzen Weg zu Fuß nach oben gekraxelt. War aber schön.

Joachim: Ja, woran du dich alles erinnerst...

Philipp: Von unten sah das ja aus und die Wege sind ja immer drei mal so lang, als wenn man geradeaus hochgehen würde. Wo war das noch mal mit dem Wasserfall, mit der Brücke, mit der Schlucht?

Joachim: An dem Waalweg Richtung Algund?

Philipp: Nein, nein... Da, wo die Mama gar nicht über die Brücke wollte und wo das Wasser immer wilder und tosender wurde, je weiter wir in die Schlucht hinaufgingen...

Joachim: Ah, das muss die Bürser Schlucht bei Bludenz gewesen sein. Es wurde uns am Ende wirklich zu gefährlich und wir sind umgekehrt. Erinnerst du dich noch an was anderes, irgendein anderes, besonders bemerkenswertes Reiseerlebnis?

Philipp: Den Vier-Sterne-Zeltplatz in Frankreich, mit dem swimming pool.
Joachim: Das war an der Côte Sauvage. Erinnerst du dich an den hohen Leuchtturm?
Philipp: War der denn da?
Joachim: Direkt hinter dem Zeltplatz.
Philipp: Da sind wir auch hochgegangen. War das nicht da, wo unten der Mann gesagt hat, ich solle meine Kappe und meine Brille abtun?
Joachim: Warum hat er das wohl gesagt?
Philipp: Weil es oben so windig war.
Joachim: Was erinnerst du noch, wenn du an den Leuchtturm denkst?
Philipp: Dass man fast bis nach Portugal sehen konnte, wo Fabian zu der Zeit Urlaub gemacht hat. Jedenfalls hast zu mir gezeigt, in welcher Richtung Spanien und Portugal liegen.
Joachim: Gab es auch mal eine Situation auf Reisen, die für dich sehr stressig war?
Philipp: Ja, als der Zug durchgerast ist in Sestri Levante, wegen dem Streik, und wir nicht aussteigen konnten. Das war ziemlich blöd.
Joachim: Aber dann haben wir das ja noch hingekriegt, indem wir von La Spezia aus mit dem Taxi zurück nach Sestri Levante gefahren sind.
Philipp: Ja, war das ein Taxi?
Joachim: Ja sicher.
Philipp: Und wir fuhren damit zum Hotel Marina... Aber mal was anderes: Wie viele Schlösser habe ich eigentlich schon gesehen?
Joachim: Ja, welche denn?
Philipp: Versailles ... Fontainebleau .. den Louvre… War da nicht noch eins, in Venedig ?
Joachim: Meinst du den Palazzo Ducale?

Philipp: Genau.
Joachim: Weißt du noch, als wir die Gefängnisse direkt neben dem Palazzo Ducale besichtigt haben?
Philipp: Mussten wir da nicht über diese schmale Brücke?
Joachim: Ja, die Seufzerbrücke. Und Casanovas Flucht aus dem Gefängnis unter den Bleidächern, den piombi, weißt du noch?
Philipp: Ach, das hast du uns doch vorgelesen! Mensch, das war vielleicht spannend.
Joachim: Erinnerst du dich auch an das Schloss in Blois, an der Loire?
Philipp: Wo aus dem gegenüberliegenden Gebäude so ein merkwürdiger Drache aus dem Fenster schaute...
[...]
Und nun noch ein erster, kurzer Blick ins Tagebuch zur Sommerreise, im Juli 1999, von Jan und Joachim Bröcher.
12. Juli 1999. (Jan schreibt) Vorgestern haben Papa und ich das neue Igluzelt probeweise aufgebaut. Damit wir im Urlaub keine Probleme kriegen. Erst mal haben wir das Innenzelt auf dem Boden ausgebreitet. Dann haben wir die Erdnägel reingeschlagen, die Fiberglasgestänge ineinander gesteckt und mit Metallsteckern festgemacht. Die Fiberglasstangen wurden noch mit dem Innenzelt verknotet. Darüber wurde dann das Außenzelt gespannt. Außerdem haben wir probeweise die Luftmatratzen aufgepumpt. Dann haben wir schon mal Schlafsäcke, Zelt, Decken, Handtücher, Wanderschuhe und anderes im Kofferraum verstaut. Papa sucht gerade die beste Straßenverbindung aus dem Atlas heraus. Es geht erst einmal Richtung Frankfurt und von dort an Würzburg und Ulm vorbei in den Bregenzer Wald. Wenn wir alles gepackt haben, werden wir uns ein paar Stunden hinlegen und dann im Morgengrauen aufbrechen.
13. Juli 1999. Wir sind heute sehr früh aufgestanden und ungefähr um 7.00 Uhr losgefahren. Wir kamen zuerst gut

durch, doch bei Würzburg gab es einen längeren Stau. Es war sehr heiß. Wir entschieden uns, auf der Höhe von Rothenburg ob der Tauber von der Autobahn herunter zu fahren. Immerhin hatten wir schon etwas mehr als dreihundertsechzig Kilometer hinter uns. Papa meinte, Rothenburg sei eine sehr interessante mittelalterliche Stadt und eine Besichtigung würde sich lohnen. Wir fuhren direkt in die Altstadt hinein und standen kurz darauf vor dem Hotel Frei. Wir mieteten ein Zimmer, parkten den Wagen auf dem Hotelparkplatz, räumten die allernötigsten Sachen aufs Zimmer und gingen erst einmal unter die Dusche. Was für eine Erholung nach all den Stunden auf der Autobahn! Danach haben wir uns ein wenig ausgeruht und etwas fern gesehen. Es kam ein Beitrag über die Tierwelt auf den Seychellen.

Später haben wir die Stadt erkundet, es war vielleicht gegen 16.00 Uhr und immer noch brütend heiß. Besonders interessant fand ich die Stadtmauer. Wir sind auch hochgegangen und ein Stück auf dem Wehrgang gelaufen. Die ganze Altstadt ist von dieser hohen Mauer umgeben. Dazwischen befinden sich viele Türme, oft mit Toren unten darin. Fast alle Häuser sind Fachwerkhäuser. Papa hat einige der Fassaden photographiert. Dann braute sich ein Riesengewitter über der Stadt zusammen. Der Himmel wurde immer finsterer und hinter den Türmen der Stadtmauer zuckten schon die ersten Blitze. Schnell gingen wir zum Hotel und brachten uns in Sicherheit, während es draußen zu krachen begann. Als der Regen vorbei war, haben wir uns ein Lokal zum Abendessen gesucht. Das Hotelrestaurant ist ein uraltes Fachwerkhaus und trägt den poetischen Namen Reichsküchenmeister. Wir saßen direkt unter dicken und schweren Holzbalken. Ich habe ein riesiges Schnitzel gegessen, mit Pommes Frites und Dunkelbier. Papa hat sich Hühnerfrikassée mit Reis und dazu Weizenbier bestellt. Nach dem Essen sind wir noch ein wenig durch die Gassen von Rothenburg geschlendert, um die mittelalterliche Atmosphäre zu genießen. Schließlich sind wir schwer und müde ins Bett gefallen und haben tief und fest geschlafen.

14. Juli 1999. Nach dem Frühstück im Hotel-Café Frei an der Galgengasse ging es zurück zur Autobahn Richtung Ulm, über Memmingen ins Allgäu. Ab Wangen fuhren wir querfeldein Richtung Vorarlberg. Wir bewegten uns geradezu in den Regen hinein. So ein Pech! Wieder einmal Österreich im Regen! Wir haben uns den ursprünglich anvisierten Zeltplatz in Bezau angesehen, aber der Gedanke, im strömenden Regen hier das Zelt aufzubauen, hat uns nicht so begeistert. Wir fuhren weiter nach Au und stärkten uns mit Bananen, Milch und Brötchen, die es in einem Geschäft an der Straße gab. Papa schlug schließlich vor, weiter nach Südtirol zu fahren, doch der Flexenpass zwischen Warth und St. Anton war wegen eines Erdrutsches gesperrt, genauso wie die Autobahn durch den Arlbergtunnel. Es blieb uns nur der Umweg über Steeg bis Elmen und von dort hinauf über das Hahntennjoch nach Imst und von dort aus dann weiter nach Meran.

Die Gebirgsstraße war steil, kurvig und eng. Der erste Ort, den wir schließlich erreichten, war Bschlabs. Der Blick auf den Tachometer zeigte, dass wir heute schon fast vierhundert Kilometer gefahren waren. Außerdem wurde es langsam dunkel und immer nebliger. Wir entschieden uns, in Bschlabs zu bleiben. Dieser Ort besteht nur aus sieben oder acht Häusern, einem Gasthof und einem kleinen Kirchlein. Wir bezogen ein Zimmer in dem Gasthof, räumten ein paar Sachen für die Nacht hinein und Papa ging unter die Dusche, um sich vom Fahren zu erholen. Dann aßen wir zu Abend, unten in der Gaststube, reichlich. Nach dem Essen haben wir noch ein wenig die Gegend um Bschlabs erkundet, soweit das bei den steilen Hängen ringsum möglich war. Immerhin hörte es eine Weile auf zu regnen. Um uns herum sahen wir hohe, wolkenverhangene Gipfel, zum Teil noch mit Schnee darauf. Etwa achthundert Meter unter uns schoss das Wasser der Lech donnernd über das Geröll durch das Flussbett, das man hier und da zwischen dem Grün der Tannen silbrig schimmern sah. Und jetzt sitzen wir auf unserem urigen, mit Bauernmöbeln eingerichteten Zimmer, im Gasthof zur Gemütlichkeit und überlegen, wie es morgen weitergehen könnte. Wir befinden uns in den Lechtaler Alpen. Diese gehören zu den nördlichen Kalkalpen. Der höchste Berg hier ist die Passeierspitze, mit 3036 Metern.

15. Juli 1999. Nach dem Frühstück im völlig verregneten Bschlabs, ... Nein, erst einmal müssen wir erwähnen, dass wir diese Eintragungen abends mit der Taschenlampe im Zelt machen. Wir fuhren also von Bschlabs über das Hahntennjoch nach Imst. Die Straße war sehr eng, kurvig und zum Schluss extrem steil. Hinter Imst fuhren wir in einen langen Tunnel und bogen schließlich ab ins Ötztal. In Umhausen kauften wir was zu essen und schauten uns auch den Zeltplatz an, wollten aber nicht bleiben. Der Himmel war wolkenverhangen und es fielen einige Regentropfen. Es waren sehr, sehr viele Touristen im Ötztal unterwegs. Wir blieben also bei unserem Plan, weiter nach Meran zu fahren und steuerten langsam aber sicher auf das sagenumwobene Timmelsjoch zu. Dieser Pass ist eine sehr schwierige, aber zugleich abenteuerliche Möglichkeit, die Alpen in Richtung Südtirol zu überqueren. Serpentinenartig schlängelt sich die enge Straße die steilen Berge, die das Ötztal von Süden her verschließen, hinauf. Am Ende, wenn man weit oben angelangt ist, wirkt es zunächst wie in den schottischen Highlands und dann fast wie eine Mondlandschaft. Ganz oben auf dem Joch angelangt, befindet man sich auf einer Höhe von 2509 Metern. Passo Rombo nennen ihn die Italiener. Genau auf dem höchsten Punkt verläuft die Grenze zwischen Österreich und Italien.

Wir steigen aus und erforschen ein wenig die nebelverhangenen Berggipfel, schauen Steine und Pflanzen an. Ein paar Kühe mit dicken Glocken um den Hals stolpern zwischen dem Geröll umher. Wir nehmen ein paar silbrig glitzernde Steine mit. Dann geht es auf der italienischen Seite des Passo Rombo ins Tal hinunter. Die Kurven wollen kein Ende nehmen. Auf einer almartigen Wiese machen wir ein Picknick und schauen weit nach Südtirol hinein. Von den kurvigen Straßen über St. Leonard aus, sehen wir das hellblaue Geglitzer eines Freibades. Man kann schon von oben sehen, dass es nicht sehr voll ist. Prompt halten wir dort an, um zu schwimmen und uns zu erfrischen. Ach wunderbar! Nur leider gibt es über dem Wasser etliche blinde Fliegen, Stechfliegen also, die es auf uns abgesehen haben. Wir kraulen schnelle Bahnen, um die Viecher abzuhängen.

Nach dieser wohltuenden Pause nach über neunhundert Kilometern im Auto, geht es weiter hinunter in den Meraner Talkessel, der von hohen Bergen umgeben ist. Trotz der vielen Straßen, Busse und Autos finden wir recht bald den zentral gelegenen Campingplatz. Der Platz ist auch nicht zu voll. Wir bauen unser Zelt auf, zum Glück wissen wir ja schon, wie es geht, pumpen die Luftmatratzen auf und richten uns ein wenig ein. Neben uns kommt gerade eine Familie aus Dänemark an und Jan hilft ihnen beim Aufpumpen der Luftmatratzen. Die Dänen heißen Philipp und Conny, ihre Kinder Benjamin und Rebecca. Jan und Benjamin spielen zusammen Frisbee.

Später gehen wir alle zusammen in eine Pizzeria zum Essen. Aus irgendeinem Grund akzeptiert die Kellnerin die Kreditkarte der Dänen nicht, so dass wir erst einmal die gesamte Rechung übernehmen. Die Dänen wollen uns dann am nächsten Tag zum Essen einladen. Philipp und Conny arbeiten in Dänemark als Sozialpädagogen. Benjamin ist acht Jahre alt und Rebecca sechs. Rebecca ist Autistin, das heißt sie spricht kaum mit anderen und sie besucht in Dänemark eine Spezialschule. Wir haben keine Schwierigkeiten, mit dem Mädchen umzugehen. Schließlich ist Papa Sonderschullehrer und Jan hat schon viel über dieses Arbeitsfeld gehört. Dann geht es zum Schlafen ins Zelt. Wir lassen den Eingang noch ein wenig offen und schauen durch das Mückennetz hinaus. In der Ferne, hoch über dem Gebirgskamm, beginnt ein Wetterleuchten. Das macht die Atmosphäre im Zelt nur noch gemütlicher.

(später) Ich mache doch noch ein wenig weiter, denn wer weiß, was die kommende Schulwoche mit sich bringt und wie wenig Zeit ich finde, meinen Tagebuchrecherchen zu folgen. Ich lese: Die arme Conny. Jeden Morgen steht sie am Steintrog und muss den Schlafsack von Benjamin auswaschen, denn er ist Bettnässer, trotz seiner acht Jahre. Sie haben immer einen Schlafsack in Reserve und hängen den jeweils nassen Schlafsack in die Sonne. Nun, es ist ja warm und abends ist wirklich wieder alles trocken. Heute gingen wir zum ersten Mal auf eine richtige Wanderung. In einem Lebensmittelgeschäft, nicht weit vom Zeltplatz, kauften wir Milch, Joghurt, Bananen und Brötchen zum Frühstück sowie Käse und Äpfel als Proviant.

Dann wurden die beiden Rucksäcke gepackt: Wanderkarte, Wanderführer, Kompass, Teleskopstöcke, Sonnenkappen, Sonnencreme, Regenjacken und ein Ersatzhemd. Jan machte die drei Trinkflaschen voll Wasser und los ging es. Zuerst durchquerten wir das mondäne Meran mit all seinen Geschäften und Boutiquen. Schon liefen wir über den berühmten Tappeiner Weg und über den Algunder Waalweg bis nach Plars. Vom Tappeiner Weg hatten wir eine wunderbare Aussicht auf die Dächer von Meran. In Plars machten wir Rast. Wir nahmen den Sessellift bis zum Gasthaus Gasteiger und glitten mit den Fußspitzen über die Tannenspitzen nach oben.

Vom Gasteiger ging es dann in einem Stehlift, einer Art vergittertem Käfig, für weitere zehn Minuten nach oben bis zur Leiteralm. Zum Glück half uns jemand beim Aussteigen, was nämlich bei den unaufhörlich weiterfahrenden Käfigen, die dazu auch noch eine sehr schmale Gittertür haben, gar nicht so einfach ist. (ab hier schreibt Jan) Wir gingen über den Meraner Höhenweg und genossen die wunderbare Aussicht ins Tal. Der Weg war sehr schmal und steinig. Zum Glück hatten wir unsere Wanderstöcke dabei. Sie können einem helfen, auf sehr schwierigen Strecken das Gleichgewicht zu halten. Immer wieder haben wir uns für ein paar Minuten ausgeruht und einen Schluck Wasser getrunken. Dann ging es langsam abwärts, an Almen und Gasthöfen vorbei bis zum Dorf Tirol.

(jetzt schreibt wieder Joachim) Von dort nahmen wir den Bus nach Meran, um unsere Füße und Beine nicht zu arg zu strapazieren. Insgesamt waren wir ja vierzehn Kilometer gelaufen. Schon freuten wir uns auf den kleinen swimming pool auf dem Campinggelände. Später waren wir bei unseren dänischen Nachbarn zum Abendessen eingeladen. Es gab gegrillte Würstchen und Salat. Jan und Benjamin spielten zusammen Mühle. Obwohl sie kein Wort miteinander sprechen konnten, klappte das ausgezeichnet. Mühle heißt auf dänisch *mölle*. Dann fing es an zu regnen und wir saßen alle zusammen bei einer Frau aus Koblenz im Vorzelt ihres Wohnwagens. Die Erwachsenen tranken ein Glas Rotwein und die Kinder aßen Chips. Wir gingen früh schlafen, denn wir waren sehr müde vom vielen Wandern.

17. Juli 1999. Heute machten wir uns einen ganz gemütlichen Tag. Schon direkt nach dem Frühstück war Jan mit den anderen Kindern im Pool. Dann schrieben wir erst mal Tagebuch, um den Rückstand aufzuholen. Es war heiß und wir saßen im Schatten. Jan ging immer wieder schwimmen. Zwischendurch aßen wir Joghurt, Brötchen und etwas Obst.

Abends gingen wir in ein chinesisches Restaurant. Es ist direkt neben dem campeggio und hat eine schöne überdachte Terrasse. Nach Frühlingsrolle, Hühnchenfleisch süßsauer, weißem Reis und Tofu-Bambus-Gemüse und etwas Unterricht im Stäbchenessen spazierten wir noch zum Kurhaus. Dort wurde während des Sommers die Operette *Der Vogelhändler* aufgeführt, unter dem blauen Südtiroler Himmel. Wir befanden uns an einer Stelle im Park, von der wir das Geschehen auf der Hinterbühne, also back stage, beobachten konnten. Die Schauspieler, die gerade nicht auf der Bühne waren, trafen sich hier, unterhielten sich, machten Scherze, rauchten Zigaretten, zupften an ihren Perücken, Kleidern und Jacken. Außerdem wurde hier hinten eine Pferdekutsche für den Auftritt auf der Bühne vorbereitet. Wir verfolgten das alles mit großem Interesse, womöglich waren diese Hintergrundgeschehnisse spannender als das Stück, was die Leute auf der Vorderseite der Bühne zu Gesicht bekamen. Wir kauften uns noch ein Hörncheneis und es ging zurück zum Zeltplatz. Es war noch wärmer als zuvor. Im Zelt lasen wir eine Lausbubengeschichte von Ludwig Thoma, beim Schein der Taschenlampe.

18. Juli 1999. Heute wurde wieder richtig drauflos gewandert. Zwar war es ziemlich warm, doch besser Sonne als Regen, wenn man hoch in die Berge will. Mit dem Auto ging es etwa acht Kilometer bis zur Seilbahnstation oberhalb von Schenna. Im Gasthof Pichler, direkt neben der Talstation der Seilbahn, gab es einen musikalischen Frühschoppen mit den Alpenboys. Die Musik dröhnte laut, die Leute tranken in der prallen Sonne und einige sangen laut mit. Zum Glück kamen wir bei der Seilbahn, wo wir Schlange stehen mussten, endlich an die Reihe. So entflohen wir dem ganzen Rummel. Schnell wurden wir über steile Wiesen und dunkelgrüne Tannenspitzen hinauf getragen. Auch war die Temperatur oben auf dem Berg etwas angenehmer, da kühler. Dann ging es an Almen und Gasthöfen vorbei, oft durch schattigen Wald. Einmal kamen uns auf einem sehr schmalen Steig mehrere hintereinander trottende Kühe mit gigantisch weit ausladenden und spitzen Hörnern entgegen.

Wir öffneten ein seitliches Tor, das zu einer saftig grünen Wiese führte, worauf die erste Kuh abrupt beidrehte und wild in den Klee hineingaloppierte. Wir schafften es gerade noch, der Kuh auszuweichen und den seitlichen Hang neben dem Tor hochzuspringen. Oh, je... das war knapp. Wir verschlossen das Gatter wieder. An dem zweiten gehörnten Tier mussten wir wohl oder übel vorbei, wenn wir nicht den ganzen Tag warten wollten. Sie fraß nämlich hier ein Gras, da einen Halm, schaukelte ein klein wenig weiter auf ihrem Weg, verscheuchte dann erst einmal eine Fliege, ging wieder wenige Zentimeter weiter, schnupperte an irgendeinem Gras usw. Also Luft anhalten und durch.

Der Weg ging nun erneut durch den Wald. Manchmal sprudelte ein kleines Bächlein direkt vor unseren Füßen. Hier und da machten wir Rast, aßen oder tranken eine Kleinigkeit. Immer wieder schauten wir in die nach unten stürzenden Täler oder zu den Bergspitzen ringsum. Wieder kamen wir auf einen Waalweg. Waale sind nicht etwa Meerestiere, die sich ins Hochgebirge verirrt haben, sondern kleine, in Stein oder Holz gefasste Wasserrinnen oder Kanäle. Die Hochgebirgswaale bilden ein sehr altes und ausgeklügeltes Bewässerungssystem. Das Wasser der Gebirgsbäche wird aufgefangen und so raffiniert geleitet, dass man damit Wiesen, Weinhänge oder Obstplantagen bewässern kann. Geht man mehrere Kilometer an diesen Wasserkanälen vorbei, ist dies sehr erfrischend, weil das schnell dahinfließende Wasser eine angenehme Kühle verbreitet.

Nach etwa zwölf Kilometern waren wir wieder am Ausgangspunkt unserer etwa fünfstündigen Wanderung. Auf den steinigen Gebirgswegen, besonders beim Abstieg, ging es nur im Schneckentempo voran. Zurück auf dem Zeltplatz erfrischten wir uns zuerst unter der Dusche und dann im Pool. Nach einer Verschnaufpause gingen wir erneut mit unseren dänischen Freunden in eine Pizzeria in der Stadt. Später dann noch ein Eis, un gelato a limone. Es war der letzte Abend mit Philipp, Conny, Rebecca und Benjamin. Am Tag darauf wollten sie nach Frankreich. Jan und ich blieben jedoch noch einen weiteren Tag in Meran, zum Ausruhen.

Für heute muss ich schließen, denn ich habe Philipp versprochen, ihm vorzulesen. (später) Ich habe ein wenig mehr über die Ausgrabungen in dem mysteriösen Tal in Connemara erfahren. Dann ergab sich das folgende Gespräch zwischen Philipp und mir:

Philipp: Sag, mal, was ist denn mit deinen Reiseerlebnissen, woran erinnerst du dich denn?

Joachim: An Clichy, an die Jugendherberge dort. Ich denke an die brütende Hitze, es war schwül und drückend. Halb Nordafrika war versammelt in dieser Herberge. Unser Zimmer war wie eine Gefängniszelle, die Betten hingen durch, und das vier Nächte! Paris erkunden und das im Hochsommer. Echt verrückt! Es war so heiß, dass man sich nicht einmal mit einem Laken zudecken konnte. Weißt du noch, ich hatte meine Matratze aus dem Metallbett genommen und vors weit geöffnete Fenster gelegt. Darauf haben wir alle zusammen abends den *Krabat* zuende gelesen. Das hat mir sehr gut gefallen. Das hat Spaß gemacht. Und wie du morgens früh immer dastandest, im Wasch- und Toilettenraum, in ein kleines Handtuch gehüllt, um mich abzuholen, wenn ich von der Toilette kam, damit wir dann zusammen in die Dusche gehen konnten. Das war wirklich schön. Ein echter Trost nach einer Nacht mit wenig Schlaf, wegen dieser elenden Schwüle.

Philipp: Oh ja, das weiß ich noch. Das war besonders schön, das Duschen.

Joachim: Waren die Duschen von innen blau oder grün gestrichen?

Philipp: Weiß ich nicht mehr. Aber es gab ein kleines Fensterchen, das wir aufklappten, um den Dunst vom warmen Wasser abziehen zu lassen.

Joachim: Und die Mama! Sie hat sich immer so auf ihren café au lait gefreut. Der war auch gut in der Jugendherberge in Clichy. Und man konnte nachholen, soviel man wollte. Wenigstens das, als Entschädigung für alle anderen Zumutungen.

Philipp: Und ich habe da noch meine Unterhose ruiniert.

Joachim: Ja stimmt, du bist an einem Haken hängen geblieben, der aus der metallenen Matratzenhalterung herausschaute.

Philipp: Ich war nur dabei, mein Kopfkissen zu beziehen und dann ist das passiert.

Joachim: Es sah furchtbar komisch aus, wie du da in dem Etagenbett gehangen hast, hinten an der Unterhose aufgehängt, mit dem Po nach oben.

Philipp: Furchtbar war es.

Joachim: Aber wir haben dich ja schnell befreit.

Philipp (lacht): Ich würde gerne manche Reisen noch einmal machen. Zum Beispiel die.

Joachim: Noch mal in der Hitze nach Paris?

Philipp: Ja.

Joachim: Und wieder in die Jugendherberge nach Clichy?

Philipp: Ja, wieso nicht? Und Meran, das würde ich auch gerne wieder machen.

21. Juli 2003

Rebecca, das kleine autistische Mädchen, hatte ihren sechsten Geburtstag heute. Wir schenkten ihr ein Döschen mit

Seifenblasen drin. Sie freute sich und fing gleich an, damit herumzupusten. Nach dem Frühstück verabschiedeten sich die Dänen. Auch der Nachbar von der anderen Seite, ein junger Mann, der mit dem Fahrrad allein übers Timmelsjoch gekommen war, fuhr heute weiter. Als nächstes wollte er in die Schweiz. Papa musste heute waschen, denn alle dünnen Hemden und T-Shirts waren verschwitzt. Sauber sind nur noch die dicken und warmen Sachen und die können wir im Moment überhaupt nicht gebrauchen. Wir verbrachten den Tag mit Schwimmen, Lesen, Tagebuch schreiben.

Außerdem musste alles mal durchsortiert werden, was sich in den vielen Taschen und Rucksäcken befindet. Auch musste heute entschieden werden, wie es morgen weitergehen soll. Jan würde am liebsten das ganze Jahr über auf Reisen sein, meinte er gestern Abend. Schließlich gingen wir in die Stadt zum Essen. Als wir zurückkamen, lud uns die Frau aus dem Wohnwagen gegenüber auf ein Glas zu sich ein. Jan las zuerst noch in einem TKKG-Buch, ich glaube es war die *Hexenburg*, und kam später nach. Als er endlich bei dem Wohnwagen unserer Gastgeberin eintraf, brachte er doch sein Buch mit und hat bei einem Glas Apfelsaft im fahrbaren Wohnzimmer von Frau Alles, so hieß die Dame nämlich, weitergelesen. Papa und Frau Alles haben sich die ganze Zeit über ihre Reiseerlebnisse in allen möglichen Ländern unterhalten. Es saß sich da ganz nett und gemütlich unter dem Vorzelt, bei Kerzenschein und etwa achtundzwanzig Grad. Als die Grillen zirpten, ging es ins Zelt, in den Schlafsack. Die letzte Nacht auf dem Meraner campeggio. Es war ganz schön schaukelig auf den Luftmatratzen.

20. Juli 1999. Nach dem Frühstück haben wir gepackt, sind noch mal schwimmen gegangen, haben die Rechnung bei der schwarzhaarigen Italienerin an der Kasse bezahlt und sind gemütlich über den Reschenpass und durch den Arlbergtunnel nach Bludenz gefahren. Der Arlbergtunnel ist vierzehn Kilometer lang. Man darf darin höchstens achtzig Stundenkilometer fahren. Wir hatten überhaupt keine Angst und trotzdem waren wir ganz froh, als wir wieder Tageslicht gesehen haben. Im Vergleich zum Timmelsjoch war der Reschenpass wirklich harmlos. Die Straße war weder besonders steil, noch kurvig. Wir sind in Bludenz zum Camping Seeberger gefahren und haben erst mal das Zelt aufgebaut. Wir hatten schon Routine damit. Nachher haben wir noch eine kleine Abendwanderung gemacht und sind schließlich in den Gasthof zum Löwen gegangen. Jan hat ein riesiges Wiener Schnitzel mit pommes frites verdrückt und Papa einen ordentlichen Bauernsalat und nachher noch eine Portion spaghetti Napoli. Das Ganze haben wir mit Fanta und Bier heruntergespült.

21. Juli 1999. Nach dem Frühstück hat Frau Seeberger Junior dem Papa noch Tipps gegeben, wo und wie wir am besten in der Gegend wandern können. Erst mal sind wir mit der Seilbahn auf den Muttersberg, etwa auf eine Höhe von 1500 Metern. Von dort wanderten wir über einen sehr schmalen, steilen und steinigen Weg hoch bis zur Fraßenhütte. Die Hütte liegt auf ungefähr 1750 Meter. Von dort hatten wir eine wunderbare Aussicht runter auf Bludenz und die gegenüberliegenden Gipfel bis hin zum Lüner See und der Silvrettagruppe. Zur Erfrischung haben wir uns ein Eis gegönnt und die inzwischen leeren Wasserflaschen aufgefüllt. Schließlich ging es hoch bis zum Gipfel des Fraßen, bis auf etwa 2000 Meter. Auf diesem letzten Stück zog Nebel auf, oder waren es Wolken? Als wir oben waren, haben wir uns mit Brötchen, Käse und einem Apfel gestärkt. Wir haben uns gegenseitig photographiert. (Die Photos kleben allesamt in der Kladde, immer links, gegenüber dem handgeschriebenen Text.) Zum Glück lösten sich Wolken und Nebel nach der einen Seite ein wenig auf und wir genossen von dem schmalen Bergrücken den Blick hinunter ins Große

Walsertal. Nach der Bludenzer Seite konnten wir gar nichts mehr erkennen.

Wir folgten nun dem immer schmaler werdenden Bergrücken nach Osten und trafen zwei Norweger, wohl ebenfalls Vater und Sohn, aber deutlich älter als wir, sagen wir, sie waren vielleicht sechzig und dreißig, und sprachen mit ihnen über die vorhandenen Anschlusswege und Abstiegsmöglichkeiten zu den Seiten des Hohen Fraßen hin. Wir schlugen einen Weg ein, der kaum noch zu erkennen war. Es ging durch Wiesen und Gestrüpp nach unten. Immer dichter wurde der Nebel. Zum Glück hatten wir unseren Kompass dabei und Papa überprüfte regelmäßig die Himmelsrichtung, in die wir gingen. Nach einer Weile entdeckten wir wieder eine Wegmarkierung und atmeten auf. Dann hörten wir es aus dem Nebel läuten und wussten, dass wir es wieder einmal mit herumlaufenden Kühen oder Rindern zu tun haben würden. Sie kauten gerade das Gras wider, das sie den ganzen Tag über gefressen hatten. So kamen wir problemlos vorbei. Nach einer Weile begegneten uns noch zwei von den Tieren. Wir sind ihnen einfach ausgewichen und haben ihnen auf dem schmalen Weg den Vortritt gelassen.

Ansonsten folgten wir jetzt einem wunderschönen Weg. Angenehmes Dahinwandern nannten wir das. Wir hatten diese Redewendung im Bergführer gelesen. So ging es langsam wieder in Richtung Tal. Allerdings hatten wir noch einige Kilometer vor uns. Manchmal ging es sehr steil runter, was sehr anstrengend war. Doch wir konnten uns ja mit den Teleskopstöcken gut helfen. Immer wieder sind wir stehen geblieben, um Wasser zu trinken. Insgesamt waren wir sieben Stunden unterwegs und haben an die siebzehn Kilometer hinter uns gebracht. Wir waren wirklich froh, als wir den Campingplatz wieder erreichten. Sogleich gingen wir unter die Dusche. Was für eine Erfrischung! Dann zog es uns wieder in den Gasthof Löwen, wo Jan ja schon gestern von der netten Kellnerin bemuttert und umsorgt worden war. Jan hatte in der Tat darauf bestanden, dass wir wieder genau dort hingehen, um zu essen. Warum auch nicht? Da saßen wir wieder an dem Ecktisch, mehrere Teller und Platten mit deftigem Essen und Fohrenburger Pils vor uns, in rustikalem, österreichischem Ambiente. Wir machten die Bekanntschaft von Sara, der Tochter des Chefs. Sie verhielt sich uns gegenüber lustig und aufgeschlossen. Während wir noch auf das Essen warteten, schrieben wir ins Tagebuch. Am Ende mussten wir noch wieder zum Zeltplatz hinaufstiefeln. Ganz schön anstrengend, so müde und so vollgegessen.

22. Juli 1999. Morgens bauten wir das Zelt ab. Doch zuerst wurde gefrühstückt. Am Himmel waren viele dunkle Wolken. Es sah sehr nach Regen aus. Frau Seeberger meinte, dass man an einem solchen Tag auf keinen Fall in die Berge gehen könnte. Wir hatten also den richtigen Tag erwischt, für unsere Wanderung gestern. Die Luft zischte aus den Luftmatratzen heraus. Wir verstauten alles im Kofferraum und fuhren in Richtung Bodensee. Bregenz und Lindau ließen wir seitlich liegen und fuhren bis Friedrichshafen. Dort besuchten wir das Zeppelinmuseum. Hier gab es jede Menge Photos, 3-D-Filmpräsentationen und originale Ausstellungsstücke: Motoren, Luftschrauben, eine Maschinengondel, Teile vom Gestänge eines Luftschiffes und eine Leiter, um in die Passagierkabine zu klettern. Außerdem war dort die Passagiergondel eines echten Zeppelins aufgebaut. Wir konnten sogar in die Schlaf- und Aufenthaltsräume hineingehen. Die Schlafkabinen erinnerten uns an die Abteile in den Schlafwagen, die wir schon oft von München nach Neapel genommen hatten. Aus den schräg an der Seite der Aufenthaltsräume angebrachten Fenstern müssen die Passagiere eine Wahnsinnsaussicht gehabt haben. In dem Buch, das wir nachher im Museumsladen gekauft haben, sind Reiseberichte aus der Pionierzeit der Zeppeline nachzulesen. Es muss ein echtes Abenteuer gewesen sein!

In Friedrichshafen kauften wir noch etwas Proviant und fuhren weiter den Bodensee entlang. Das Wetter war nun bedeckt bis regnerisch. Zumindest hielten wir noch am Kloster Birnau an, einem alten Barockgebäude, direkt am Seeufer. Wegen der Wetterlage entschieden wir uns dagegen, noch ein oder zwei Tage am Bodensee zu zelten. Stattdessen ging es auf die Autobahn in Richtung Stuttgart. Da es schon langsam Abend wurde, überlegten wir uns, in Tübingen zu übernachten, weil Papa immer schon dorthin gewollt hatte und meinte, er könne auch Jan eine besonders schöne süddeutsche Fachwerk- und Universitätsstadt zeigen. Schon nach kurzer Suche fanden wir ein Zimmer im Hotel Kupferhammer und haben, von dort aus zu Fuß gehend, die Tübinger Altstadt erforscht.

Es sah alles sehr malerisch aus am Neckarufer. Wir haben auch den Turm, in dem der Schriftsteller Hölderlin jahrelang lebte und Bücher schrieb, aufmerksam betrachtet. Die Gebäude der alten Universität und das Schloss fanden wir sehr beeindruckend. Am Neckarufer und auf den Mauern am Fluss saßen viele Studenten, unterhielten sich und tranken Wein oder Bier. Es ist bestimmt eine feine Sache, in Tübingen Student zu sein. Manche Studenten waren mit langen Ruderbooten auf dem Fluss unterwegs und schienen irgendetwas zu feiern, vielleicht den erfolgreichen Abschluss einer Prüfung. Wir riefen in Heddinghausen an, um Mama und Philipp zu sagen, dass wir am nächsten Tag zurückkommen würden. Danach gingen wir in eine Studentenkneipe, um etwas zu essen und zu trinken. Im Kupferhammer schliefen, duschten und frühstückten wir ausgezeichnet.

23. Juli 1999. Heute war nur noch Rückfahrt. Gut vierhundert Kilometer ging es über die Autobahn. Immer wieder machten wir kleine Pausen, um zu essen, zu trinken oder uns etwas zu bewegen. In Freudenberg fuhren wir von der Sauerlandlinie herunter, um Oma und Opa in Ottfingen einen kurzen Besuch abzustatten. Endlich ging es wieder nach Heddinghausen. Jetzt hatten wir uns aber alle viel zu erzählen. Wie es wohl Mama und Philipp im Hotel Santany auf Mallorca ergangen ist?

(Es folgen etliche Photos von Tübingen, allerfeinstes Fachwerk, viel harmonischere Farbnuancen als hier im Bergischen Land oder im Sauerland. Mehr Ton in Ton, mehr Erdfarben, dort unten im Süden, und bei uns dagegen hart voneinander abgesetztes Schwarz-Weiß. Weiterhin haben Jan und ich Pläne und Informationsmaterial aus dem Zeppelinmuseum in die Kladde eingeklebt.)

Ja, das war es jetzt. Was wir auf den diversen Bücherregalen an Reisetagebüchern vorrätig haben, das habe ich aufgestöbert und ausgewertet, hier mit einfließen lassen und dokumentiert. Jetzt kommen die neuen Reisen. Sie stehen ja wirklich unmittelbar vor der Tür. Ich habe heute Nachmittag die ersten Sachen für die Irlandtour zusammengesucht: Rucksäcke, Wanderstöcke, Kompass, Wanderhandbuch und schon mal in eine Zimmerecke zusammengelegt. Jan hat sich die ganzen Tagebücher an seinem Bett aufgestapelt und hat begonnen, sie zu lesen. Er kommt zu mir ins Treppenhaus und zeigt mir eine Zeichnung, die ich im Hafen von Cagliari gemacht habe: Daran kann ich mich genau erinnern, als du die gemacht hast, sagt er.

22. Juli 2003
Nein, ich habe doch noch etwas gefunden, allerdings handelt es sich um sehr skizzenhafte, stichwortartige Aufzeichnungen, zu einer kleinen Herbstreise von Jan und mir, im Oktober 2000...

30. September 2000. Zug über Köln bis Hinterzarten, durchs Höllental, Hochzeit von Sandra und Johannes im Hotel Adler, Abendessen im französischen Saal, Tanz zu Jazzmusik in der lounge, bis tief in die Nacht.

1. Oktober 2000. Frühstück, dann Wanderung nach Titisee, Rudern, eine Stunde lang. Wanderung um den See herum, Picknick, Zug nach Freiburg. Kino, Essen, 22.10 Uhr Nachtzug nach La Spezia, zu zweit im Schlafabteil, sehr angenehm.

2. Oktober 2000. 8.10 Uhr Ankunft in La Spezia, Zimmer bezogen im Hotel Genova, die Stadt erkundet, leider im Regen. Gegen Mittag mit dem Zug nach Pisa, abends wieder in La Spezia, Essen in einer trattoria.

3. Oktober 2000. Zug nach Monterosso. Gespräch mit einer Studentin aus Neuseeland. Wanderung über den sentiero azzuro, über Vernazza, Corniglia bis Manarola; sechs Stunden zu Fuß unterwegs. Sehr schönes Panorama, immer am blaugrün schimmernden Meer vorbei. Die Sonne scheint, schließlich abends wieder in die trattoria, sehr nette, familiäre Atmosphäre dort.

4. Oktober 2000. Wieder mit dem Zug nach Monterosso, Wanderung über den sentiero rosso, einen Höhenweg weiter oben. Mittagessen in einem Kloster in den Bergen. Bekanntschaft mit zwei Amerikanern, wir gehen ein ganzes Stück gemeinsam. Etwa sechs bis sieben Stunden gewandert. Essen beim Chinesen, weil unsere Lieblingstrattoria total überfüllt war. Jan genießt pollo fritto und gelato fritto.

5. Oktober 2000. Beim Frühstück im Hotel viele Hörnchen gegessen. Bus nach Lerici, ein netter Badeort südlich von La Spezia. Unterhalb der Festung finden wir eine kleine Bucht und schwimmen. Jan genießt es, im Wasser zu sein.

6. Oktober 2000. Mit dem Zug nach Florenz. Während der Fahrt Gespräch mit einer italienischen Lehrerin. Jan die wichtigsten Sehenswürdigkeiten gezeigt, von Palazzo Vecchio über den David bis Palazzo Pitti. Picknick im Park mit Tai Chi-Übungen. Auf der Rückfahrt erneut Bekanntschaft mit einer jungen Frau aus Neuseeland, *the life in New Zealand is different..., there is more nature, more sports... life is more relaxed than in Europe...* Abends wieder gespachtelt in unserer Stammtrattoria.

7. Oktober 2000. Zum zweiten Mal über den sentiero azzuro, warmes und sonniges Wetter, da der Weg schon bekannt, können wir jetzt nur noch genießen... Viele kleine Pausen. Immer wieder Ausblicke und Aussichten in die grünblau schimmernden Buchten. Mal durch schattige Olivenhaine, über alte, mit Stein befestigte Wege, zum Teil sehr schlechter Zustand, hoch anspruchsvolle Stellen. (Im Herbst 2002 waren wir mit Karin und Philipp ja noch mal da. Inzwischen sind alle schadhaften Stellen ausgebessert, alles Gefährliche und Abschüssige gesichert.) Hoch oben über den Klippen. Eis und Kaffee in den malerischen Orten. Sieben Stunden unterwegs. Ein Gefühl völliger Entspannung setzt ein... Abends sehr lecker gegessen, im Lokal einer Chinesin.

8. Oktober 2000. Nach dem Frühstück mittags mit dem Intercity nach Genua, runter in den Hafen, Schiffe und Fähren ansehen. Dann Zug nach Milano, Gepäck in die Aufbewahrung, U-Bahn ins Stadtzentrum und Erkunden der Viertel um den duomo. Gegen 21.00 Uhr in den Nachtzug nach Köln, Abfahrt 21.25 Uhr, über den Gotthardpass.

9. Oktober 2000. Nett mit einem Managementtrainer aus Verona, der mit uns im Schlafwagenabteil gefahren ist, im Zug gefrühstückt. Jan hört dem Gespräch aufmerksam zu. 8.20 Uhr in Köln und nicht viel später im Bergischen Land.

Jetzt bin ich aber durch mit den bereits vorhandenen Tagebüchern. Weitere Rekonstruktionen wären vielleicht möglich, wenn ich die Photokartons durchstöbern und alle Photos von diesen Reisen, auch die in die Kladden geklebten, noch mal genauer betrachten würde. Das Ganze wäre dann sicher abgerundeter und vollständiger, doch haben wir einfach Mut zur Lücke, akzeptieren wir auch Fragmente und Bruchstücke. Auf irgendeine Weise ergibt sich schon ein Ganzes, ein Bild, zumindest mit Farbflächen und einigen vagen Konturen, wie in den Werken der Impressionisten. Mehr in Andeutungen. Zuviel System ist vielleicht wirklich schädlich.

Zum Abendessen habe ich irish folk music aufgelegt. Jan hat aber nicht besonders darauf reagiert. Ich glaube, er hatte keine so gute Laune, weil er sich kurz vorher mit seinem Bruder gestritten hat. Na, bald haben sie ja ein bisschen Abstand voneinander. Das Vortreffen für die Segeltour hätte am vergangenen Freitag stattfinden sollen, wurde aber kurzfristig abgesagt. Wir erwarten einen Alternativtermin.

26. Juli 2003

Philipp und ich lasen heute morgen nach dem Frühstück in einer Gedichtesammlung von Jürgen Becker. Der Band kam gestern mit viel Musik von 2001-Versand, per Post. Beim Durchblättern fanden wir verschiedene Texte über Berlin. Zum Beispiel den hier: *Spreebrücke, Kinder; Drachen, über der Spree, und es dämmert; die Abendflüge nach Westen; näher der Herbst, so klirren die Pappeln. Am Ufer, ein Mann, im Selbstgespräch hin und her, so wird es nicht still.* Und hier was zum 17. Juni, über den wir ja schon öfter sprachen, Aufstand der Menschen gegen das DDR-Sowjet-Regime... *ein Tag im Krieg, mit Schüssen im alten Radio...*

Außerdem las ich beim Frühstück einen Artikel über das in Berlin geplante Holocaust-Denkmal. Jetzt geht es um die Frage, ob Firmen, die in irgendeiner Form im Dritten Reich ihre Finger mit im Spiel hatten, an so einem Projekt beteiligt werden dürfen oder nicht. Ich finde es wichtig, dass über so etwas eine öffentliche Diskussion entsteht.

Abends zum Essen hörten wir Marlene Dietrich: *Ich hab´ noch einen Koffer in Berlin ...,* voller Sehnsucht, das Lied.

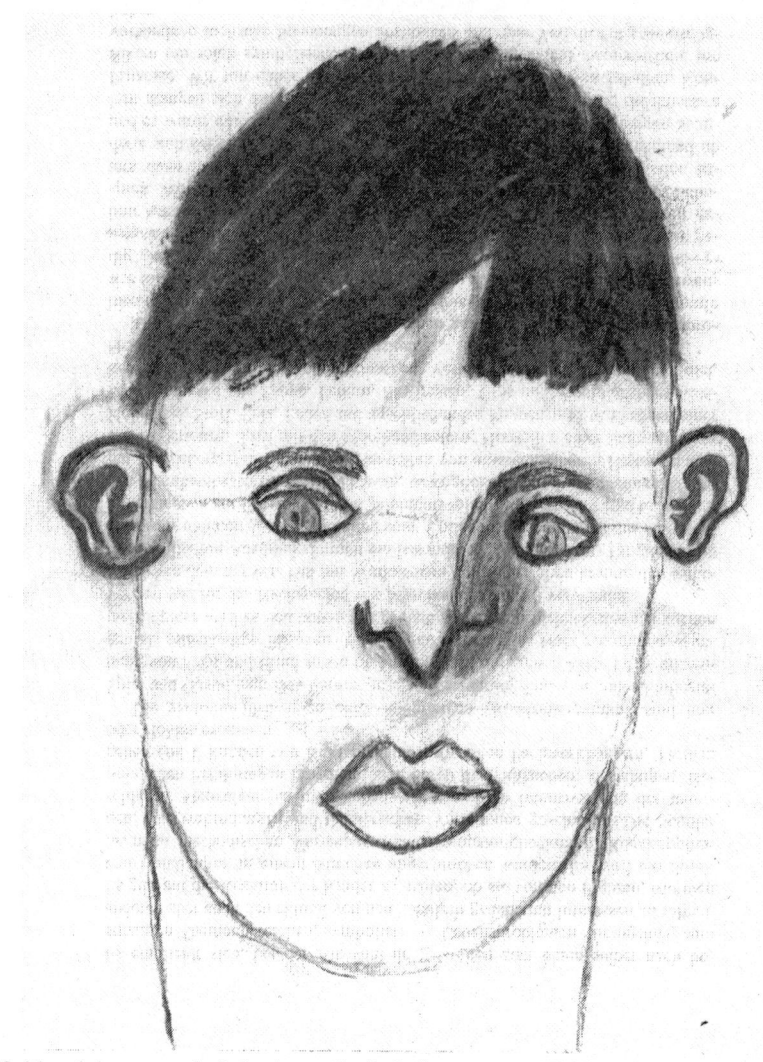

Kohlezeichnung auf „Schmierpapier", *Selbstportrait*, Philipp, 2001

Vielleicht können wir das später mal vertiefen, für alles ist jetzt zu wenig Zeit. Lebte Jürgen Becker länger in Berlin, oder warum spielt die Stadt in seinen Gedichttexten immer wieder eine Rolle? Schauen wir doch hinten in der Zeittafel nach. Geboren wurde er in Köln, so wie Jan, und lebte dort immer mal wieder für gewisse Episoden. 1947 – 1950 lebte er sogar in Waldbröl, das sind zwölf Kilometer von hier, jene Stadt, wo auch Papa und Mama zur Zeit arbeiten. 1964 zog Jürgen Becker nach Berlin, wenn er auch nicht so lange dort blieb... und dann wird er die Stadt immer mal wieder besucht haben... Nehmen wir das doch einmal als Anregung, vielleicht auch ein Gedicht über Berlin zu schreiben.

27. Juli 2003
Abflug nach Irland kommt näher. Heute zwei Stunden aufs Packen verwendet. Muss sehr sorgfältig geschehen, da alles auf dem Rücken zu tragen. Soeben den Anfahrtsweg zum Flughafen Hahn/ Hunsrück im Internet recherchiert. Ebenso Parkmöglichkeiten dort. Suchte nach einer englischen Lektüre für Jan, die nicht zu schwer ist, im doppelten Sinne, da für unterwegs. Fanden auf dem Regal *The Time Machine* von H.-G. Wells. Machten eine kleine Leseprobe, gemeinsam. Jan erklärte sich einverstanden. Für den Fall, dass er einige Wörter nicht versteht, hat er ja ein lebendiges Lexikon dabei.

Aus Berlin nichts gehört. Müssen wohl doch ein Hotel nehmen. Alternativtermin für den Informationsabend zur Segeltour bekommen, am Donnerstag, den 31. Juli, wo wir gerade auf dem Weg nach Killarney sind. Karin wird nach Eckenhagen fahren, um die Informationen zur Segeltour entgegenzunehmen. Wollte eigentlich viel mehr an meinen Sprachen arbeiten, ging aber nicht. Die Schule nahm zu viel Energie weg. Gut, dass die viel zu späten Ferien endlich kommen.

8. August 2003

Endlich komme ich zum Schreiben, mit reichlich Verspätung, aber immerhin. Ich will sehen, ob ich noch alles rekonstruieren kann. Wir sitzen in Sneem, in einem tea room, draußen Regen, ideal zum Schreiben. Am 31. Juli fuhren wir mit dem Auto zum ehemaligen Hahner Militärflughafen. Wegen des allgemeinen Ferienbeginns wollte ich die Autobahnen möglichst meiden und fuhr Luftlinie durch den Westerwald. Waldbröl, Rosbach, Altenkirchen, Neuwied usw. Landschaftlich schön, doch hielt diese Fahrt übers Land ziemlich auf und wir brauchten drei ganze Stunden für zweihundertzehn Kilometer. Auf dem Flughafengelände war alles vollgeparkt. Die kostenlosen Parkplätze lagen vielleicht fünfzehn Minuten zu Fuß vom Terminal weg und standen ebenfalls voller Autos. Ich stellte unseren Wagen am äußersten Rand des Kasernengeländes vor einer alten rundbogenartigen Überdachung ab. Wir kamen zeitig, checkten ein und als wir den einen Rucksack abgegeben hatten und die Boardkarten in der Hand hielten, stärkten wir uns mit Eibroten und Apfelsaft. Dann gingen wir hinauf zur Aussichtsterrasse und betrachteten die auf dem Flugfeld stehenden Maschinen, eine von der Aeroflot und zwei von der Ryanair. Der Abflug war pünktlich.

Es handelte sich um eine sehr schnelle Abreise ohne jeden Übergang. Unser Leben war etwas hektisch gewesen die vergangenen Tage und Wochen. Das Wandern an frischer Luft und in schöner Landschaft war hier genau das Richtige, um den Kopf wieder frei zu bekommen und die Dinge sich setzen zu lassen.

Die ständige Konzentration auf den Weg forderte meine Aufmerksamkeit und ich wurde allmählich ruhiger, wenn dieser Prozess auch einige Tage in Anspruch nahm. Nach zwei Stunden Flug landeten wir auf dem Kerry County Airport, inmitten grüner Wiesen und Hecken. Ein shuttle bus brachte uns nach Killarney. Wir fuhren mit einiger Verspätung ab, weil immer noch einzelne Passagiere zum Flughafengebäude eilen mussten, um sich dort einen Fahrschein zu kaufen. Doch der Fahrer war zu Scherzen aufgelegt, die Szene hätte irgendwo in Süditalien spielen können. Durch das gekippte Dachfenster tropfte Regenwasser herein. In Killarney angekommen, es waren vielleicht achtzehn Kilometer, die wir noch übers Land fuhren, gingen wir zu Fuß zum Gästehaus Saratoga, wo wir ja ein Zimmer vorbestellt hatten.

Ich fand Killarney auf den ersten Blick ganz nett, allerdings auch sehr touristisch. Es scheint vor allem viele Amerikaner hierher zu ziehen, man hört es am Akzent, auf den Straßen, in den Lokalen und Geschäften. Das Zimmer war in Ordnung, die Muckross Road stark befahren, ich ahnte es schon, als ich den Stadtplan und die Hausansicht im Internet sah. Zum Glück bestand ich auf einem Zimmer nach hinten raus. Da das Haus in der Tat wie ein langer Balken gebaut ist, der nur mit der Vorderspitze an die Straße grenzt und wir genau auf dem entgegengesetzten Ende dieses Balkens wohnten, war es in der Tat sehr ruhig dort. Wir schauten gar auf eine Weide, und auf Gerümpel, das hinter dem Haus lag. Furchtbar idyllisch war es also nicht, aber ruhig eben. In einer Zimmerecke hatten sie Utensilien zum Tee kochen, doch der Wasserkocher war kaputt. Ich ging runter und bat um einen anderen. Dann gingen wir nacheinander unter die Dusche, und mit den Badetüchern um die Lenden, es war bei der drückenden Schwüle ein sehr erfrischendes Gefühl, so herumzulaufen, tranken wir den frisch aufgegossenen, goldgelb in den Tassen leuchtenden Tee.

Probeweise legte ich mich aufs Bett. Ich verfügte über ein französisches Bett und Jan über ein normales Einzelbett. So hielten wir es die ganze Woche auf unserer Reise durch Kerry. Im Falle des Saratoga war zwar alles schön mit Kissen und Decken aufgepolstert, doch ich fand, dass die Qualität der Matratzen dem Zimmerpreis nicht entsprach. Man sank zwar nicht ein, doch spürte man überall die Eisengestänge durch. Wahrscheinlich waren die Matratzen etwas überaltert. Na ja, ich hatte schon schlechter gelegen. So war es mir im Grunde egal. Hauptsache Ruhe nach all den turbulenten Schulwochen. Im Anschluss an diese Erholungspause gingen wir auf Erkundungstour, die wir dadurch beendeten, dass wir in ein Restaurant einkehrten. Nach kurzer Wartezeit wurde auch schon ein Tisch frei und wir sanken auf einem gemütlichen dunkelroten Sofa nieder. Es besaß große Ohren an den Seiten, um die verschiedenen Separées, in denen die Leute saßen und aßen, voneinander abzutrennen.

Eine freundliche und aufmerksame Kellnerin verhalf uns bald zu einem abwechslungsreichen Menü und mir obendrein zum ersten und zweiten pint Guinness. Ach, jetzt war ich angekommen in Irland! Und Jan saß entspannt neben mir in dem schummrigen und äußerst gemütlichen Ambiente und spachtelte das aufgetragene Essen in sich hinein. Später dann räumten sie an den Tischen, um Platz zu schaffen für eine Live-Band. Gerne hätte ich mir dieses Konzert irischer folk music noch angehört, auch hätten wir hervorragend gesessen, auf unserem dunkelroten plüschigen Sofa, wäre da nicht die Müdigkeit gewesen und der Wunsch, uns aufs stille Zimmer zurückzuziehen, um zu schlafen und uns zu rüsten für die erste, immerhin fünfundzwanzig Kilometer lange Wanderetappe, die am nächsten Tag auf dem Programm stand.

Das Frühstück im Saratoga Gästehaus war Jans große Stunde. Es gab Berge von scrambled eggs, bacon und sausages, obwohl er die kleinen gebratenen Würstchen am Ende doch nicht gegessen hat. Ich ging in Anbetracht einer solchen Platte lieber ein wenig auf Diät, denn abends zuvor im Restaurant gab es ja auch schon Fleisch. Jan bekam den gebratenen Schinken von meinem Teller, das Ei dagegen nahm ich schon. Das Wetter war prächtig zum Wandern. Die Luft war mild bis warm.

Die Sonne wurde in Abständen von kleineren Wolkenfeldern verdeckt, was sich insgesamt positiv auf die gesamte Stimmung auswirkte. Südlich von Killarney gelangten wir an ein Seengebiet, den größeren Lough Leane und den kleineren Muckross Lake. Wir gingen durch eine sehr sanfte und sympathische Parklandschaft, nicht zu wild und nicht zu gepflegt. Die Wanderstöcke erschienen hier in der Tat als überflüssig und Jan monierte bereits, dass wir sie überhaupt mitgenommen hatten. Doch ich sah auch das Gebirge vor uns liegen, das wir ja in irgendeiner Weise durchqueren mussten. Überall waren einspännige kleine Kutschen unterwegs, die jaunting cars. Die zumeist jungen, keck wirkenden coach men, hingen lässig, ja leicht gelangweilt darin, über eine der vorderen Ecken gelehnt, die Zügel locker in der Hand. Die Pferde schienen die immer wieder abgefahrenen Wege schon selbst zu kennen, zur verfallenen Muckross Abbey, zum eleganten Herrensitz Muckross House oder zu dem Hotel, das irgendwo verborgen am Seeufer lag.

Je weiter wir von Killarney wegkamen, desto wilder und hügeliger wurden Weg und Landschaft. Der Sonntagsspaziergang wurde plötzlich ins Gebirgswandern überführt. Nur gut, dass ich mich informiert hatte über die Beschaffenheit der Landschaft hier. So waren wir auf alles vorbereitet, auf steinige, wasserüberspülte Pfade, auf Matsch, später Sumpf. Nachdem wir den Torc Wasserfall hinter uns hatten, begegneten wir kaum noch Menschen. Ganz vereinzelt kam uns jemand entgegen. Langsam stiegen wir in die Berge hinein. Eine mal karstige, spröde Landschaft, fast wie oben auf dem Timmelsjoch, dann wieder blühende saftige Wiesen mit einer Vielfalt an Gräsern und Blumen. Kleine Bäche sprudelten irgendwo aus den Hügeln hervor. Oft führte unser Weg, die alte Kenmare Road, durch nasses und sumpfiges Gelände. Zum Glück waren diese Wegstücke größtenteils mit ausrangierten Eisenbahngleisplanken befestigt, man sah deutlich die Löcher der Verschraubungen und den Rost, den das Eisen auf dem Holz hinterlassen hatte. Immer zwei solcher Planken lagen nebeneinander, auf Pfählen befestigt, die in den sumpfigen Boden gerammt worden waren. Ich stellte mir vor, wie die Züge darüber hinweg gerattert waren. Endlich näherten wir uns der Abzweigung ins Black Valley. Eine Gruppe von holländischen Wanderern, eine französische Familie und ein einzelner Mann waren uns zuletzt noch entgegengekommen. Ab jetzt trafen wir keine Menschenseele mehr. Der Kerry Way stand nun immer häufiger unter Wasser. Kleine Flüsse kreuzten unseren Weg und wir mussten über Felsblöcke oder dicke Steine, die hineingerollt worden waren, hinüberspringen.

Nach fünfundzwanzig Kilometern erreichten wir endlich Kenmare und ließen uns in einem sehr schönen Gasthaus, etwas außerhalb vom Zentrum des Städtchens nieder. Der Ort war voller Menschen, irgendein Kongress wurde dort abgehalten und außerdem war noch bank holiday, ein verlängertes Wochenende, von Freitag bis Montag, und viele Iren fuhren traditionellerweise während dieser Zeit in die Küstenorte. Das bedeutete aber eben auch, dass wir ohne zu zögern, ein einigermaßen teures Quartier nehmen mussten. Aber angenehm und geräumig war es auch. Stilvolle Möbel und ein großes, elegantes Bad befanden sich darin. Wanderstöcke und Wanderschuhe habe ich im Waschbecken abgespült, sodass es dort nachher wie auf dem Kerry Way aussah, aber selbstverständlich habe ich alle Spuren von Schlamm, Erde und Matsch wieder beseitigt. Nun wurden noch die verschwitzten Hemden per Hand durchgewaschen und zum Trocknen aufgehängt.

Linolschnitt, *Kerry, Irland*, Jan, 2003

Wer mit so leichtem Gepäck reist, wie wir es in diesen Tagen getan haben, der muss eben bereit sein, abends ein paar Socken durchzuwaschen. Jans Rucksack wog etwa sechs bis sieben Kilogramm und der meine, mit etwas Proviant und den gefüllten Wasserflaschen, morgens waren es stets drei Liter Apfelschorle, wog etwa zehn bis elf Kilo, die sich dann im Laufe des Tages auf acht bis neun Kilo reduzierten. Dann kam eine entspannende Dusche, wir zogen frische Hemden an und konnten uns wieder unter Menschen wagen.

Die Lokale waren allerdings überfüllt, die Menüs von hohem Preisniveau und da wir plötzlich vor der offenen Tür eines Supermarktes standen, plädierte ich an diesem Abend für Selbstversorgung und Picknick auf der Bettdecke. Eine Tasche voll mit leckeren Sachen, das alles auf das mitgebrachte Trockentuch gelegt und den Fernseher eingeschaltet, um uns etwas besser ins Englische einzustimmen, dann Käse, Brot, Paprika, ein, zwei Heineken Pils. Jan beschäftigte sich mit Joghurt, Erdnussbutterbroten, Bananen und Milch. Nach äußerst geruhsamer Nacht servierte uns die noch sehr junge und freundliche Inhaberin des Coachmans Inn ein äußerst schmackhaftes und stattliches Frühstück. Statt bacon und sausages bekam ich nach den scrambled eggs eine sehr hübsch arrangierte Platte mit Früchten und Joghurt. In Anbetracht des bank holiday riet uns die Hausdame, in Sneem ein Zimmer vorzubestellen. Sie empfahl uns das Derry East Farmhouse, es handele sich um Freunde von ihr und sie bot sich auch an, für uns dort anzurufen. Glücklicherweise hatten sie dort noch einen freien twin room. Wie sich zeigen sollte, handelte es sich hier um eine erstklassige Adresse.

Das farmhouse von Mary und John Teahan ist in der Tat etwas Besonderes. Doch der Wanderweg, der nun folgte, war hart. Nachdem wir Kenmare über eine alte Steinbrücke verlassen hatten, stiegen wir in die Hügel. Es ging durch

Gestrüpp, an Hecken, Disteln, Farn vorbei. Oftmals mussten wir Zäune und Steinmauern mit Hilfe eigens aufgestellter Trittleitern übersteigen. Die Beschilderungen waren zum Teil spärlich oder schwer zu erkennen, sodass wir einige Male in die falsche Richtung gingen und dann wieder umkehren und erneut nach der Fortführung des Kerry Way suchen mussten. Über wilde Weiden, an grasenden Rindern vorbei, ging es stetig die Berge hinauf. Doch oben angekommen, wurden wir durch eine einzigartige Aussicht auf den Kenmare River, einen länglichen Meeresarm, belohnt. Die Hügel ringsum lagen sanftgrün und die Entfernteren blaugrau unter dem hellen Sommerhimmel. Hier wehte eine frische Brise, die den Schweiß auf der Stirn trocknete. In Abständen machten wir für wenige Minuten Rast, um den Ausblick zu genießen, einen Schluck zu trinken oder einen kleinen Happen zu essen. So befanden wir uns in unbeschwerter, beinahe euphorischer Stimmung, als wir diesem traumhaft schönen Abschnitt des Kerry Way folgten.

Was dann plötzlich einsetzte, war etwas für Menschen mit Ausdauer und Durchhaltevermögen. Dasjenige Wegstück, das man zwischendurch auf der Straße zurücklegen muss, fuhren wir schließlich per Anhalter. Zu unangenehm war es, den schmalen Asphalt des Ring of Kerry mit den Autos zu teilen und es gab nicht einmal einen Streifen, auf dem Wanderer unbescholten von den vorbeibrausenden Fahrzeugen ihren Weg hätten fortsetzen können. Außerdem brannte die Sonne auf uns herunter und drittens belief sich unsere Etappe heute gar auf dreißig Kilometer. So erschien es mir das Klügste, wie zuletzt in der Jugendzeit, meinen Daumen auszustrecken, während wir langsam den Ring of Kerry weiter entlang zogen. Es dauerte vielleicht eine Viertelstunde und ein Mann aus Dublin nahm uns mit. An einer weiter südlich befindlichen Stelle, wo sich Kerry Way und Ring of Kerry erneut kreuzen, an der Blackwater Bridge, vielleicht nach drei oder vier Kilometern, stiegen wir wieder aus und gingen erneut ins Gelände.

Der Kerry Way führt von nun an fast ausschließlich durch Farn, Brombeersträucher, dann wieder wasserüberströmtes Geröll, nasse Wiesen, matschiges oder sumpfiges Gelände. Niemand hat sich die Mühe gemacht, den Weg in irgendeiner Form besonders zu befestigen oder gangbarer zu machen. Kleine Bäche flossen ausgerechnet auf dem Kerry Way, oder das Vieh war dort entlang getrampelt. Man sah es an den Hufspuren, die in den dunklen, nassen und weichen Ton gedrückt waren. Immer wieder standen wir vor Wasserlachen, die die volle Breite des Weges ausfüllten, und uns ratlos machten, weil wir nicht wussten, wie wir trockenen Fußes hindurch gelangen sollten. Auch seitlich kam man an den Matschkuhlen oft nicht vorbei, etwa wegen Steinmauern, stacheligen Hecken, Dornen oder Disteln. Jan machte es sich zum Sport, mit seinen Wanderstöcken in der braunen Brühe nach festem Untergrund zu stochern, am besten eine Stelle zu finden, wo ein Stein lag, auf den man treten konnte. Dank der Wanderstöcke balancierten wir auf diese Weise so manches Mal durch die schwierigsten Etappen.

Nun, es war wie im Leben. Der Kerry Way als philosophisch aufzufassende Metapher. Es gab gut befestigte Abschnitte mit frischem Wind und traumhaft schönen Aussichten und es gab diese rutschigen Etappen durch Matsch, Sumpf, Kuhfladen, wo man gelegentlich die Orientierung verlor, mangels Überblick und Übersicht und wo man obendrein noch von lästigen Insekten attackiert wurde. War es im beruflichen und persönlichen Leben nicht auch so? So betrachtet lernte ich den Kerry Way zu schätzen und zu lieben. Er bietet in der Tat eine besondere Möglichkeit der Selbstreflexion und Selbsterkenntnis.

9. August 2003

Habe gestern begonnen, die handschriftlichen Notizen, die ich in Irland gemacht habe, in den Computer einzugeben. Heute folgte die Fortsetzung. Ich komme nicht so schnell voran, also mache ich das in Etappen. Jan geht morgen auf das Schiff. Erneut muss gepackt werden. Rostock, Bornholm, Kopenhagen... Ich habe ein wenig recherchiert. Bei der Hendrika Bartelds handelt es sich um einen Dreimastgaffelschoner mit dem Baujahr 1908, man kann es auf der Internetseite nachlesen. Das Segelschiff hat eine Länge von neunundvierzig Metern, eine Breite von 6,65 Metern. Früher diente die Hendrika Bartelds als Heringslogger. Es wurde jedoch zwischenzeitlich als Charterschiff, auf dem etwa sechsunddreißig Leute untergebracht werden können, umgebaut. Nun wird Jan an Bord gehen. Etwa zwanzig Jugendliche fahren mit und müssen sich die anfallenden Dienste teilen, dazu ein Team von fünf Betreuern, von der Evangelischen Kirche Reichshof-Eckenhagen. Karin war bei dem Informationsabend und weiß über alles Bescheid, was wir einpacken müssen. Jan und ich landeten gerade in Kerry, als Dias und Filmausschnitte von den vergangenen Segeltörns gezeigt wurden. Ich werde Jan morgen früh zum Reisebus nach Eckenhagen fahren. Gestern Abend telefonierte ich mit der russischen Dame, die Philipp und mir ihre Zweitwohnung in Berlin für eine Woche vermietet, um die Einzelheiten abzusprechen. Wie es sich anhört, liegt die Wohnung ruhig und gleichzeitig zentral, in der Brüderstraße in Berlin-Mitte. Wir vereinbarten einen Treffpunkt an der Wohnung, nächsten Donnerstag, nachmittags gegen 16.30 Uhr, sofern unser ICE pünktlich am Bahnhof Zoo ankommt. [...]

Bei der augenblicklichen Hitze ist der unten im Haus liegende Arbeitsraum noch der beste, da kühlste Aufenthaltsort. Also gebe ich doch noch einiges von den Irlandnotizen ein, nachdem alles, was sich an Post, Telefonaten und geschäftlichen Dingen während meiner Abwesenheit angesammelt hat, erledigt ist ... so konnten wir zumeist ein tieferes Einsinken (in den matschigen Boden des Kerry Way) verhindern. Doch als wir unser Schuhwerk vor der Haustür des farmhouse abstellten, konnte man diesem doch nur zu gut ansehen, welchen Weg wir gegangen waren. Einmal standen gar zwei sehr springlustige Rinder mitten auf dem schmalen Weg. Wir hätten sie schon wegschieben müssen, um durchzukommen. Ich zog es allerdings vor, in einer Art Halbkreis seitlich auszuweichen. So schlugen wir uns durch das dort stehende Gebüsch, ein kleines dichtes Wäldchen. Es war gar nicht so leicht wieder herauszukommen, da dieses dicht bewachsene Gelände seitlich in eine Schlucht abfiel und wenig Bewegungsspielraum in dem Dickicht blieb. Durch allerlei Gestrüpp, Farne, Brombeeren, Nesseln und Disteln arbeiteten wir uns wieder zurück in Richtung Weg, die Waden zerkratzt, weil wir ja mit dreiviertel langen Hosen gingen. Endlich sahen wir wieder Fußspuren in der feuchten Erde, sodass wir die Sicherheit gewannen, uns wieder auf dem richtigen Weg zu befinden.

Dann kreuzten wir erneut die Straße, den Ring of Kerry. Wir passierten ein kleines Kirchlein und die Tahilla Bridge. Über eine Leiter galt es erneut ins struppig grüne Gelände einzusteigen, vorbei an einer Schar von Kühen, Rindern und Kälbern, die in den Brombeeren standen. Dass der Weg hier ein einziges Matschfeld war, verwunderte nicht, denn er gehörte mit zur Spielwiese des Rindviehs. Unter unseren Schuhsohlen gluckste es, die Füße klebten fast an und ließen sich kaum wieder nach oben ziehen. Auf dem nassen Ton schwappte warmes Regenwasser und Rinderurin. Ehrlich gesagt hatte ich nun genug von dem Gestiefel und ich überredete Jan, zu dem Kirchlein zurückzukehren und die letzten fünf Kilometer bis Sneem per Anhalter zurückzulegen. Ich hielt es allerdings kaum für möglich, dass uns jemand mit diesen vor Schmutz strotzenden Schuhen mitnehmen würde. Der stinkende mud klebte so fest, dass wir vergeblich versuchten, ihn an verschiedenen Grasbüscheln abzustreifen. Also gingen wir erst einmal los. Auch war die Straße so eng und kurvig, dass kaum ein Wagen ohne Gefahr anzuhalten vermochte.

Schließlich, es war an einer Haltebucht, in der Nähe einer Hofzufahrt, wartete ein Fahrzeug von der Größe eines VW-Busses auf uns. Es saß eine Familie darin. Die Frau räumte ein paar Sachen auf Seite, entschuldigte sich für die Unordnung in dem Auto, es lag wirklich alles durcheinander, doch waren wir nur glücklich, dass uns überhaupt jemand in dieser Einöde in seinen Wagen aufnahm, und sich anscheinend auch nicht an unseren umwerfend schmutzigen Wanderschuhen störte. Schnell die Stöcke zusammengeschoben auf den Boden, die grünbraunen Rucksäcke auf den Schoß. Jan sank ganz zufrieden neben mir auf die Sitzbank, und ich war selig, jetzt nicht mehr laufen zu müssen. Wir hatten wieder einmal an die fünfundzwanzig Kilometer hinter uns. Die beiden Kinder der Familie saßen apathisch da und hörten Musik über einen walkman, während ich ein wenig mit der Frau sprach. Die Familie kam aus Dublin und machte hier einige Tage Urlaub, eben zum bank holiday, von dem wir ja schon ausreichend gehört hatten.

Wir kamen nach Sneem, einem kleinen Örtchen mit grell bunt angestrichenen Häuschen, manche gelb, andere blau, hellgrün oder rosa. Der Vater jener Familie wollte es sich nicht nehmen lassen, uns direkt bei dem gebuchten Quartier abzusetzen, und als ich sagte, wir könnten den Rest schon gehen, bestand die Frau jedoch erneut darauf, dass man uns auf jeden Fall hinfahren werde, insbesondere, wo ich doch gesagt hätte, dass das Derry East Farm House ein Stück außerhalb von Sneem liegen würde. Wir passierten die enge, alte Steinbrücke im Ortskern. Unser bärenartiger, gemütlicher driver hielt an, sodass ich eine Frau auf der Straße nach dem Weg fragen konnte. Wir sollten nur der Straße folgen, meinte diese, ganz aus Sneem heraus in Richtung Caherdaniel fahren und nach etwa zweieinhalb Kilometern würde rechterhand die Einfahrt zum farmhouse liegen. Die Dubliner fuhren uns direkt bis vor die Haustüre. Es war wirklich furchtbar nett und wir bedankten uns recht herzlich.

Wir wurden von Mr Teahan auf das Freundlichste empfangen, bezogen unseren twin room unterm Dach und wurden anschließend zu Tee und Keksen in die lounge eingeladen. Wir plauderten ein wenig, tauschten Informationen und Reiserlebnisse aus, meldeten uns für das abendliche dinner an, zogen uns schließlich auf unser Zimmer zurück, um zu duschen und die Rucksäcke auszupacken. Für die schmutzigen Wanderschuhe hatten sie hier in einem kleinen Vorraum nahe der Haustür ein Abstellregal. Im Haus liefen wir, wie die meisten anderen Gäste auch, nur auf Socken. Es lagen ja überall dicke Teppiche. Um 7 pm ging es in den dining room. Es gab eine Champignonsuppe, dann salmon, das heißt Lachs, mit Gemüse und Kartoffeln, dazu gemischten Salat und zum Dessert icecream. Am Nebentisch saß ein holländisches Ehepaar, vielleicht Ende vierzig. Sie gingen den ganzen Kerry Way, so wie er in den Reisehandbüchern beschrieben wird, die gesamten zweihundert Kilometer, auch durch das Black Valley. Sie hatten dafür an die elf oder zwölf Tage vorgesehen.

Im Gegensatz zu uns hatten die beiden Holländer durch einen Reiseveranstalter alle Quartiere im Voraus buchen lassen. Das Gepäck wurde durch einen Service von Ort zu Ort gebracht, sodass sie während der Wanderungen nur das Nötigste zu tragen hatten. Die beiden waren so allerdings auch nicht mehr sehr flexibel. Sie mussten dem einmal gefassten Plan folgen und wenn ihnen Erschöpfung oder ungünstiges Wetter in die Quere kamen, zum Beispiel mit einem Bus oder Taxi eine bestimmte Distanz überwinden, was sie auch schon getan hatten. Busverbindungen waren spärlich auf dem Ring of Kerry, daher hatten sie an jenem Tag, wo wir per Anhalter gefahren waren, über eine Strecke von sieben Kilometern ein Taxi genommen.

An einem weiteren Tisch saß Robert, aus London, ein Mann in meiner Altersklasse. Er kam erst sehr spät im Derry East an, denn er war die ganzen dreißig Kilometer zu Fuß gegangen, obwohl er, wie er uns erzählte, eine wunde und entzündete Ferse hatte. Er hatte dann seine Wanderstiefel ausziehen und gegen Joggingschuhe vertauschen müssen. In den Joggingschuhen hatte er jedoch wenig Halt gefunden auf dem matschigen Weg und sich außerdem etliche Blasen gelaufen. Während wir also Suppe, Salat und Lachs aßen, tauschten wir in der ruhigen Atmosphäre unsere Erlebnisse von der Wanderung aus. Mal erzählte Robert, mal die beiden Holländer, mal ich und Jan auch ein wenig, wenn er direkt angesprochen oder gefragt wurde. Dann und wann schaltete sich auch Suzanne, eine der Töchter des Hauses, in die Unterhaltung ein, während sie uns zugleich äußert diskret, zuvorkommend und freundlich bediente oder nach unseren weiteren Wünschen fragte.

Irish coffee oder beer nahm man des weiteren in der lounge, wo sich noch weitere Gäste des Hauses eingefunden hatten. Wir saßen allesamt in plüschigen Sesseln um einen Kamin. An den Wänden befand sich eine Bildergalerie, die die Familie in Gruppenaufnahmen zeigte sowie alle sechs Kinder des Hauses mit ihren Universitätsdiplomen in den Händen, einige auch mit Doktorhüten. Andere Rahmen enthielten Universitätsdiplome. Auf einem Regal befanden sich Pokale. An einem Ständer hingen Dutzende von Medaillen, die wohl von Sportwettbewerben stammten. Auf dem Tisch lagen Bücher über Irland, über seine Geschichte, seine Geographie und Kultur. Ich nahm ein Buch über celtic wisdom in die Hand. Es sprach mich unmittelbar an. Da ich es jedoch vorzog, eine Weile mit Robert zu plaudern, legte ich es erst einmal wieder auf den Tisch. Das holländische Pärchen trank irish coffee, machte ein Brettspiel, sprach dann und wann ein wenig mit Jan, der neben ihnen saß und ich trank zufrieden mein zweites Budweiser.

Erneut sprach man vom bank holiday und der Schwierigkeit in Caherdaniel, dem nächsten Ort auf der Wanderroute, ein Zimmer zu bekommen. Der Holländer stellte mir die Telefonnummer seines Quartiers zur Verfügung und Suzanne erklärte sich bereit, für uns dort anzurufen, um nachzuhören. Nach wenigen Minuten kam sie zurück in die lounge und meinte, in ganz Caherdaniel gebe es kein einziges freies Bett mehr. Die Leute würden sogar in den Autos übernachten. So ein Pech auch. Robert war in derselben Situation wie wir. Und konnten wir hier noch eine weitere Nacht bleiben? Suzanne war nicht sicher und schaute in ihren Büchern nach. Es ging. Sie bot an, dass man uns am nächsten Tag, nach abgeschlossener Wanderung mit dem Wagen aus Caherdaniel zurück nach Sneem holen könne. Am darauffolgenden Tag könne man uns erneut dorthin fahren, damit wir nicht dieselbe Strecke zweimal zu gehen bräuchten. Ein wirklich nettes Angebot. Ich brachte mein Budweiser zu Ende, wir sagten Gute Nacht und zogen uns gegen 22.00 Uhr aufs Zimmer zurück, um viel Zeit zum Schlafen zu haben.

10. August 2003

So, Jan ist jetzt unterwegs nach Rostock, Richtung Ostsee. Ich habe ihn gegen Mittag nach Eckenhagen gebracht. Glücklicherweise hat Karin sich komplett um die Packerei gekümmert. Ich habe nur noch gefragt, ob er auch eine Sonnenbrille und ein Mückenabwehrmittel (falls sie am Strand schlafen) bei sich hat. Dänische Kronen sind auch schon da. Ich brauche mich nicht weiter zu bemühen. Das ist angenehm, denn an die Stelle, im Wohnzimmer, neben einem der Sofas, wo wir immer ein paar Tage vor den jeweiligen Reisen Koffer und Rucksäcke aufstellen, um sie nach und nach zu füllen, an diese Stelle kommen sicher noch heute Abend die ersten Sachen für Berlin. Und das ist dann wieder mein Job. Voraussichtlich gegen 20.45 Uhr werden Jan und seine Segelgruppe Gepäck und Proviant auf die Hendrika Bartelds verladen. Zufällig hat es sich ergeben, dass noch zwei Jungs aus unserem Dorf mit dabei sind.

Hier im oberbergischen Land herrscht zur Zeit ein Wüstenklima. Philipp vergnügt sich mit einigen anderen Kindern im dorfeigenen Löschteich. Die Einheimischen nennen ihn die Badeanstalt. Karin bügelt die Irlandwäsche und ich versuche an verschiedenen Projekten weiterzuarbeiten, aber schön langsam, in Anbetracht von Temperaturen zwischen dreißig und neununddreißig Grad, je nachdem, auf welcher Terrasse oder welcher Etage des Hauses ich mich niederlasse... Gestern kam ein Anruf von Professor Carl Kluge. Das internationale Jugendcamp wird im nächsten Jahr wieder auf Schloss Rohlstorf in Schleswig-Holstein stattfinden. Diesmal auch wieder innerhalb der Sommerferien von Nordrhein-Westfalen. Also können wir Jan und Philipp wieder anmelden. Karin und ich könnten die Kinder dort hinbringen und dann eine kleine Reise an der polnischen Ostseeküste entlang unternehmen, vielleicht bis nach Königsberg.

In der ZEIT war ein Artikel über die Reste der Berliner Mauer. In eine Luftaufnahme der Stadt war eine rote Linie eingezeichnet, die den Verlauf der ehemaligen Mauer rekonstruiert. Philipp und ich schauten uns diese Luftaufnahme und einige zusätzliche Detailaufnahmen gemeinsam an und lasen ein wenig im Text. Es ist erstaunlich, jetzt müssen schon die Archäologen ran, um die Reste von Todesstreifen, Bodenverankerungen und Betonplatten zu sichten und zu sichern. Ich bin froh, jetzt in ein völlig freies Berlin fahren zu können. Meine erste lebendige Konfrontation mit der Mauer, mit dem Checkpoint Charlie und Ostberlin hatte etwas Surreales, Unwirkliches und zugleich Beklemmendes. Ja, meinen Solidaritätszuschlag habe ich stets gerne gezahlt. Er war und ist ein Beitrag zur Freiheit. Ist sie nicht immer auch mein Lebensthema gewesen?

Philipp hat die Stadtpläne studiert, um herauszufinden, wie wir am besten vom Bahnhof Zoo in die Brüderstraße, in Berlin-Mitte gelegen, kommen. Er wollte mich nach meiner Rückkehr aus dem Fitnessstudio über das Ergebnis seiner Recherchen informieren. Aber jetzt ist er ja in der Badeanstalt. Ich brauche einen kräftigen schwarzen Tee, um meinen Kreislauf anzukurbeln und dann fahre ich mit dem Eingeben der Irlandnotizen fort.

3. August 2003. Sneem. Trotz der guten Wetterprognosen regnete es. Während des Frühstücks schauten wir aus dem Fenster, nichts als Wolken. Sie hingen fast bis auf den Boden. Wir entschieden uns, nicht zu wandern und stattdessen zu bummeln, zu lesen, Tee zu trinken und später einen kleinen Spaziergang nach Sneem zu unternehmen. Außerdem hatte ich eine kleine Druckstelle am rechten Fuß. Auch diese Stelle würde Zeit haben, sich etwas zu regenerieren, wenn wir nicht sofort weiter wanderten. Dazu kam, das auch Mr Teahan uns weder von Caherdaniel abzuholen noch am darauffolgenden Tag erneut zu fahren brauchte. Wir flegelten uns auf die Betten und lasen. Jan nahm sich die *Time Machine* von Wells und ich las aus der Reclamsammlung irish short stories (das Heftchen hat einhundertvierundachtzig Seiten und wiegt ganze sechsundneunzig Gramm, somit ist es ideal für eine Rucksackwanderung) die Geschichte *The Illusionists* von Brian Friel, zuerst erschienen 1979. Ist das nicht auch ein Zugang zu Irland?

Bei Brian Friel - eine der vielen Kurzgeschichten, die ein Stadium im mühsamen Prozess des Erwachsenwerdens ab-

lichten - verweist bereits der lakonische Titel auf die notwendig damit einhergehende Desillusionierung; denn der Illusionisten, der Träumer und Schwärmer, gibt es gleich zwei – den berufsmäßigen Zauberkünstler mit dem sprechenden Namen L´Estrange, dessen Kunststücke auf optischer Täuschung beruhen, und den Vater des jugendlichen Ich-Erzählers, der als Dorfschullehrer in einem gottverlassenen Winkel der Grafschaft Donegal sein Dasein fristet und sich mit grandiosen Vexierbildern über seine gescheiterte Laufbahn hinwegzutäuschen versucht. Bei den jährlichen Besuchen des Taschenspielers – für den Knaben Höhepunkt des Schuljahres, der sein Ausbruchsbegehren wach hält – werden die beiden Männer mit ihrem jeweiligen Gegenbild konfrontiert; bürgerliche und künstlerische, sesshafte und nomadische Existenz, Empirie und Imagination stoßen aufeinander. Auch diesmal singen sie zunächst das Hohelied ihrer Berufe und schwelgen monologisch in Erinnerungen, bevor sie das Leben des anderen als bloßes Surrogat durchschauen... So steht es in einer Abhandlung, die dem Reclambändchen als Vorwort dient.

War ich nicht auch so eine Art frustrierter Dorfschul- oder Kleinstadtlehrer, der in der oberbergischen Provinz sein Leben fristete, mehr schlecht als recht, und sich in all den Berufsjahren an die Trugbilder einer wissenschaftlichen Karriere und eines internationalen Engagements klammerte? Und mein Sohn, fing er an, meine Selbsttäuschungsversuche zu durchschauen, so wie der Junge in der Geschichte einen Prozess der gnadenlosen Entzauberung des Lehrer-Vaters wie des Künstlers durchmacht? Nun, man wird doch immer auch von der eigenen Existenz eingeholt. Du liest eine Kurzgeschichte, um etwas über ein anderes Land zu erfahren und landest doch wieder bei dir. Reisen, um bei sich selbst anzukommen...

Unter dem Dachfenster hängen die gestern Abend ausgewaschenen Hemden, Unterhemden und Socken auf Bügeln. So hat wenigstens alles Zeit genug zu trocknen. Die Luft ist sehr mild, fast ein wenig schwül. Später gehen wir dann zu Fuß nach Sneem, auf der Landstraße. Die Häuser sind so grell gestrichen, dass sie sogar vor dem grauen Himmel gelb, blau oder rosa leuchten. Kurz hinter der alten, schmalen Steinbrücke liegt ein Souvenirladen mit tea room, in einem grasgrün gestrichenen Haus. Hier kehrten wir ein und fanden Platz in einem stillen Hinterzimmer, um Tee zu trinken und zum ersten Mal zu schreiben. Jan hatte keine Lust, selbst etwas zu notieren, er beschränkte sich ganz aufs Teetrinken und Kuchenessen. Er half mir allerdings, den Ablauf der Dinge zu rekonstruieren. Wir saßen schön, mit Blick auf einen Fluss, einen Felsen, einen kleinen Wasserfall, graue Wolken, dann und wann Regentropfen. Ja, an diesem grünen Holztisch war die Zeit zum Schreiben gekommen. Alles hat seine Zeit.
Joachim: Was war bisher dein markantestes Erlebnis?
Jan: Das erste Abendessen in Killarney, der Flug und die Pension, in der wir jetzt wohnen.
Joachim: Was war bisher stressig?
Jan: Der Flug. Die matschigen Etappen auf dem Kerry Way. Und das Gestrüpp, durch das wir mussten, dann und wann.
Joachim: Was war sehr beeindruckend?
Jan: Die Gastfreundschaft der Leute, bei denen wir gerade wohnen.
Joachim: Wie kommst du sprachlich, das heißt mit deinem Englisch, zurecht?
Jan: Gut. Ich verstehe so ziemlich alles, wenn die Leute nicht zu schnell sprechen.
Joachim: Wie ist es mit dem aktiven Sprechen? Kleine Ansätze zum Sprechen zeigst du ja schon...

Jan: Ja, das klappt dann auch.
Joachim: Wäre es besser, ich würde weniger Dinge regeln und mehr dir überlassen?
Jan: Nein, ist in Ordnung so.
Joachim: Komm, wir bestellen uns noch Tee nach. Willst du auch noch Kuchen haben?
Jan: Nein, keinen Kuchen mehr, Tee schon.

Wir gingen schließlich in einen Supermarkt um ein paar Kleinigkeiten einzukaufen. Eine Bank fanden wir nicht in Sneem. Später erfuhr ich, dass es ein Geschäft gibt, in dem der einzige Bankautomat untergebracht ist, so wie in Waterville. Aber in Caherdaniel gab es nicht mal eine solche Lösung. Es ging zurück zum farmhouse, wo uns Mr Teahan erneut zu Tee und Keksen in die lounge einlud. Wieder stieß ich auf das Buch über *spiritual wisdom of the celtic world*, während Jan ein wenig gaelic football im Fernsehen verfolgte. Mr Teahan hatte ihn gefragt, ob er sich dafür interessiere, Jan hatte ja gesagt und unser Gastgeber hatte sogleich den Fernseher eingeschaltet. Nach einer Weile gingen wir wieder aufs Zimmer, um in unseren Büchern weiter zu lesen. Jan nahm sich die Kopien vor, die ich aus dem Reiseführer gemacht hatte und ich schmökerte in dem Band über *spiritual wisdom of the celtic world,* das ich mir mit nach oben genommen hatte. Diese Lektüre musste doch zu einem besseren, tieferen Verständnis von Irland und seinen Bewohnern beitragen, oder?

Ich las an die hundert Seiten, abends spät noch mal zwanzig und notierte mir gelegentlich einen Satz, der mich besonders ansprach oder nachdenklich machte ... *Everything that happens to you has the potential to deepen you* (Diese Reise? Die konflikthaften Wochen vorher an der Schule?) ...*You loose the balance of your soul if you do not learn to take care of yourself* (Deshalb gehe ich auf Reisen. Deshalb gebe ich Jan die Möglichkeit rauszukommen, zu sich selbst zu kommen, raus aus der Leistungsmühle des Gymnasiums, der Rollenstruktur in der Familie, den alltäglichen Routinen und Konflikten ... jetzt hier auf dem Kerry Way, in wenigen Tagen auf dem Segelschiff) ... *A friend is someone who wishes what is good for the other* (So bin ich hoffentlich ein väterlicher Freund für meine Söhne. Ich selber habe auch Freunde, aber habe ich einen, mit dem ich durch Irland oder Schottland wandern kann? Kaum, doch kann ich mit meinen eigenen Söhnen wandern, so lange sie noch mit mir reisen wollen. Aber ich kann mich auch damit arrangieren, allein zu reisen und zu wandern, außerdem ist da noch Karin, aber sie wandert nicht übertrieben gern) ...

Possibility is the secret heart of creativity (...den Kopf frei kriegen, die Ideen für meine Buchprojekte weiter entwickeln, die Dinge von einer anderen Seite betrachten) ... *We do not need to go out to find love, rather we need to be still and let love discover us* (sehr beruhigend; das Gefühl, nichts zu verpassen; die Sicherheit, dass alles zu rechten Zeit kommt) ... *anam cara = old gaelic term for soul friend; in the early celtic church, a person who acted as a teacher, companion or spiritual guide, was called an anam cara* (Bin ich das für meine Söhne? War ich das für die Schülerinnen und Schüler oder für die Studierenden, die ich während der vergangenen fünfzehn Jahre unterrichtet habe? Habe ich selber einen *anam cara*?) Es ist wie bei der short story, die ich bereits weiter oben erwähnte, man wird doch immer nur auf sich selbst zurückgeworfen. Alles dient der Bildung und Selbsterkenntnis.

Aber hier, jetzt geht es ein wenig mehr um Irland: *...The celtic understanding did not set limitations of space or time on the soul. There is no cage to the soul... One of the amazing aspects of the celtic world is the idea of shape shifting... The essence or soul of a thing is not limited to its particular* *or present shape. Soul has a fluency and energy which is not to be caged within any fixed form.*

Consequently in the celtic tradition, there is a fascination interflow between soul and matter and between time and eternity. (Die Seelen können einen neuen oder veränderten materiellen Träger bekommen, ein Tier, eine Pflanze, einen Teil der Landschaft. Bei der nächsten Wanderung werde ich den Boden, die Pflanzen und Tiere mit ganz anderen Augen wahrnehmen) ...*Ireland is a land of many ruins. Ruins are not empty. They are sacred places full of presence* (In den Ruinen ist das Leben von Jahrhunderten noch sichtbar, spürbar, erfahrbar, wenn ich den Sinn dafür habe.) ...

For the Celts the visible and the invisible are one. (Die Tochter des Archäologen in dem Buch *Das Tal der Raben*, gestern Abend habe ich Philipp erneut daraus vorgelesen, hat immer wieder Visionen, als sie durch die Landschaft von Connemara geht, vorbei an Steingräbern, Mauern, Sümpfen. Sie blickt in die Vergangenheit, sie taucht regelrecht ein in die historischen Ereignisse, erlebt die Menschen von damals hautnah an ihrer Seite, als sei sie zurückgereist in der Zeit, Time Machine, Wells, Jans Lektüre.) ...

The dead are our nearest neighbours (Sie sind also alle um uns, die wir noch leben und über die Pfade ziehen. Wird es mir gelingen, zu ihnen Kontakt aufzunehmen?) ... *Rural people, and particularly people in the west of Ireland, have a great sense of language. There is a sense of phrasing that is poetic and alert... The sense of silence and darkness behind the words* (Kerry ist vielleicht schon zu touristisch, um an diese tiefergehende Erfahrung mit den Menschen heranzukommen. Die nächste Irlandreise nach Connemara oder Donegal unternehmen.)

Jetzt geht es wieder mehr um die Lebenskunst an sich: *...Often people devote their primary attention to the facts of their lives, to their situation, to their work, to their status.*

Most of their energies goes into doing. Meister Eckhart says many people wonder where they should be and what they should do, when in fact they should be more concerned about how to be. (Etwas Vergleichbares sagte ja auch viel später Erich Fromm in *Haben oder Sein*. Ich weiß noch, ich las das Buch auch während einer Reise, am Strand von Formentera, in der Studentenzeit. Erich Fromm half uns, unsere temporäre Armut zu einer spirituell hochstehenden Lebensform zu stilisieren und diese dadurch letztlich zu kompensieren. Wohlhabend sind wir ja auch heute nicht. Aber wir kommen über die Runden. Das stille Wandern und die Konzentration auf den Weg bringen mich vielleicht wieder mehr in diese spirituelle Richtung. Hoffentlich kann ich mir etwas davon bewahren, wenn mein durch Schule, Familie und Wissenschaftsbetrieb institutionalisiertes Leben nach diesen Sommerferien weiter geht.)

Dann las ich ein interessantes Kapitel über *autumn as the inner harvest*. Noch bin ich im Sommer, allerdings schon im Spätsommer. Werde ich was zu ernten haben? Ackern, pflügen und säen tue ich hoffentlich genug. Das sagt aber noch nichts über mögliche Erntechancen. Ist es die späte Stunde oder meine generelle melancholische Stimmung? Am dinner, das wiederum vorzüglich war und sehr liebevoll von Haustochter Suzanne zubereitet, serviert und kommentiert wurde (beef, vegetables, chocolate cake with ice and cream, Budweiser), diesmal waren Jan und ich die einzigen Gäste im dining room, die anderen aßen wohl in der Stadt, am dinner kann es nicht gelegen haben. Jedenfalls las ich all diese Abschnitte über den Tod, auch eine Reise, *death in the celtic tradition...*

For the Celts, the eternal world was so close to the natural world that death was not seen as a terribly destructive or threatening event. When you enter the eternal world, you are going home to where no shadow, pain or darkness can ever touch you again. (Wieso hatte ich den Tod immer derart aus meinem persönlichen Leben, insbesondere Familienleben ausgeblendet? Mussten wir nicht viel mehr mit den Kindern darüber sprechen, um sie auf den Fall des Falles vorzubereiten? Was der Autor hier über die keltische Sicht auf den Tod schrieb, war indes beruhigend. So weit es mein eigenes Leben betraf, spürte ich auch nicht die Sorge, außer wenn ich in die eternal world überwechseln sollte, bevor meine Kinder groß, unabhängig und selbstständig sind. Doch könnte ich es auch dann so sehen, wenn einer meiner Söhne von mir ginge, in die eternal world? Mir wurde ganz mulmig zu Mute. Ich schaute rüber zu Jan, wie er lesend auf seinem Bett kauerte. Ich dachte an Philipp, der zweiundhalb Flugstunden entfernt von hier, jetzt vielleicht durch Heddinghausen lief oder irgendwo im Haus sich beschäftigte. Ein ungeheure Traurigkeit überfiel mich.

Dann fand ich ein keltisches Totengebet, am Ende des Kapitels über den Tod. Ich las das Gebet, und war tief davon berührt. Ich schrieb es mir ab, weil ich dachte: Wenn es dich trifft, das du einen deiner Söhne verlierst, dann liest du für ihn dieses Gebet und du schreibst es auf eine Erinnerungskarte und in die Todesanzeige. Es wird ihm helfen, und mir, und Karin und uns allen. Hier ist es: *I am going home with thee, to thy home, to thy home. I am going home with thee, to thy home of winter. I am going home with thee, to thy home, to thy home. I am going home with thee, to thy home of autumn of spring and of summer. I am going home with thee, thy child of my love to thy external bed to thy perpetual sleep. (Celtic prayer)*

Das Gebet gab mir Ruhe. Ich hörte mit Lesen auf und schaute zu den ausgewaschenen Hemden, die vor dem Fenster hingen und überlegte, welches davon ich morgen am besten anziehen würde. Auch Robert, der Engländer, war heute nicht gewandert, um seine Ferse zu schonen. Er wollte heute

Abend nach Sneem in einen pub, um Guinness zu trinken. Wer weiß, was ihm gerade auf der Seele lag. Sein Sohn Jack ist drei. Robert ist mit einer Irin verheiratet (Er meinte nicht, dass daraus irgendwelche Spannungen resultieren würden). Während er den Kerry Way geht, besucht sie ihre Familie, irgendwo in Connemara. Vielleicht hätte ich auch noch zum pub gehen sollen. Guinness schmeckte nicht nur wie Medizin, es war wirklich Seelenmedizin.

11. August 2003

Philipp und ich saßen gestern beim Abendbrot und sprachen über Berlin. Wir unterbrachen das Essen mehrfach, um Informationen in Büchern und Lexika nachzulesen, etwa zur Berliner Blockade, zu den Rosinenbombern, zur Aufteilung von Berlin in vier Sektoren 1945, zum Mauerbau und seinen Hintergründen. Was war der Checkpoint Charlie? Was bedeutet Todesstreifen? Solcherart waren die Fragen. Philipp war an diesem Abend der Motor für diese Recherchen. Während ich einigermaßen müde von der großen Hitze des Tages auf meinem Stuhl saß und Thunfischbrote aß, war Philipp immerfort mit zwei Dingen gleichzeitig beschäftigt: mit Essen und mit Nachdenken, Nachlesen über Berlin, seine Verkehrssysteme, seine Geschichte...

Wir kamen auf die Idee, ein kleines Diktiergerät einzupacken. Somit könnten wir einfach unsere Eindrücke und Beobachtungen, Fragen und Gedanken auf Band sprechen, während wir durch Berlin streifen würden und hätten dann nicht die Arbeit mit dem Aufschreiben. Abtippen könnten wir das ganze Material dann später. Einen Vorteil sahen wir darin, dass wir dann authentische Aufzeichnungen hätten, die etwas von dem aktuellen Erleben in der konkreten Situation widerspiegeln. Und das ist schon etwas anderes als die abendlichen Résumées in Form eines Reisetagebuches. Doch haben wir noch genügend Leerkassetten und Batterien im Haus? Karin wird heute Audiokassetten vom Einkauf mitbringen. Haben wir noch Filme für die Kamera? Mitbringen. Philipp soll einmal die Gelegenheit haben, seine eigene Sichtweise Berlins mit der Kamera einzufangen, das heißt er soll selber für diese Photoserie verantwortlich sein und selber auf den Auslöser drücken. Nach Philipps Recherchen können wir mit der U-Bahn vom Bahnhof Zoo bis zur Haltestelle Spittelstraße fahren, um relativ einfach zur Brüderstraße zu gelangen. Führe der Zug bis zum Bahnhof Friedrichstraße, dann könnten wir mit der Linie..., müssten aber einmal umsteigen ... usw. Man sieht, der Junge hängt sich rein.

Doch jetzt wieder zurück zu Irland. *4. August 2003.* Mary und John Teahan sowie Tochter Suzanne verabschiedeten uns persönlich, mit Händedruck. Obwohl sie noch viel mit der Frühstücksbewirtung der anderen Gäste zu tun hatten, ließen sie sich diesen herzlichen Abschied nicht nehmen. *A warm welcome awaits you at the family run Derry East Farmhouse...*, so steht es in der Visitenkarte, die uns Mary zweifach in die Hand drückte, einmal für uns, und für einen Freund, wie sie sagte. Das haben sie eingelöst. Auch konnte das Wetter nicht besser sein an jenem Morgen und wir zogen ausgeruht und frisch gestärkt Richtung Caherdaniel. Zunächst führte der Weg durch ein liebliches Hügelland, kleine Bäche plätscherten, Schafe weideten. Nur ließen wir uns von dieser Idylle so intensiv einnehmen, dass wir eine Wegmarkierung des Kerry Way übersahen und bestimmt zwei bis drei Kilometer zu weit ins Landesinnere gingen, bis wir oben in den Hügeln vor einem etwas heruntergekommenen Haus standen. Hundegebell. Der eine Hund sprang auf den Sitzen eines ausrangierten Autos umher, in das er eingesperrt war. Der andere kratzte von innen an einer Holztür, im Schuppen seitlich des Hauses.

Nichts außer diesen Tieren rührte sich. Niemand zeigte sich. Ich schloss daraus, dass wir tatsächlich in einer Sackgasse gelandet waren. Das Vernünftigste schien, einfach zurückzugehen und erneut nach einer Wegmarkierung Ausschau zu halten. Wir fanden den Holzpfahl mit dem gelben Wanderersymbol auch. Jetzt waren wir schon mal an die fünf Kilometer zusätzlich gegangen. Dabei hatten wir uns so gefreut, dass es an jenem Tag, auf der Etappe von Sneem nach Caherdaniel, nur zirka achtzehn Kilometer waren.

Immerhin hatten wir ein beinahe paradiesisch schönes Stück Landschaft durchwandert, diese glucksenden Bäche, immer wieder Bäume, die Schatten spendeten, vereinzelt weiße Rinder, Schafe in den grünen Auen... Inzwischen ging es schon durch schwierigeres Gelände. Fast immerzu war der Boden nass, matschig oder sumpfig, wie wir es schon kannten. Auch brannte die Sonne vom blauen Himmel herunter. Die Luftfeuchtigkeit war hoch und wir schwitzten. Sonnenschutzmittel und Insektenabwehrmittel rannen mit dem Schweiß von der Haut herunter. Die feuchten oder nassen Wege durch Wiesen und Wälder schienen ein idealer Lebensraum für allerlei boshafte Stechfliegen zu sein. Immerzu folgten und attackierten sie uns. Einmal hatte ich gleichzeitig eine dicke Stechfliege auf dem linken Daumen und eine hinter dem rechten Ohr sitzen, als hätten sie diese heimtückische Strategie miteinander abgesprochen. Jedenfalls konnte ich nur eine von beiden abwehren, die hinterm Ohr nämlich und die andere stach in der Zeit gnadenlos zu.

Durch diese Rahmenbedingungen verlor ich eine Zeitlang ein wenig die Lust am Wandern, auch Jan wirkte nicht mehr so begeistert. In Abständen hielten wir kurz an, um einen Schluck Apfelschorle aus den Metallflaschen in die Becher zu gießen. Es war jedes Mal eine ungeheure Wohltat, doch mussten wir uns bei dieser Etappe zumeist beeilen, um nicht eine allzu leichte Beute der Insekten zu werden. Das landschaftliche Panorama war indes wirklich schön, auch der Blick von den Hügeln auf den Kenmare River hinunter. Später dann gelangten wir in eine feuchte Talsenke, in der es seitlich des Weges bunt blühte, Wildblumen aller Art. Hier schien jedoch ein angriffslustiges Wespenvolk zu herrschen, dass uns durch Sturzflüge über Nacken und Ohren zu besonderer Eile antrieb.

Man gewährte uns zwar Durchlass, duldete aber weder die geringste zeitliche Verzögerung noch Aufenthalt. Wir retteten uns in ein Schatten spendendes Wäldchen, durch das auf vielen Umwegen ein kleines Bächlein floss und tiefe Gräben in den weichen Boden gepflügt hatte. Aus dem Hoheitsgebiet des Wespenvolkes waren wir offenbar heraus. Die Feuchtigkeit in der Luft drückte. Unsere Hemden waren nass vor Schweiß. Wir atmeten durch und zogen schließlich langsam weiter in Richtung eines Hügels. Bevor wir ihn erreichten, wurden wir von Schwärmen fliegender Ameisen überfallen. Sie saugten offenbar den Schweiß von der Haut. Eigentlich nicht schlecht, dachten wir, nur dass die Tierchen dabei in jede Ritze krochen, auch in die Nase, in die Ohren, den Nacken und den Rücken hinunter.

Ich stellte mir vor, wie ich jetzt am Strand wäre und auf das kühle Meerwasser zuliefe und schließlich untertauchte, und Schweiß und Ameisen von meinem Körper abgespült würden. Wahrlich eine sehr schöne, erfrischende, befreiende Vorstellung. Die Realität war allerdings von einer anderen Qualität. Brrr... Die Ameisen folgten uns noch über einen Kilometer, selbst als es nach dem überwundenen Bergrücken schon langsam über wasserumströmtes Geröll nach unten ging, hingen noch einige dieser Schweißsauger an uns und wollten sich auch nicht abschütteln lassen. Doch irgendwann war schließlich Ende und wir hatten Ruhe vor all diesen bissigen Insektenvölkern.

Bei einer Rast steckte ich meine Wanderstöcke im Abstand meiner Schultern in den butterweichen Boden und hängte die Hemden darüber. Eine frische Brise wehte hinein und trocknete mir Rücken und Brust. Meine Sonnenkappe war so nass, als hätte ich sie gerade aus der Waschmaschine gezogen. Ich legte sie zum Trocknen auf einen Heidebusch. Wir aßen Kekse und Apfelstücke. Als wir erneut alles gerichtet, die verklebten Hände in einer sprudelnden Wiesenquelle abgewaschen hatten, zogen wir weiter. Nur selten trafen wir andere Wanderer. An jenem Tag waren es vielleicht sechs oder sieben. Je nachdem, wozu die anderen aufgelegt waren, erkundigte ich mich nach dem Weg, nach der Zeitdauer bis zum nächsten Ort, nach den Gegebenheiten dort.

Der Kerry Way forderte wiederum unsere volle Aufmerksamkeit. Gelegentlich versanken wir bis an den Rand der Wanderstiefel im nassen Gras oder im Erdmatsch. Immer wieder balancierten wir über einzeln liegende Steine, um nicht einzusinken. Kleine Bächlein kreuzten den Weg oder das Vieh hatte alles weich getrampelt. Über eigens aufgestellte Leitern, gelegentlich waren sie verrottet und nahezu unbrauchbar, überkletterten wir Steinmauern oder Zäune. Manchmal mussten wir ein Gatter öffnen und sorgfältig wieder verschließen, um Viehweiden zu passieren. Dann endlich sahen wir von den Hügeln herab eine Meeresbucht, einige wenige Häuser, Caherdaniel? Erneut begleiteten uns fliegende Ameisen während wir uns den steinigen, nassen und rutschigen Abhang herunterarbeiteten. Wir überstiegen eine letzte Trittleiter und standen in einem Sträßchen mit dicht aneinander gedrängten Häusern, Autos, Menschen!

Linker Hand ein pub, ein grocery store, rechter Hand ein weiterer pub, ein Gästehaus mit dem Namen The Kerry Way. Jan wollte diesmal nach dem Zimmer fragen, was er tat. Wir kamen auch unter, schließlich war der bank holiday vorbei, zum Glück. Ein großes, geräumiges Zimmer mit drei

Betten, in der Mitte ein französisches, außen zwei kleine. Auf Wunsch der Vermieterin nahmen wir die beiden außenstehenden Betten, was ja auch passend war. Tee kochen, Kekse essen, Duschen, Hemden auswaschen, Schuhe abwaschen. Wir hatten sie unten vor der Tür ausgezogen und hochgetragen, dann auf altes Zeitungspapier gestellt, das uns die Wirtin brachte. Wieder verwandelte ich das Waschbecken in einen Kerry Way in Miniatur, ohne jedoch irgendwelche Spuren zu hinterlassen. Wir hatten ja nur das eine Paar Schuhe und wollten schließlich abends in den pub.

Sicher hätte man uns nicht gerade hinausgeworfen mit den Dreckstiefeln, denn im pub ging es rustikal und locker zu. Der Boden war mit Natursteinen, wohl aus dem Gelände hier stammend, gepflastert. Ansonsten finsteres Gebälk, Tudorstil, kleine Fenster, eine dunkle Höhle, schwarzes Guinness... Einige irische Familien lagerten an der Theke, eine Traube von Kindern wand sich drum herum, grünes Wassereis lutschend. Das Essen war lecker. Ein wenig Proviant für den folgenden Tag aus dem grocery store... und noch etwas gelesen auf dem Zimmer.

Journey Home, eine short story von Maeve Kelly, zuerst erschienen 1976. Ich fand diese Geschichte sehr erhellend. Hans-Christian Oeser fasst sie in seiner interpretativen Einleitung wie folgt zusammen: *In Maeve Kellys Geschichte einer Heimkehr holt die Bauerntochter Maura ihren erfolgreichen Bruder Sean nebst Familie vom Flughafen ab. In ihrem unausgesprochenen Hass auf den selbstsicheren, studierten Bruder, seine hochnäsige Frau und seine verwöhnten Kinder drückt sich das Selbstmitleid der Daheimgebliebenen aus, die es trotz härtester Arbeit, zumal als alleinstehende Frau, zu keinem nennenswerten Wohlstand, geschweige denn zu einer Lebensperspektive gebracht hat. Bruder und Schwester trennt ein abgrundtiefer Graben: Während sich Sean als englischer Kolonialherr aufführt, sieht sich Maura als Frau und Irin in der Rolle der Kolonisierten. In der Geschichte, die von dem Gegensatz zwischen stockendem Dialog und Mauras bitterer erlebter Rede zehrt, versucht sie die Übereignung der Farm in der Grafschaft Galway dadurch zu erreichen, dass sie den Eintritt in ein Nonnenkloster vorspiegelt und dem Bruder heuchlerisch das gefängnisartige Leben am See, die körperliche Arbeit als Bauer und die beschwerliche Pflege der alten Mutter anträgt.*

Das aus dem Wörtlichnehmen des Angebotes resultierende Missverständnis besiegelt ihr Schicksal. Mauras persönliche Lage spiegelt so einerseits das Geschick ihres Landes wider, das ungeachtet der England abgetrotzten politischen Unabhängigkeit stagniert; andererseits verdeutlicht sie die Stellung der Frau, die das Erstgeborenenrecht des Mannes auf Übernahme des Hofs nicht ernstlich anzufechten vermag. In ihren Schwänen und Kühen findet sie, die in der Abgeschiedenheit des Westens das Sprechen, die Aussprache verlernt hat, den Trost der Tiere.

Welche Familientragödien mochten sich auf den Höfen und in den Farmhäusern abgespielt haben, an denen wir auf unserem Weg durch Kerry vorbei gekommen waren? Nachts wurden wir vom Lärm auf der Straße geweckt. Auch die Wirtin war aufgewacht, wie sie uns morgens beim Frühstück erzählte. Der pub hatte gegen zwei Uhr zugemacht und eine Gruppen ziemlich betrunkener Leute hatte sich dann gegenüber dem pub auf der Mauer niedergelassen und weiter unterhalten, natürlich sehr ausgelassen und laut. Mich hatte es jedoch nicht sonderlich gestört und ich war bald wieder eingeschlafen. Der Wirtin ging es wohl etwas anders. Welche Zimmernummern hatten wir dieses Mal? Killarney: 9, Kenmare: 3, Sneem: 2, Caherdaniel: keine Nummer, Waterville: 4. Gibt es eine Bedeutung? Vielleicht finden wir es später heraus.

An zweien der Teebeutel, die wir in der Pension in Caherdaniel nachmittags aufgossen, hingen auf einem kleinen Kärtchen philosophische Zitate. Das eine stammte von Voltaire: *Love truth, but pardon error.* Das andere war von Ralph Waldo Emerson: *If we live truly, we shall see truly.* Ich nahm mir vor, am nächsten Tag, auf dem Kerry Way darüber zu meditieren. Vielleicht war das auch so gedacht, der Kerry Way als Weg der philosophischen Reflexion. So ist man doch immer dabei, sich weiter zu bilden. Wahrheit liegt ja auch im Wasser. Am späten Abend noch tranken wir *pure irish springwater*, erstanden im grocery store, *from the majestic mountains which lie along the Dingle peninsula in the Kingdom of Kerry rounded by the ages*, so stand es auf der Flasche. Jan nahm all dies mit Gleichmut.

5. August 2003. Beim Frühstück sprach ich mit der Wirtin über dies und das. Ihr Mann suchte in einem kleinen Schuppen gegenüber, wo er ein Büro zu unterhalten schien, nach dem Gerät für die Kreditkartenabrechnung. Ich hatte ja kaum noch Bargeld und wollte meine letzte Reserve nicht hergeben. Was wusste ich, wie die Situation in Waterville sein würde? Ich bemerkte ein interessantes Gemälde an der Wand, sprach Mrs Sweeney darauf an und erfuhr, dass die Tochter des Hauses in Dublin Kunst studiert. Ihr Mann organisiert offenbar Bootstouren zu den der Küste vorgelagerten Inseln, oder Angeltouren. Auf der Visitenkarte finden sich Hinweise auf seine Internetseite. So ist das heute. Die Leute kommen raus aus ihrer abgelegenen Lebenswelt. Zumindest können sie sich vernetzen und weltweit Kontakte aufnehmen. Caherdaniel vor hundert Jahren? Das hätte ich gerne gesehen und miterlebt. Auch das wird seinen Reiz gehabt haben. Mr Sweeney, ein jungenhafter, sommersprossiger, freundlicher Mann, gab uns noch einige Tipps, wie wir jetzt weiter wandern, welche Abzweigungen wir einbauen konnten, um eine bestimmte Bucht, einen Yachthafen, den

Strand gegenüber Abbey Island sehen zu können. Wir verabschiedeten und bedankten uns. Das Haus lag ja direkt auf dem Kerry Way, wir brauchten daher nur dem Sträßchen zu folgen und waren unmittelbar wieder in der Landschaft.

Der Weg begann auch mit geringem Schwierigkeitsgrad, doch schon bald drückte uns die Hitze, der Himmel war blau, ohne eine Wolke. Wir verzichteten daher auf den angeratenen Schlenker, um uns ein wenig zu schonen. Und als wir uns bald darauf kilometerweit durch eng stehendes Gestrüpp, durch Farne, Brombeersträucher und dergleichen hindurcharbeiteten und auch von der einen oder anderen Stechfliege begleitet wurden, begrüßten wir unsere intuitive Entscheidung, die Tagesetappe nicht noch wegen vermeintlich schöner Aussichten zu verlängern und zu verkomplizieren. Es folgten die bereits zur Genüge beschriebenen Mühen und Anstrengungen und phasenweise war es uns kaum noch möglich, das zauberhafte Meeres- und Inselpanorama zu würdigen und zu genießen. Wir arbeiteten uns schrittweise das Hügelland hinauf. Als wir schließlich den höchsten Punkt der Landzunge erreicht hatten, die wir überschreiten mussten, um nach Waterville zu gelangen, wurde der Weg freier, fester und trockener. [...]

Nach dem Mittagessen habe ich Philipp erneut aus dem Irlandjugendroman *Das Tal der Raben*, geschrieben von der Historikerin Sabine Blazy, vorgelesen. So langsam beginnen sich die mysteriösen Vorgänge aufzuklären. Im sechsten Jahrhundert hat es offenbar blutige Kämpfe zwischen den in Irland ansässigen Kelten und den von außen eindringenden Christen gegeben. Sam, die Buchheldin hat durch einen Zufall auf dem Ausgrabungsgelände einen Ring gefunden, der wahrscheinlich von einer geheimnisvollen keltischen Priesterin stammt. Vermutlich besitzt sie deshalb die Fähigkeit, in ihren Visionen die dramatischen historischen Ereignisse nachzuerleben. Wirklich spannend geschrieben.

Nach kurzer Mittagspause und diversen Erledigungen nehme ich mir erneut die Notizen aus Kerry vor: ... Irgendwann lief uns ein Mischling zu, eine Art schwarz-weißer Collie und nachdem er uns ordentlich angesprungen und abgeleckt hatte, begleitete er uns über eine Wegstrecke von etwa zwei Kilometern. Serpentinenartig ging es jetzt den Berg hinauf. Auf der anderen Seite vermuteten wir Waterville. Oben angelangt, konnten wir weit in die dahinterliegende Bucht blicken. Ja, die Häuser dort hinten am Meer, das musste Waterville sein. Wir machten Rast, aßen und tranken, was wir noch im Rucksack hatten und marschierten langsam nach unten.

Auf dem Ring of Kerry verkehrten zahlreiche Hornissenbusse. Jan nannte sie so, wegen der großen, nach vorne stehenden Rückspiegel an den Seiten. An bestimmten Haltepunkten lässt man die Touristen raus, damit sie das Landschaftspanorama auch einmal, ohne durch eine getönte Glasscheibe blicken zu müssen, ansehen und photographieren können. Zwar zog sich der Wanderweg noch über etliche Kilometer hin, war jedoch nicht mehr besonders anstrengend. Zuerst orientierten wir uns ein wenig in Waterville und fragten uns, wie die größte Herberge am Ort zu dem seltsamen Namen Butler Arms Hotel gekommen war, ein merkwürdiges Gebäude, dessen älterer Teil festungsartige Türme besitzt.

Unterkunft fanden wir dann in einem Gasthaus, direkt an der Strandpromenade, im zitronengelben Ashling House und ließen uns von Mrs Murphy einen twin room, mit Blick auf die Bucht, anweisen. Dort verbrachten wir eine entspannte siesta und ich verrichtete anschließend all die Dinge, wie ich es in den anderen Zimmern auch getan hatte. Abends gingen wir an den Strand und schwammen im Meer. Es war herrlich erfrischend. Das milde Licht der nach unten sinkenden Sonne gab der gesamten Szene etwas sehr Harmonisches.

Wir fanden gar den Supermarkt mit dem Bankautomat, zogen Geld und kauften uns ein appetitliches dinner zusammen, das wir auf dem Zimmer verzehrten. Danach wurde gelesen.

Jan vertiefte sich in die *Time Machine* und ich las *An Occasion of Sin* von John Montague, eine short story aus der Reclamsammlung, zuerst erschienen 1964. *Eine attraktive Französin, der ins prüde Irland verheiratete „Anlass zur Sünde", sieht sich bei ihrem täglichen Bad in Seacove (fiktiver Name für Seapoint) bei Dublin den Nachstellungen der Männer und, seit sie sich mit Theologiestudenten auf ein Gespräch eingelassen hat, der Nachrede der Leute ausgesetzt. Ihre unschuldigen Konversationen über Literatur, Frankreich, Arbeiterpriester und Ehe erregen den Verdacht moralischer Laxheit, und sie erkennt, dass französischer und irischer Katholizismus sich darin unterscheiden, dass in der irischen Version ihrer Konfession eine Unmenge heidnischer Bräuche aufgegangen sind und Sexualität als die Kardinalsünde par excellence angesehen wird...*, schreibt Hans-Christian Oeser. Nun, die Geschichte ist historisch, inzwischen vierzig Jahre alt und doch ist noch etwas zu spüren von diesen Dingen.

An der Promenade war eine kleine Kirmes aufgebaut. Schlichte Buden mit Popcorn, buntem Nippes, Schießscheiben und rostige Karussells, daneben ein Wohnwagen. Gegen halb neun schalteten sie die bunten Plastiklämpchen und eine Musikanlage an. Mädchen kreischten wie auf Kommando. Die Bucht leuchtete in milden Pastellfarben. Ich wandte mich erneut der Geschichte in dem Reclamheftchen zu. Geboren und aufgewachsen im katholischen Sauerland der sechziger Jahre, war das unter den Aspekten Körper, Sexualität, Erotik nicht so ähnlich wie in Irland gewesen? Sollte ich mit Jan über diese Kurzgeschichte sprechen, wie ich es bei den anderen Geschichten im Ansatz getan hatte? Ich ließ es bleiben. Das Thema interessierte ihn vielleicht nicht besonders.

Es war auch kaum notwendig, dass ich ihn mit irgendetwas unterhielt. Während der ruhigeren Stunden war er ganz mit seinen eigenen Ideen und Vorstellungen beschäftigt. Nie hörte ich von ihm: Das ist aber langweilig. Ich will jetzt aber das und das. Können wir denn nicht ...? Niemals sagte er: Wie weit ist es denn noch? Oder: Ich habe keine Lust mehr weiterzugehen. Jan war und ist stets ein sehr genügsamer, ruhiger, anspruchsloser Reisebegleiter. Er scheint die Dinge zu nehmen, wie sie kommen und richtet sich darin ein.

6. August 2003. Wir schliefen länger als sonst, weil wir ja an unserem letzten Ferientag nicht mehr wandern wollten. Weniger ist mehr, sagten wir uns. Erst um 9.00 Uhr gingen wir runter zum Frühstück und ließen uns auch Zeit mit dem Essen. Mrs Murphy schien nicht sonderlich gesprächig zu sein. Vielleicht war sie auch etwas schwerhörig oder sonst wie gesundheitlich nicht so auf der Höhe. Jedenfalls wirkte es so und wir ließen sie daher in Ruhe. Mit etwas Proviant im Rucksack wanderten wir den Strand hinauf, bis wir die bunten Häuschen von Waterville nur noch in der Ferne sehen konnten. Dort ließ ich mich, mit Sonnenkappe und Sonnenbrille bewaffnet, auf einem der vielen herumliegenden, vom Wasser glatt gewaschenen Felsen nieder, um ein wenig zu lesen. Der Himmel war strahlend blau. Eine frische Brise wehte hier, sodass wir es eine Weile gut aushalten konnten. Jan stiefelte den Strand auf und ab, warf dann und wann Steine ins Wasser und war ganz in seine Gedanken vertieft.

Diesmal las ich *High Ground*, von John McGahern, aus dem Jahre 1985, eine Geschichte, die wiederum vom *Lehrerdasein auf dem flachen Lande handelt, diesmal jedoch aus der Perspektive des Lehramtsanwärters, der mit den besten Vorsätzen eine Welt der Liebe und Schönheit betritt. Dem jungen Moran bietet Senator Reegan – ein typischer*

Vertreter des irischen gombeen man, jenes Geschäftsmanns und Lokalpolitikers, der durch Betrug, Geschick und Einheirat ein Vermögen anhäuft und Einfluss gewinnt – aus Sorge um die Erziehung seiner drei Söhne widerrechtlich die vorzeitige Nachfolge Schulmeister Leddys an – Ausdruck der in einem kleinen Land vorherrschenden Klientelwirtschaft, die die eigenen Interessen wahrt und zugleich Wahlstimmen sichert.

Der Senator mag zynisch denken und vorgehen, doch liegt ihm die Modernisierung des vorsintflutlichen Bildungswesens am Herzen. Aber so sehr die primitiven Lebensumstände des betagten Lehrers Moran auch schockieren, in seiner Kauzigkeit ist jener ein Sinnbild der zusammengewachsenen Gemeinschaft, deren Erziehung ihm seit Generationen oblag und die der zugezogene Senator aufsprengen will. Als wäre er der drohenden Gefahr gewärtig, warnt Leddy seinen jungen Rivalen vor intellektuellem Hochmut als der Sünde des Satans und preist seine Loyalität als bestechende Charakterqualität. Am Ende, so möchte man meinen, ist es nicht die hausgemachte Philosophie des alten Mannes, sondern die ausgeklügelte Politik des Senators, aus der das falsche Leben hervorlugt.

Wirklich interessant. So wurde ich erneut mit meinem eigenen Beruf konfrontiert. Ich wollte Jan jedoch nichts davon erzählen und überließ ihn daher seiner eigenen Gedankenwelt, zwischen den Steinen und dem Plätschern des Wassers. Der Atlantik, der hier an der Westküste ansonsten mächtig anbraust, hatte offenbar eine kleine Sommerpause eingelegt. Seine Wassergründe lagen friedlich wie ein Binnensee, trügerisch. Dann wieder siesta, Tee, Kekse und Obst, ein wenig Proviant aus dem Supermarkt. Gegen Abend ans Meer zum Baden. Diesmal gab es nur etliche Feuerquallen, sodass ich mich nur abkühlte, aber nicht wirklich schwamm, zur Sicherheit. Jan beschränkte sich auf das Abkühlen seiner Füße. Er schwimmt lieber in kühlen seiner Füße. Er schwimmt lieber in Gewässern, wo er den Boden sehen kann, wie zum Beispiel in Schwimmbädern. Ehrlich gesagt: Ich auch. Dann gingen wir zum Essen in einen pub. In dem ersten bekamen wir jedoch keinen Platz, und nach kurzer Wartezeit zogen wir weiter zum nächsten. Ohnehin hatte mir das Lokal nicht sonderlich gefallen und wo wir jetzt hinkamen, war es erstens viel leerer und zweitens viel geschmackvoller, von der Einrichtung und vom ambiente her. Wir bestellten uns leckere heimische Platten. Jan trank Orangensaft und ich Guinness dazu.

Neben uns eine irische Familie mit zwei kleinen Mädchen. Der Vater, ein hellhäutiger Mann mit kräftigen Waden, und die Mutter waren beide krebsrot von der Sonne. Beide tranken sie ein Bier, während das eine Kind das andere in einem Kinderwagen durch den pub schob. Jan beobachtete die Kleinen, als sei er Student der Kinderpsychologie. Besonders beschäftigte ihn seine Beobachtung, dass das ältere, vielleicht vierjährige Mädchen mal aggressiv und mal liebevoll auf das kleine Schwesterchen von etwa zehn Monaten reagierte. Und auch das Kleinere schrie mal vor Wonne, dann trat es wiederum mit seinen speckigen Beinchen nach den zudringlichen Händen der älteren Schwester, um diese abzuwehren. Der Gesichtsausdruck des kleinen Kindes durchlief dabei die gesamte Skala von Freude über Wut bis hin zu Angst. Denn zu allem Überfluss hatte die Mutter zur besseren Beschäftigung dem Kleineren einen großen metallenen Suppenlöffel in die Hand gedrückt. Damit fuchtelte es wild vor der älteren Schwester herum, bis diese den Löffel ihrerseits an sich riss und damit nach dem Gesicht des Geschwisterchens schlug, jedoch immer rechtzeitig noch abbremste, damit es nicht wirklich verletzt wurde.

Dem Kleinen leuchteten dann die Äuglein vor Schrecken und es schien die Luft anzuhalten. Wie um diese verkappten Attacken wieder ungeschehen zu machen, tat dann das Ältere so, als würde es das Jüngere mit dem Löffel füttern. Allerdings war das Füttertempo so hoch und die Geschwindigkeit seiner Armbewegungen so abrupt, dass man schon Zweifel an der Aufrichtigkeit dieser an sich ja freundlichen Geste haben musste. Wie gesagt, Jan beobachtete dies alles mit Argusaugen und ich gab ihm ein paar psychologische Erklärungen zu den ambivalenten Verhaltensmustern der Kinder, über Geschwisterrivalität und dergleichen. War das bei mir und Philipp denn auch so? wollte er plötzlich wissen. Ein wenig, aber so schlimm wie bei den irischen Mädchen da nicht, sagte ich, um ihn zu beruhigen.

Wir bummelten an der Promenade zurück zum Ashling House. Die Luft war jetzt angenehm kühl, und was wir da am Telefon hörten, von der Hitzewelle in Deutschland, gefiel uns gar nicht. Gerade wurde die kleine Kirmes eröffnet und einige irische Familien mit Kindern und eine Gruppe von Mädchen im Teenageralter strömten herbei. Sicher waren es diejenigen, die nachher wieder kreischen würden. Wir schauten, was passierte. Eine Mutter kaufte Karten für das rostige Karussell mit den dünnen, abstehenden Metallarmen, die sich drehten und dann und wann in den Himmel hoben und wieder absenkten. Die kleinen Gondeln sahen aus wie Fischdosen, die man vor vielen Jahrzehnten einmal farbig lackiert hatte. Dann wurde eine der Fischdosen vor dem armseligen Kassenhäuschen abgesenkt und zwei blondschöpfige Jungen hineinverfrachtet. Der dicke Karussellmann hängte eine Kette vor den Zugang und die Fahrt mit den beiden irischen Jungs in der Gondel begann. Die anderen sechs oder sieben Fischdosen blieben leer. Musik wurde angeschaltet und die Jungs in den pastellfarbenen Himmel, der mal gelb, mal rosa, mal blau schimmerte, hineinbefördert. Die Frau blieb nicht weit von dem Kassenhäuschen stehen und schaute den Kindern hinterher. Wir zogen uns aufs Zimmer zurück. Kurze Zeit später schon begannen die

Mädchen zu kreischen. Jan lagerte bereits auf seinem Bett. Er lächelte vor sich hin.

Jan: Ich wusste es doch, dass sie wieder kreischen würden.

Joachim: Sie müssen in den beiden Rondellen stehen, die immerzu im Kreis herumgewirbelt werden. Hieß das Ding nicht *The Twin Spin*? Jeder sucht sein Glück auf seine Art. Mir reichen schon diese Farben da draußen und die frische Brise, die vom Wasser zu uns heranweht.

Jan schweigt.

Joachim: Komm, lass uns doch mal ein Gedicht fürs Tagebuch schreiben!

Jan: Ach Papa, du weißt doch, dass ich so was nicht gerne mache.

Joachim: Gut. Ich schreibe ein Gedicht. (nach einer Weile) Willst du mein Gedicht hören?

Jan: Ja.

Joachim (liest):

Ziehen zwischen alten Steinmauern
Mit Moos und Flechten bewachsen
Ein Schafsbock wartet stolz, um uns
Seine geschwungenen Hörner zu zeigen
Dann schleicht er seitlich durch einen Spalt
Verschwindet im neblig grünen Farn
Balancieren übers Geröll hinunter
In sumpfige Wiesen endlich wieder bergauf
Herb und würzig die Kräuter und der Tierdung
Eine wasserüberströmte Steiggasse hinauf
Durch ein lauschig schattiges Eichenwäldchen
Vorbei an der Ruine einer Bauernkate
Alles verlassen und doch voller Seelen
Hinterm Bergrücken silbrig gleißend die See.

Gefällt es dir?

Jan: Ja. Schön.

Joachim: Kannst du es nachvollziehen, ich meine das, was ich beschrieben habe?
Jan: Ja, gut.
Dann hatte ich die phantastische Idee, aus den short stories diejenigen englischen Wörter herauszusuchen, die etwas mit unserer eigenen Erfahrung mit der irischen Landschaft zu tun hatten:

Landschaft: bleak – öde, trostlos; lined – zerfurcht; bog – Torfmoor, Sumpf; turf – Torf; rolling hills – wellige Hügel; stone scattered – mit Steinen übersät; boghole – Sumpfloch; to run to furrows – Furchen aufweisen; humps and hollows – Buckel und Senken; grassy bank – Grasböschung; high ground – Hochland; fells – felsiges Hochland...

Landwirtschaft: paddock – Koppel; drain – Abflussrinne, Graben; byre – Kuhstall; hayshed – Heuschober ...

Gebäude: hovel – Hütte; monastery – Kloster; ramshackle – morsch, baufällig, altersschwach; boarding house – Gästehaus, Pension; slate – Dachziegel, Schindel ...

Pflanzen: heather – Heidekraut; elderflower – Holunder; honeysuckle – Geißblatt; scented – duftend; hazel – Haselnussstrauch; briar – wilde Rose, Dornbusch; weed – Wildkraut; ragwort – Jakobskraut; thistle – Distel; common dock – Ampfer ...

Tierwelt: drone – Brummen, Summen (Insekten!); to assault s.o. – auf jemanden losgehen, anfallen (Insekten!); ewe – Mutterschaf; sheep dog – Hütehund; faeces – Kot, Exkremente, Fäkalien; cowdung – Kuhmist, Kuhfladen ...

Wege: lap – Wegstück, Wegstrecke; to pace up and down – auf und abgehen; corkscrew road – Serpentinen; imprint – Spur, Spuren; to shun s.o. – jemanden meiden, aus dem Weg gehen (Rinder!) ...

Wasser: splash – Spritzer, Platscher; spray – Gischt; to well – strömen, stürzen …

Getränke: porter – dunkles Starkbier; froth – Schaumkrone ...
Wetter: haze – Nebel, Dunst ...
Mythologie: banshee – irische Todesfee ...
Transport: horsedrawn traffic – Pferdefuhrwerke ... Ich las Jan das Ergebnis meiner Wörtersuche vor. Glaubst du nicht auch, dass wir die Wörter leichter behalten, wenn sie etwas mit unserer unmittelbaren Erfahrung zu tun haben? Jan glaubte das auch und ich las meine Liste noch ein zweites Mal vor.

7. August 2003. 6.00 Uhr aufstehen, 6.30 Uhr Frühstück, 7.35 Uhr Bus nach Killarney. Da der Bus eine gute halbe Stunde Verspätung hatte, verkürzte ich mir die Zeit, indem ich mit drei polnischen Mädchen plauderte, die auch an der Haltestelle warteten. Wir fuhren über Cahersiveen, Glenbeigh und Killorglin. So kamen wir einmal den ganzen Ring herum.

In Cahersiveen stieg auch Robert wieder ein. Wir erzählten uns, was wir in der Zwischenzeit erlebt und gemacht hatten. Am Busbahnhof verabschiedeten wir Robert und gingen ins Zentrum, um etwas Proviant zu kaufen. Zuvor stöberten wir in einem Buchladen und kauften Geschenke. Für Karin ein Märchenbuch von Oscar Wilde, mit herrlichen Illustrationen, und für Philipp ein sehr gut gemachtes Buch über Landwirtschaft, ein Buch, das er im Laufe des fünften Schuljahres, wo er zum ersten Mal Englisch in der Schule hat, lesen können müsste.

Auch fanden wir etwas für uns selbst. Ich kaufte das Buch von John O'Donohue über *Spiritual wisdom from the celtic world*, in dem ich während des Aufenthaltes auf der Farm schon gelesen hatte. Jan wählte für sich *König der Diebe*, von Cornelia Funke, auf Englisch. Es blieb noch Zeit zum Essen und Lesen in einem Park.

Dieses letzte Mal las ich *The Lady with the Red Shoes* von Sarah Ita Daly, eine short story von 1980. *In der sorglosen Plüschatmosphäre eines Hotels in der Grafschaft Mayo im Westen Irlands kommt es zu einem geringfügigen Zwischenfall, der nicht nur Licht auf das Verhältnis zwischen Iren und den von ihnen ebenso umworbenen wie verachteten amerikanischen Touristen wirft, sondern auch auf das soziale Gefälle zwischen den dort residierenden Gästen und der armen Bevölkerung der umliegenden Gegend.*

Die schlechten Tischmanieren, das rüde Auftreten und der amerikanische Akzent einer fremden Dame ohne Begleitung erregen die Aufmerksamkeit des ältlichen Ich-Erzählers. Hinter der Fassade der reichen Amerikanerin entdeckt er die arme Irin der Vergangenheit. Die roten Schuhe des Titels bezeichnen [...] den vulgären Luxus dessen, der sich dem barfüßigen Elend der Westküste durch Auswanderung ins Land der unbegrenzten Möglichkeiten zu entziehen vermochte, dort sein schmerzliches Glück machte und sich nun den Traum der – sei es besuchsweisen, sei es endgültigen Rückkehr erfüllt, ohne zu erkennen, dass die im Herkunftsland geltenden Statussymbole sich verschoben haben (Oeser).

Solche sozialen Analysen, die überdies sprachlich noch einen Genuss darstellen, findet man ja nicht in den Reiseführern. Jan ist inzwischen ganz neugierig auf dieses kleine blassrote Reclamheftchen geworden. Er wird die Geschichten darin später einmal lesen, da bin ich sicher, und sich dabei erinnern, an Kerry. Und in diesem mehr als interessanten geographischen, sozialen, historischen, kulturellen Gelände Irland sind wir nun für eine Woche herumgekreuzt, wenn auch nur an seinem äußersten südwestlichen Zipfel, in der Hoffnung, auch nur ein klein wenig davon verstanden zu haben. Zurück mit der Ryanair nach Hahn.

14. August 2003
Inzwischen sitzen wir im ICE nach Berlin. Wir gerieten ein wenig in Stress, weil der Rhein-Sieg-Express, von Schladern nach Köln-Deutz, zehn Minuten Verspätung hatte. Zwar konnte der Zug einen Teil der Zeit wieder aufholen, fuhr dann jedoch im Schneckentempo durch ein Baustellengelände, sodass wir am Ende auf den letzten Drücker in Deutz ankamen und uns dann ziemlich beeilen mussten, Treppen hinunter, Treppen wieder hinauf, von Gleis 4 nach Gleis 1. Wir haben dann aber doch noch alles rechtzeitig geschafft. Philipp liest *Momo* und ich lese verschiedene Artikel aus der ZEIT, Texte, für deren Lektüre ich bislang eben nicht die Zeit gefunden habe. Wir sind jetzt gerade in Hamm und es ist zehn Minuten nach eins.

Joachim: Beim nächsten Mal lassen wir uns lieber gleich von der Mama nach Deutz fahren, damit wir nicht wieder diese Hektik haben.

Philipp: Ja.

Die ersten Eibrote sind schon verputzt und wir können weiterlesen. Philipp beobachtet die Geschwindigkeitsangaben. Der Zug fährt gerade mit zweihundert Stundenkilometern.

Philipp: Wenn jetzt draußen eine Maus ihren Kopf aus dem Mäuseloch steckt und dann der Zug angerauscht kommt, wird sie schnell wieder nach unten in ihrem Loch verschwinden, vor Schreck.

Wir spielen Tischfußball. Das Spiel wurde beim neuesten Micky Mouse-Heft mitgeliefert. Dann wieder Lesen. Texte zu Frederike Mayröcker, zum Tod von Reinhard Baumgart, zu Samuel Beckett.

Philipp: Ich habe mir gerade mal die Berlinkarte angeguckt und nachgeschaut, wo die ganzen Museen sind. Ich freue mich schon auf alles.

Als wir von zu Hause abfuhren, war der Himmel grau und bedeckt. Wir waren glücklich darüber, nach diesen schrecklich heißen Tagen. Aber jetzt, wo wir von Hamm in Richtung Hannover fahren, wird der Himmel langsam wieder blau. Es gibt nur noch einige weiße Sommerwolken.

Philipp: Wo sind wir hier?

Joachim: Ich kann nur nach dem Zugfahrplan hier gehen. Wir fahren von Hamm nach Hannover.

Philipp: Das sind einhundertzehn Kilometer.

Joachim: Da kommen wir gerade durch einen Ort. Er heißt Löhne. Aber viel sagen tut mir das nicht. Ich kenne die Gegend nicht sehr gut. Du?

Philipp: Nein, aber ... wir sind jetzt in der Nähe der Porta Westfalica und sind gerade an einem Denkmal vorbeigefahren, das oben auf einem Berg steht. Eine Art Säulenhalle. Außerdem sind wir gerade an Minden vorbeigekommen, wo sich das berühmte Wasserkreuz befindet.

Joachim: Wo du ja ursprünglich mal hinwolltest. Umso interessanter, dass wir gerade jetzt hier durch diese Gegend fahren. Nur schade, dass wir nicht schnell mal aussteigen können, um die Städte und Denkmäler, die du sehen wolltest, zu besichtigen.

Philipp: Ja.

[...]

Joachim: Weißt du noch, als wir in Venedig waren?

Philipp: Klar.

Joachim: Wir beschäftigten uns gedanklich doch einigermaßen viel mit Giacomo Casanova. In seinen Memoiren, aufgeschrieben im böhmischen Dux, wo auch meine Freundin Kveta herkommt, sie spielte als Kind in der Nähe des Schlosses, wo Casanova nach seiner Flucht aus den *piombi* unterkam. Vom Innenhof des Palazzo Ducale kann man hochsehen zu den vergitterten Fenstern. Zirka acht Zellen unter den Bleidächern, speziell für Leute, die der

Republik Venedig geistig gefährlich wurden. Schade, ich wäre so gerne zu dem Dachboden hochgegangen. In der Etage drunter waren wir ja. Es wäre ein tolles Gefühl gewesen, das Loch in der Decke zum Stockwerk drunter zu sehen.
Philipp: Sicher haben sie es längst wieder zugemacht.
Joachim: Allein schon, um sich nicht zu blamieren. Unter den Bleidächern, diese Hitze dort oben und die Flöhe, die Ratten, die gelungene Flucht schließlich... solche Schilderungen sind ja hochspannend ...
Philipp: Ja, es war spannend wie ein Krimi, das anzuhören, jetzt wo ich Venedig gesehen habe...
Joachim: Weißt du noch letzten Herbst in den Cinque Terre?
Philipp: War schön. (Er schaut aus dem Fenster. Landschaften ziehen vorbei).
Die Wanderungen in der Cinque Terre waren sehr erholsam, für Körper und Geist, für uns alle vier. Ein sehr meditativer Weg, immer der Küste entlang, rauf und runter, durch Olivenhaine und Weinberge, den Fuß immer wieder auf Natursteine gesetzt, eine jahrhundertealte Verbindung zwischen den Küstenorten. Vor drei Jahren war ich mit Jan schon mal dort. Vernazza, dieses kleine Dörfchen auf den Klippen ist ein Juwel. Schaukelnde Fischerboote, eine piazza, eine Bar, bunte Häuser, eng aneinander gedrückt. Karin und ich tranken espresso oder cappuccino.

Jan und Philipp immer flink mit ihren Teleskopstöcken, die hier sehr nützlich sind, auf dem Weg, mal unterbrochen von gelato oder biscotti. Sie waren so sehr damit beschäftigt, die neuen Biegungen und Wendungen auszukundschaften, dass sie gar keine Zeit hatten, miteinander zu streiten. Trotzdem gehen wohl diese Reisen in der Viererkonstellation ihrem Ende entgegen. Die unterschiedlichen Interessen sind kaum noch miteinander vereinbar. Ein halber Tag in Mailand war der Abschluss, vor allem im lebendigen Viertel

Ticinese, wo es nicht so kühl zugeht wie im schnittigen Zentrum. Dann wieder in den Schlafwagen und schön gemütlich über den Gotthardpass zurückgezockelt. Das kann ich schon genießen, und die Kinder kriechen auch lieber in so eine gemütliche Koje, als dass sie in ein Flugzeug steigen.
Philipp: Ja... Erzähle mir doch einmal von einer interessanten Reise, die du gemacht hast.
Joachim: Vielleicht von meiner Fahrt nach Tschechien, im vergangenen Oktober?
Philipp: Gut.
Joachim: Ich fuhr doch zu diesem sonderpädagogischen Kongress nach Brünn, über Wien, mit einem Schlafwagen. Bemerkenswert an jenem Kongress war, dass es ganz furchtbar chaotisch zuging (Pädagogen!). Birgit, sie ist Professorin an der Universität in Hamburg, hatte mich nun motiviert mitzufahren und mich dort einzubringen. Es war ein verlängertes Wochenende über den 3. Oktober. Nun, die üblichen Vorträge, Arbeitsgruppen usw. Meinen vorbereiteten Text konnte ich bei der verrückten, x mal geänderten Rahmenstruktur nur im Ansatz reinbringen, aber er wird wohl in einem Tagungsband veröffentlicht werden. Ich habe das diesmal als Dialog konzipiert. Sylvia fragt mich und ich antworte. Ich glaube, das ist so etwas abwechslungsreicher für die Zuhörer und optisch besser durchgegliedert für die Leser. Im Workshop selber ließ ich den Part von jemand anderem lesen. In Brno, also in Brünn, das war eine reine Dozenten-, Professoren- und Wissenschaftlertagung, mit Leuten aus Deutschland, Schweiz, Österreich, Tschechien und der Slowakei – und vielen Vorträgen. Professor Klein aus Bratislava würdigte zum Beispiel das Erbe von Janusz Korzcak für die Sonderpädagogik. Seine historischen Rekonstruktionen waren sehr bewegend. Schon gehört? Korzcak?

Philipp: Nein.
Joachim: Er leitete ein jüdisches Waisenhaus in Polen. Als die Nazis die Kinder abholten, um sie in ein Vernichtungslager zu bringen, blieb er bei ihnen bis zum Schluss. Er ging mit ihnen in den Tod.
Philipp schweigt und schaut mich an.
Joachim: Du brauchst jetzt nichts zu sagen. Über das Thema können wir später noch einmal reden. Komm, ich erzähl noch was von dem Kongress. Besonders schön war das Abend- und Nachtprogramm, mit Essen und Weinprobe in einem Weinkeller aus dem 13. Jahrhundert in Südmähren. Die Tschechen haben Seele, ich höre noch die Geigen und die Rhythmusinstrumente, dazu diese köstlichen Tropfen. Was wir da alles probieren durften, dazu mysteriöse Geschichten von Kreuzrittern oder anderen konspirativen Vereinigungen, die sich in den Steingewölben tief unter der Erde versteckt hielten. Und feiern können die Tschechen, das wusste ich schon von Kveta, und so setzte ich mich zu Wanda, Lenka, Vera und Pavel. Wandas Wangen glühten jedenfalls, Lenkas Augen leuchteten und Pavel war auch voller inneren Feuers, als wir aus dem Reich der Eichenfässer wieder zurückkehrten an unseren Tisch unter dem Steingewölbe und erneut die Fideln der Musikanten jaulten, was sie nur konnten und die Sänger heizten auch kräftig ein. Es war alles wie ein warmes, prasselndes Kaminfeuer...
Philipp: Nur gut, dass du ab und zu rauskommst und solche Fahrten machst ...
[...] auf der Strecke zwischen Wolfsburg und Berlin und fahren wir gerade mit der Höchstgeschwindigkeit von zweihundertfünfzig Stundenkilometern. Ich lese jetzt italienische Verbtabellen. Und Philipp streckt und reckt sich und will endlich ankommen.

[...] jetzt in der U-Bahn Richtung Pankow [Jaulen und Rattern auf dem Tonband], ziemlich warm hier, und wir sehen mal, wie schön klimatisiert der ICE doch ist. Vom Bahnhof Zoo aus haben wir unsere Vermieterin angerufen, um ihr zu sagen, dass wir mit etwa zwanzig Minuten Verspätung am Zoo angekommen sind und entsprechend später in der Brüderstraße sein werden ... inzwischen in der Wohnung, in der Brüderstraße. Frau N. hat uns empfangen, eine Russin, die 1936 in Moskau geboren worden ist. Sie verhält sich sehr freundlich, sehr quirlig und locker. Sie hat uns alles gezeigt, gesagt, worauf wir achten müssen. Es wurde ein Mietvertrag gemacht, das Geld bezahlt. Sie sagte uns, wo wir einkaufen können. Die Betten sind bereits bezogen und Handtücher für die erste Dusche liegen bereit.
Philipp: Ich bin müde.
Joachim: Frau N. hat dich ja ganz herzlich begrüßt. Sie hat auch selber Kinder und Enkelkinder.
Philipp: Und Tee hat sie mir angeboten und ein Stück selbstgemachten Kuchen mitgebracht. Hat lecker geschmeckt.
[...] Wir waren gerade in der Stadt und haben alles Nötige für heute Abend und für den morgigen Tag eingekauft, Toast, Honig, Käse, Wurst und andere Sachen. Ich habe soeben die Lebensmittel in den Kühlschrank gepackt und mich ein wenig in der Küche orientiert. Gar nicht so einfach. Alles sehr provisorisch hier, ein wenig wie in einer Studentenbude, zumindest in der Küche. Ich habe schon mal angefangen, den Tisch zu decken und einen Obstteller hingestellt. Den Inhalt der Koffer und Rucksäcke haben wir in die Schränke und Schubladen verfrachtet. Es gibt in der Wohnung eine kleine Ansammlung von Büchern und Broschüren über Berlin. Frau N. hat auch noch einen Stapel Kinderbücher mitgebracht, aus ihrem Haus, draußen auf dem Land, in Straußberg. Philipp liest.

Joachim: Was liest du Schönes ?
Philipp: Ein Buch über Ost-Berlin.
Joachim: Da sieht man was von der Mauer ... , zeig mal... da siehst du auch die Grenze, wie sie durch die Stadt verlaufen ist. Was hast du noch entdeckt?
Philipp: Ein Bild von einem, der aus einem Haus rausgesprungen ist, um in den Westen zu kommen.
[...]
Joachim: So, jetzt haben wir alles auf dem Tisch. Wir können essen.
Philipp: Gouda, Streichkäse, Pfirsiche, Salami, Brot, eingelegte Gurken, Butter, frische Vollmilch, Erdnussbutter, Buttermilch und Weintrauben.
[...]
Joachim: Was war nun mit dem U-Bahn-Schacht?
Philipp: Da stand doch: Außer Betrieb.
Joachim: Stand da nicht Fischerinsel drauf?
Philipp: Ja. Wenn man den Tunnel gebaut hat, dann kann man den doch nicht so einfach da leer stehen lassen. Da muss man doch irgendwas mit machen.
Joachim: Vielleicht ist es ein Nebentunnel oder ein Zugang zu irgendwas.
Philipp: Aha. Ich guck gleich mal auf dem Stadtplan.
[...] Wir stehen in der Brüderstraße, vor einem Haus, das gleich an das unsrige, die Nummer 14, angrenzt. Das Gebäude, in dem wir wohnen, scheint ein DDR-Plattenbau zu sein. Gleich daneben befindet sich jedoch ein sehr interessantes historisches Gebäude. Neben dem Holztor hängt eine Schrifttafel...
Philipp: Aus Bronze!
Joachim: Ja, da steht nun in Bronze gegossen: Nicolaihaus, 1674 auf mittelalterlichen Grundmauern erbaut, mehrfach umgebaut, erweitert, im 18. Jahrhundert und dann steht hier, dass sich 1813 der Landsturm des Brüderstraßenbe-

zirks in diesem Haus versammelt hat. Was ist wohl mit Landsturm gemeint? Hast du eine Ahnung?

Philipp: Nö.

Joachim: Und in unmittelbarer Nähe des Nicolaihauses, steht hier weiter, fanden am 18. und 19. März 1848 heftige Barrikadenkämpfe statt.

Philipp: Was ist damit gemeint? Barrikaden?

Joachim: Da wurden in den Straßen Holzkarren, alte Türen oder Bretter aufgestapelt, um sich dahinter zu verstecken und zu schießen.

Philipp: Spannend. Klingt aber auch gefährlich.

Joachim: Diese Kämpfe waren Teil einer revolutionären Bewegung. Die einfachen Menschen lehnten sich gegen die Herrschaft von König und Adel auf. Sie wollten Freiheit, gleiche Rechte und Mitbestimmung.

Philipp: Und kamen sie durch damit?

Joachim: Eher nicht. Jedenfalls dauerte es noch eine ganze Weile, bis wir zu der Gesellschaftsform und dem politischen System gekommen sind, das wir heute haben. Da müssen wir uns mal näher mit beschäftigen.

Philipp: Da war richtig was los hier in der Straße.

Joachim: Und wir wohnen hier, nur einige Jahre später halt.

Philipp: Was ist das Gebäude mit dem Riesentor? Das da drüben, auf der anderen Seite, mit den Ampeln?

Joachim: Es handelt sich auf jeden Fall um ein ziemlich modernes, ja neu errichtetes Gebäude. Auf einem Schild stand etwas von Versorgungsfahrzeugen, die ein- und ausfahren. Gucken wir später mal genauer hin. Aber hier: Museum Nicolaihaus. Da können wir vielleicht auch mal reingehen, o.k.?

Philipp: Ja.

Joachim: Hier haben wir die verschiedensten Baustile direkt nebeneinander. Schau mal. Das eine ist diese typische DDR-Bauweise, wo sie die Häuser aus immer gleich großen Betonplatten zusammengesetzt haben und dann hier eine hübsche barocke Fassade aus dem 17. Jahrhundert. Nicht schlecht was?

Philipp: Was ist denn das da für ein Gebäude?

Joachim: Da hängt eine Tafel dran. Komm, lass uns lesen.

Philipp: Süßmilch... he?

Joachim: Lies mal vor.

Philipp: In diesem Gebäude, im Volksmund Galgenhaus genannt, lebte Johann Peter Süßmilch.

Joachim: Süßmilch, geboren 1707, gestorben 1767, Universalwissenschaftler und Probst von Cölln an der Spree.

Philipp: Hier ist doch gar nicht Köln.

Joachim: Es gab hier vor langer Zeit einen Ort, der hieß auch Cölln, aber mit zwei *ll*.

Philipp: Im Supermarkt habe ich irgendwie so was gelesen: Cölln, so´n Bier.

Joachim: Siehst du... Mit seinem Hauptwerk von 1741, *Die göttliche Ordnung*, wurde er zum Wegbereiter der Bevölkerungswissenschaft und Statistik. Also ein Wissenschaftler dieser Süßmilch. Der Name klingt jüdisch... Aber wieso nennen sie dieses Haus Galgenhaus? Das müssen wir noch herausfinden. Immerhin befinden wir uns auf einem geschichtlich sehr interessanten Gelände. Zuerst habe ich ja gedacht, die Brüderstraße sei irgendeine uninteressante Nebenstraße, irgendein Niemandsland. Durch den langen Plattenbau, in dem wir wohnen und durch einige andere Gebäude in der Straße, sieht es auch so aus.

Philipp: War das denn hier Ost- oder West-Berlin, ich meine zur DDR-Zeit?

Joachim: Ost. Der Stadtteil Mitte gehörte zum Osten.

[...]

Joachim: Also das muss der Palast der Republik sein, siehst du dort, wo die Scheiben in einem Kupferrot reflektieren?

Philipp: An vielen Stellen haben sie es aber mit Brettern zugenagelt.

Joachim: Der Kasten steht schon länger leer... Damals, es war noch zur DDR-Zeit, es muss 1981 gewesen sein, war ich in diesem Palast der Republik. Da, im Großformat, das Symbol der DDR: Hammer, Zirkel, Ährenkranz. Hammer und Zirkel sind aber nicht mehr dran.

Philipp: Das habe ich doch in einem Buch gesehen, in einem Buch über Ost-Berlin.

Joachim: Eines von den Büchern in der Wohnung?

Philipp: Ja, da war Berlin eingeteilt in Gebiete, Großbritannien, Amerika, Frankreich, und halt Hammer und Sichel.

Joachim: Hammer und Sichel ist das Symbol der Sowjetunion. Die DDR hat es für sich ein wenig abgewandelt. Aber die Nähe zur sowjetischen Besatzungsmacht, zu Sowjetrussland, ist nicht zu übersehen.

[...]

Joachim: Und hier, das muss dann ja der Schlossplatz sein.

Philipp: Da hängen auch Bilder, eine Ausstellung.

Joachim: Es gibt einen Kreis von Leuten, die dieses Stadtschloss wieder aufbauen wollen. Wenn du Lust hast, werfen wir einen Blick auf die Schautafeln ...

Philipp: Klar.

Joachim: Der Geschichtszaun am Schlossplatz. Das scheint eine Art Projekt zu sein. Also, wo jetzt Palast der Republik und Staatsratsgebäude stehen, da befand sich früher das Schloss. Es war offenbar aber noch größer und nahm weitere Teile des großen leeren Platzes hinter uns ein.

Philipp: Ich lese mal was vor: *An diesem Platz stand über fünfhundert Jahre lang das Berliner Schloss, Ausgangs- und Mittelpunkt der Stadt, gegründet 1443...*

Joachim: Ein Hohenzollernschloss...

Philipp: Wo kommt denn hier die U-Bahn an?

Joachim: Hier in direkter Nähe gar nicht. Dann müssen wir in Richtung Brandenburger Tor gehen, zur Haltestelle Unter den Linden... Einer von den Herrschern hier hieß Joachim Friedrich. Hieß diesmal keiner Philipp?
Philipp: Nee. Entweder Albrecht oder Joachim...
Joachim: Da ist noch einer, der hieß Joachim Hektor, 16. Jahrhundert.
Philipp: Dreimal Joachim, zweimal Johann, einmal Georg...
Joachim (liest): Das höfische Leben fand nicht nur in der Abgeschiedenheit des Schlosses, sondern auch auf dem Schlossplatz statt, unter reger Anteilnahme der Bevölkerung... Guck mal hier, da haben sie auch Ritterturniere gemacht, hier auf dem Platz...
Philipp: Eine Stechbahn...
Joachim: Und da..., die Innenräume der Schlossapotheke, ... sieht das nicht heimelig aus, diese alten hohen Dächer, Türme und Giebel? ... Und warum ist das hier so heruntergekommen? .. Ach guck mal, 1950, Ruine des Hauses der Herzogin. So sah das früher aus.
Philipp: Das ist ja ausgebrannt.
Joachim: Nach dem Krieg. Da sind Bomben drauf geflogen.
Philipp: Aber das Gebäude ist nicht völlig zerstört worden.
Joachim: Hier ein bekannter König. Friedrich III., später umbenannt in Friedrich I., König von Preußen ... der machtpolitische Anspruch des Fürsten ... also man sieht, sie haben Architekten herbeigeholt und immerzu am Ausbau des Schlosses gearbeitet. Um 1700 herum haben sie Entwürfe gemacht nach barocken Vorbildern...
Philipp: ...öffentliche Hinrichtung auf dem Schlossplatz...
Joachim: Das sieht ja aus... inzwischen hat der Herrscher wieder mal gewechselt, jetzt heißt er Wilhelm I.. Da habe ich was gelesen von der Verschwendungssucht seines Vorgängers, und dass Wilhelm I. nun versuchte, die Finanzen wieder in den Griff zu kriegen.

Philipp: Was ist das jetzt hier?
Joachim: Plan des Petri-Kirchenturms.
Philipp: Der ist ja abgebrannt! Da siehst du das Bild!
Joachim: Der ist 1730 abgebrannt.
Philipp: Oh!
Joachim: Aber hier. Da steht, warum sie die Leute hingerichtet haben, 1718. Schlossbedienstete hatten etwas gestohlen und wurden deswegen gerädert.
Philipp: Wie geht das?
Joachim: Ich weiß es nicht genau. Ziemlich brutal die Methode.
Philipp: Oh!
Joachim: Ach sieh mal. Hier kommt noch die passende Theorie zu den Hinrichtungsmethoden. Die Qual der Hinrichtung sollte dem Sünder härtere Strafen im Jenseits, also im Fegefeuer oder in der Hölle, ersparen.
Philipp: Na ob das mal stimmt?
Joachim: Guck mal hier. Inzwischen hat die Herrschaft von Friedrich I. zu Friedrich II. gewechselt. Das ist der Sohn von dem gewesen. 1740 ist Friedrich I. gestorben und sein sehr stark künstlerisch veranlagter Sohn bestieg als Friedrich II. den Thron. Und der Junge hatte offenbar sehr unter seinem Vater gelitten, weil der so streng war und ist mit einem Freund zusammen nach England geflohen. Man hat die beiden aber erwischt und sie dann vor ein Kriegsgericht gestellt. Dieses Gericht hat ein Todesurteil gegen Friedrich, den Sohn, verhängt. Weitsichtige Berater haben jedoch den Vater dazu bringen können, auf die Vollstreckung der Todesstrafe zu verzichten. Aber man hat dann immerhin den Freund hingerichtet.
Philipp: Eine ziemlich üble Geschichte.
Joachim: So was wäre ja heute nicht mehr denkbar. Die Menschen damals hatten ein ganz anderes Bewusstsein.

Linoldruck, *Brandenburger Tor*, Philipp, 2003

Joachim: Es ist ja fast dunkel. Ich würde vorschlagen, wir machen morgen oder an einem anderen Tag hier weiter.
Philipp: Aber hier...
Joachim: Nein, lass mal. Da kommen noch so viele Schautafeln, den ganzen Zaun entlang. Wir haben noch nicht einmal die Hälfte...
Philipp: Vierundsechzig sind es... Da stand was von einer Fassade. Was ist eine Fassade?
Joachim: Die Vorderseite von einem Gebäude.
Wir gehen jetzt in Richtung der Linden und des Brandenburger Tors.
Philipp: Siehst du die Engel da oben?
Joachim: Sie machen sich gut vor dem blau glühenden Nachthimmel... Wenn du dir mal diese Fassade da anschaust. Das nennt man den klassizistischen Baustil.
Philipp: Was ist Klassizismus?
Joachim: Dieser Baustil greift auf Elemente aus der griechischen oder römischen Antike zurück. Diese Art von Säulen etwa. Antike, ist dir klar, wann das war?
Philipp: Ja. Die Jesuszeit, die Zeit unmittelbar davor und die Zeit danach.
Joachim: Genau. Du siehst hier in dem alten Kern von Berlin viele solcher klassizistischer Bauten, von Schinkel.
Philipp: Hier ist der Bebel-Platz.
Joachim: Weißt du, wer August Bebel war?
Philipp: Nein.
Joachim: Ein Mann, der sich für die einfachen Arbeiter eingesetzt hat, ein Sozialdemokrat. Arbeiterbewegung... Hier sind wir bei der deutschen Staatsoper.
Philipp: Ganz schön groß, riesig, ein bisschen bedrohlich, wenn man so direkt nach oben schaut.
Joachim: Denkst du die Decke und der Giebel über den Säulen könnten runterkrachen?
Philipp: Schon ein bisschen.

Joachim: Da haben wir es ja: Euripides. So viel ich weiß, schrieb er Theaterstücke, Tragödien, traurige Stücke also, in denen irgendetwas Dramatisches aus dem Leben geschieht. Solche Theaterstücke sollten beim Zuschauer dazu führen, dass er seine eigenen seelischen und gefühlsmäßigen Konflikte und Schwierigkeiten klärt. Der Architekt Schinkel bezog sich also auf Griechenland, auf die griechische Antike. Auch gegenüber auf der anderen Straßenseite hast du diese Säulen. Wir müssen uns mehr mit Philosophie beschäftigen. Dann verstehen wir besser, warum sie das so gebaut und gestaltet haben.

Philipp: Die brauchen hier eigentlich kein Schloss mehr aufzubauen. Guck dir das Gebäude da mal an. Es sieht doch schon aus wie ein Schloss.

Joachim: Ja, es ist wahr. Ein Schloss neben dem anderen. Vielleicht ist da eine Bibliothek drin. Da sieht man Bücher durch die hell erleuchteten Fenster... Da hinten ist ja schon das Brandenburger Tor. Willst du wirklich noch hingehen, heute Abend?

Philipp: Ja.

Joachim: Da, das Reiterstandbild. Sicher einer der Preußenkönige. Er reitet nach Osten. Das mit der Himmelsrichtung ist sicher kein Zufall.

Philipp: Wieso?

Joachim: Sie haben Teile von Osteuropa erobert und beherrscht. Kunstwerke standen oft im Dienste der Macht.

Philipp: Auf dem Brandenburger Tor sind doch auch solche Pferde drauf, oder nicht?

Joachim: Wir sehen es uns am besten aus der Nähe an. Mensch Philipp, wir gehen hier über die berühmte Straße Unter den Linden. Ob das noch die alten Linden sind? Ich meine die Bäume jetzt.

Philipp: Die sehen noch eher jung aus.

Joachim: Vielleicht neu bepflanzt... Nette Atmosphäre hier.

Philipp: Lindencorso...
Joachim: Büroräume mit greller Kunst aufgepeppt...
Philipp: VW ...
Joachim: Schon wieder? Kamen wir nicht heute noch an den VW-Werken in Wolfsburg vorbei?
Philipp: Der Käfer da!
Joachim: Eine Neuauflage, eine Variation zum alten Käfer. In den siebziger Jahren hatten wir zu Hause einen Käfer.
[...]
Joachim: Die Botschaft der russischen Föderation ... Siehst du den Eingang, die Türen? Eine ziemlich edle Gestaltung. Und darüber die Fenster mit der Glasmalerei? ... und da eines der berühmtesten Berliner Hotels, das Adlon. Wenn du später mal Manager bist, dann kannst du hier absteigen. Als Sonderschullehrer kann ich es nicht bezahlen. Sieh dir mal die Fassade an...
Philipp: Sieh dir mal die Diener da an.
Joachim: Die helfen dir gleich mit dem Gepäck, wenn du ankommst. Liegt finanziell aber leider über unseren Möglichkeiten. Ich hoffe, es stört dich nicht so.
Philipp: Na ja, nein.
Joachim: Aber deshalb habe ich ja extra eine Zweizimmerwohnung für uns angemietet, damit wir in unserer Berlinwoche ein bisschen Platz zur Verfügung haben.
[...]
Joachim: Jetzt hast du endlich das Brandenburger Tor vor dir. Deshalb sind wir ja eigentlich gekommen, oder? Bist du beeindruckt?
Philipp: Ja, sehr... Da oben sind ja Stufen.
Joachim: Wo siehst du Stufen?
Philipp: Da oben, zu dem Wagen hin.
Joachim: Auf dem Dach?
Philipp: Ja.
Joachim: Meinst du, man kann da heraufgehen?

Philipp: Vielleicht.
Joachim: Was wird denn da gebaut, auf dem Platz vor dem Tor?
Philipp: Es sieht aus wie die Erde, eine Erdkugel.
Joachim: Aber wenn du mal an die Sechsecke denkst.
Philipp: Eine Bienenwabe.
Joachim: Auch, könnte aber noch was bedeuten.
Philipp: Ah, ein Fußball! Ein Riesenfußball! ... Wir sind hier auf dem Pariser Platz. Diese Plätze sind ja immer schön gemacht, mit den Schildern.
Joachim: Die Schilder aus weißen Emailletafeln, mit Metalleinfassung und Verzierung.
Philipp: Das war ja auch hinten auf dem anderen Platz.
Joachim: Dem Bebel-Platz.
Philipp: Genau.
Joachim: Schau doch noch mal oben zu den Pferden aufs Dach des Brandenburger Tores. Siehst du den Wagen und den Wagenlenker dahinter?
Philipp: Ja.
Joachim: Man nennt die gesamte Gruppe die Quadriga. Schon mal gehört?
Philipp: Nee, noch nicht so viel. Sonst habe ich das Brandenburger Tor schon mal im Fernsehen gesehen.
Joachim: Gibt es irgendetwas, was du jetzt mal weiter herausfinden willst?
Philipp: Wie alt die Quadriga ist? Wer sie gebaut hat?
Joachim: Wir werden das nachlesen.
Philipp: Komm wir gehen noch mal näher ran.
Joachim: Siehst du unter dem Torbogen die Reliefs. Siehst du die Bildmotive?
Philipp: Ja.
Joachim: Scheint sich um bestimmte geschichtliche...
Philipp: ... Ereignisse...

Joachim: ... zu handeln... da ein Kampf ... Vielleicht finden wir in einem Buch Informationen darüber, welche Szenen dort dargestellt werden... Schau, da hinten!
Philipp: Ach der Reichstag!
Joachim: Die Kuppel aus Glas. So weit sind wir schon. Da gehen wir aber jetzt nicht auch noch hin.
Philipp: Das heben wir uns auf für einen anderen Tag. Gehen wir denn noch zum Fernsehturm?
Joachim: Ne, pass mal auf...
Philipp: Eine Sache möchte ich noch gucken.
Joachim: Ja.
Philipp: Eins, zwei, drei, vier, fünf, sechs.
Joachim: Säulen?
Philipp: Ja, sechs Säulen und wie viele Durchgänge? Eins, zwei, drei... fünf, ne? Fünf Durchgänge und sechs Säulen, die das Obere abstützen.
Joachim: Und hier hinter war bis 1989 die Grenze zwischen Ost-Berlin und West-Berlin.
Philipp: Die Mauer war aber ein kleines Stück vom Tor weg.
Joachim: Hast du das irgendwo gelesen oder auf einem Bild gesehen?
Philipp: Ja.
Joachim: Jetzt treten wir aber den Rückweg an.
Philipp: Ja. Es sieht wirklich beeindruckend aus.
Philipp stellt sich direkt über einen in den Boden eingelassenen Strahler.
Joachim: Du siehst auch beeindruckend aus, so schön angeleuchtet.
Philipp (lacht): Die Gebäude daneben. Was ist das denn?
Joachim: Zwei Seitenteile, die offenbar dazu gehören. Dadurch sieht das Brandenburger Tor ein bisschen kompakter aus... Wir schauen jetzt mal auf die Uhr, um zu sehen,

wie lange wir zu Fuß von hier aus bis zu unserer Wohnung brauchen.
[...]
Joachim: Sind dir auch die ganzen Bären aufgefallen?
Philipp: Ja, einmal ein Bär, der einen Kopfstand gemacht hat. Ein großer brauner Zottelbär. Und ein Bär, der angezogen auf allen Vieren stand. Dann noch einer, der aufrecht stand. Also der Bär muss ja bedeutend für Berlin sein... Ist jetzt auch der Bundeskanzler hier, oder ist er auf Mallorca oder sonst wo?
Joachim: Das war ja der große Sommerskandal, dass Schröder seinen Italienurlaub abgesagt hat, aber wo er stattdessen den Sommer verbringt, weiß ich im Moment auch nicht... So, wir sind schon wieder vor dem Palast der Republik angelangt... Wirkt ja gespenstisch, jetzt im Dunkeln... Kennst du irgendeinen bekannten DDR-Politiker mit Namen?
Philipp: Nee.
Joachim: Dann merke dir doch schon mal den Namen Erich Honecker...
[...]
Joachim: Sechsundzwanzig Minuten Fußweg waren es nun, vom Brandenburger Tor bis zur Brüderstraße.
Philipp (über den Stadtplan gebeugt): Also wir sind hier unten losgegangen, über die Spree, ein Nebenarm von der Spree, woher sind wir denn weiter gegangen?
Joachim: Über die Breite Straße, dann über den Schlossplatz...
Philipp: Karl-Liebknecht-Straße... Ach hier waren ja die Schilder ...
Joachim: Hier beginnen die Linden... Wolltest du unseren Weg noch mal auf der Karte nachvollziehen?
Philipp: Ja.
[...]

Wir haben schon nach 23.00 Uhr. Ich sitze längst entspannt bei einem Berliner Kindl, nach einer Dusche, aber Philipp ist noch einmal aufgestanden und muss doch noch ein weiteres Mal den Stadtplan studieren und überlegt jetzt, was wir morgen früh machen können. Wir blättern noch ein wenig in einem Buch zur Geschichte Berlins.
Philipp: ... Brandenburger Tor 1920, da fahren noch Autos durch ... Reichstag und Brandenburger Tor 1945 ...
Joachim: Hier sieht man auf einer Karte, welche Straßen und Stadtbezirke genau zu Ost-Berlin gehört haben. Da sind wir herumgelaufen. Die Brüderstraße liegt zwischen Spittelmarkt und Schlossplatz, das heißt mitten im ehemaligen Ostberlin.

15. August 2003
Joachim: Noch einen Toast?
Philipp (kaut): Hm, ja.
Joachim: Auch noch etwas Müsli? ... Auch wenn du es nur aus Vernunftgründen isst, es gibt wenigstens Energie... Gestern Abend, als du schon geschlafen hast, habe ich noch ein wenig in den Geschichtsbüchern geschmökert ..., interessante Informationen über das Schloss, über den Palast der Republik, vor allem über den Mauerbau... (Popmusik aus dem Radio, ein Berlinsender ...). Das Interessante war, dass eines der Bücher hier aus der Wohnung Anfang der achtziger Jahre in einem DDR-Verlag erschienen ist und dann las ich in einem Buch über Ost-Berlin aus einem Westverlag, aus derselben Zeit. Wie unterschiedlich die geschichtlichen Abläufe dargestellt und ausgelegt werden... Wie ist deine Stimmung heute morgen?
Philipp: Mmmmh.
[...] Wir haben uns die Wohnung inzwischen angeeignet. Die Küche ein wenig umgeräumt, einige für uns unnötige

Dinge rausgetan und in einer Kammer abgestellt. Dann mal alles gut durchgelüftet. Von draußen kommt heute eine sehr frische Brise rein, worüber wir sehr froh sind. Wir schliefen nämlich immer noch bei einer durchschnittlichen Temperatur von etwa 26 – 28 Grad, die ganze Berliner Woche lang. Dann haben wir noch einmal in den Büchern und Broschüren geblättert. Schließlich einen Tagesrucksack gepackt mit etwas Proviant und Getränken und dann zu Fuß zum Alexanderplatz. Erneut kamen wir am Palast der Republik vorbei.

Joachim: Damals, also im Juni 1981 habe ich dort einen Kaffee getrunken. Man musste Geld umtauschen beim Grenzübertritt, so und soviel Ostmark hatte ich dann und für irgendetwas musste ich die ja ausgeben. Ich kaufte mir, so glaube ich, zwei Bücher, darunter eine Lebensbeschreibung zu Rosa Luxemburg, die ja in der DDR als Heldin der Revolution verehrt wurde. Ich erinnere mich, dass ich in der Vorhalle an einer Art Bar saß und dann durch dieses kupferfarbig getönte Glas nach draußen auf den Vorplatz schauen konnte. Ich meine, ich hätte unmittelbar das DDR-Symbol, also den Ährenkranz mit Zirkel und Hammer vor mir gehabt. Erinnerungen ...

Philipp: Und das hier müsste jetzt das Rathaus sein. Es ist aus Ziegelsteinen gebaut. Es hat an manchen Stellen Reliefs zur Verzierung. Was ist das für ein Baustil, romanisch?

Joachim: Eher gotisch...

Philipp: Aber auch nicht ganz...

Joachim: Sagen wir gotische Elemente, wahrscheinlich ist es diese Backsteingotik, wie man sie viel im Ostseeraum, auch in Lübeck, findet. Diesem Baustil fehlt es ein wenig an Leichtigkeit und Eleganz, oder? Und deshalb mag man in der Tat an den romanischen Baustil denken. Wir schauen das in einem Buch nach.

Philipp: Ein hoher Turm. Oben die Europafahne, daneben die Deutschlandfahne und die Berlinfahne.

[...] Wir haben soeben im Touristenbüro unten im Fernsehturm einen Drei-Tage-Pass für die Berliner Museen erworben und Netzfahrkarten für zwei mal drei Tage, für U-Bahn, S-Bahn und Bus.

[...] Wir stehen gerade in der Halle des Naturkundemuseums und haben soeben mit einer temperamentvollen Hamburgerin ein paar Sätze ausgetauscht, draußen auf einer Bank, im Park. Wir versuchen, zu einer ersten Orientierung zu gelangen. Wenig später stehen wir vor dem Skelett des Brachiosaurus Brancai.

Joachim: Was sagst du nun?

Philipp: Boh, ist der hoch!

Joachim: Wie hoch ist das Skelett?

Philipp: Zwölf Meter.

Joachim: Wo haben sie ihn denn ausgegraben?

Philipp: In Afrika.

Joachim: Da steht es ja, auf der Tafel. Das war in Ostafrika, 1909 bis 1912.

Philipp: Da sieht man noch die Leute bei den Ausgrabungen. Die einzelnen, ausgegrabenen Teile haben sie später wieder zusammen gesetzt.

Philipp macht jetzt ein Photo und beklagt sich, dass er nicht das ganze Skelett vor die Linse bekommt.

Joachim: Hier ein Plesiosaurier. So haben sie sich ja auch das Ungeheuer von Lochness vorgestellt. Und hier der Urvogel Archeopteryx. Ein Abdruck in einer Steinplatte. Ein ungewöhnlich genauer Abdruck. Man erkennt wirklich sehr gut Gefieder und Skelett.

Philipp: Hier sind noch mehr Urvogelfunde.

Joachim: Wo haben sie die denn eigentlich gefunden? Kannst du das irgendwo nachlesen?

Philipp: Hier, Fundorte...

Joachim: Zum Teil in Bayern, Nürnberg, bei Regensburg...
Philipp: Altmühltal ...
Joachim: Aber auch in Polen und Skandinavien ...
Philipp: ... und der hier wurde gefunden bei Eichstätt ...
Joachim: Das liegt in der Nähe von München.
Philipp: Da, ein Raubdinosaurier.
Joachim: Sieh mal die Zähne!
Philipp: Stell dir vor, der käme jetzt angelaufen.
Joachim: Wir müssten uns schnell verstecken, vor diesem Monster.
Philipp: Der konnte bestimmt schnell laufen.
Joachim: Siehst du die Beine?
Philipp: Hm.
Joachim: Länge 2,35 Meter, Höhe 1,10 Meter, gab es denn auch so kleine Dinosaurier? Oder war das ein Dinokind?
Philipp: Nein, es gab so kleine auch. Manche waren gar kleiner als der Mensch.
Joachim: Dysalotosaurus ... Ostafrika, Tanzania. Da haben sie das Skelett her ... Expedition 1909 – 1912... Das waren ordentliche Expeditionen, die sie gemacht haben. Hier, ein Professor mit seinen Mitarbeitern, unterwegs ...
[...]
Joachim: Sieh da, die Käfer! Der dort, der so grünlich schimmert! Ist ja herrlich, dieses Grün!
Philipp: Auch da unten der, der Rotgrüne!
Joachim: Dann die Glaskästen mit den Schmetterlingen...
Philipp: Wo lebten die denn?
Joachim: Steht es nicht dabei? Der hier ist aus Südamerika, der aus Afrika, ... Sieh mal dieses Vieh hier, oh!
Philipp: Ist das jetzt ein Käfer oder ein ... ?
Joachim: Es ist ein Goliath-Käfer.
Philipp: Der hat seine Flügel aber weit ausgeklappt.

Joachim: Da, eine Stechmücke in sechzigfacher Vergrößerung, ein Hausmückenweibchen in Flughaltung. Wo ist denn der Stachel?
Philipp: Sicher ganz vorne, das Lange da.
Joachim: Brrr, was sieht die aus... Diese Informationstafel ist über den Modellbauer Alfred Keller und über seine berühmten Insektenmodelle. Er hat sein Leben lang Modelle von Mücken, Flöhen und anderen kleinen netten Tierchen gebaut. Anscheinend hat er eine bestimmte Methode für den Modellbau entwickelt.
Philipp: Hier geht es jetzt zur Mineraliensammlung.
Joachim: Ich sehe es schon leuchten und funkeln... Weißt du noch? Sulfate, Chromate, Molybdate, Wolframate, Nitrate, Borate, Silikate ... was wir gelesen haben zuhause.
Philipp: ... und was die Frau eben erzählte, die Frau aus Hamburg, die den kleinen Jungen mit dem Teddybär beobachtet hat, hier in der Mineraliensammlung ...
Joachim: Der kleine Junge, der seinen Teddy immerzu fragte, ob ihm dieser oder jener Stein besser gefalle... Das ist jetzt etwas für Wissenschaftler hier...
Philipp: Gips, Gips, Gips...
Joachim: Gips? ... *Selenit, monoklin-prismatisches Mineral, farblos oder weiß, bisweilen gefärbt...* Es ist also nicht der Gips, mit dem wir zu Hause Löcher in den Wänden zuschmieren, sondern ein Mineral.
Philipp: Die ganze Vitrine hier ist voll Gipsmineralien.
Joachim: ... Barit ... Komm, wir verschaffen uns erst mal einen groben Überblick ... Da, Karbonate, Borate, ... siehst du diese Einteilungen, komm, für einen ersten Überblick, ... Oxide, Halogenide ... hier: russische Reise von Alexander von Humboldt mit dem Geologen Christian Gottfried Ehrenberg ... und auf dieser russischen Reise von Berlin über Königsberg, St. Petersburg, Moskau ... immer weiter in den Osten, haben sie diese Ausgrabungen ge-

macht, im Ural, am Kaspischen Meer. Und das alles mit dem Pferdewagen. 15500 Kilometer haben sie zurückgelegt, um die Gesteine in diesen Gegenden zu erforschen.

Philipp: Von Humboldt, dem Naturforscher, habe ich auch schon gehört ... Hier ein Diamant.

Joachim: Ein echter?

Philipp: Aus dem Ural... Müssen die nicht Angst haben, dass hier eingebrochen wird, bei den wertvollen Steinen?

Joachim: Vor den Fenstern sind Gitter und sie werden Wachleute haben.

Philipp: Hier sind Messgeräte.

Joachim: Und was wird damit gemessen?

Philipp: Zur Winkelmessung von Kristallen.

Joachim: Damit haben sie die Steine vermessen. ... Und dieser Herr Christian Samuel Weiß, war das auch ein Forscher?

Philipp: Professor für Mineralogie.

Joachim: Hier, organische Verbindungen ... Silikate ...

Philipp: Guck mal der hier!

Joachim: Oh, ein Philippsit! Das gibt es also auch! Vom Kaiserstuhl in Baden-Württemberg. ... Philippsit, das ist gut. Das ist ja witzig, da strahlst du. Den müssen wir uns besonders gut angucken.

Philipp: Noch einer.

Joachim: Wo kommt denn der diesmal her? ... Luban an der Quisa, Zlask, Polen. ... Achtest du mehr darauf, wie die Steine heißen und wo sie herkommen oder mehr darauf, wie sie aussehen?

Philipp: Eigentlich beides. ... Hier ein Pyrit, von Rügen.

Joachim: Ein Feuerstein.

Philipp: Sehr beeindruckend.

Joachim: Wieder ein Philippsit.

Philipp: Davon habe ich schon fünf Stück gesehen.

Joachim: Dieser Philippsit stammt vom Siebengebirge bei Bonn. Das ist ja nicht weit von uns entfernt.
Philipp: Und einer vom Vesuv bei Neapel.
Joachim: Hier ist noch einer! Also gibt es die auch in Böhmen.
Philipp: Da oben ist noch einer, aus der Nähe von Rom.
Joachim: Sogar aus Australien. Aber sie sehen doch jedes Mal etwas anders aus.
Philipp: Es gibt immer ein bestimmtes Muster.
Joachim: Es ist schwarz ...
Philipp: ... dunkel ...
Joachim: ... als wäre darüber Zucker gestreut ... der so ein bisschen angeschmolzen ist ...
Philipp: Innen drin ist es meist ein bisschen weiß. Manchmal sind da Löcher drin, da ist es dann, das Weiße ...
Joachim: Sieht auch ein wenig vulkanisch aus, wie Lava, an manchen Stellen. Sie wurden ja auch in der Nähe des Vesuv gefunden ... Es sieht aus wie dicker grober Zucker, der darauf gestreut worden ist. Manchmal sieht der Philippsit aus wie eine Teigtasche, die ganz dunkel ist, außen, wo man ein Stück abgebissen hat und innen drin ist so eine zuckrige Füllung. Das ist der vom Siebengebirge.
Philipp: Was man hier alles entdecken kann!
Joachim: Für die Studenten, die Mineralogie studieren, muss das hier sehr schön sein. Eine bunte Zauberwelt.
Philipp: Sie können immer kommen und sich alles anschauen.
Joachim: Hier ist was über Meteorite, Steine die vom Himmel fallen, wie sie aufgebaut sind. ... Da, was da steht: *Die Schönheit und Anziehungskraft der Minerale liegt in den vielgestaltigen Kristallformen mit ihren Symmetrieeigenschaften, in der Farbe und in den verschiedenartigen Wirkungen des reflektierten und durchfallenden Lichtes.*
Philipp: So wie das Gelb hier.

Joachim: Schwefel, aus Agrigento, Sizilien, gefällt mir sehr gut. Ebenso der türkisfarbene Stein hier, ein Malachit aus dem Ural, Russland... Das ist schon ein sehr imposanter Saal, mit all den Vitrinen, in denen es so farbig funkelt. Oxide, Sulfide, ... Informationen über die Forschungsarbeiten bekannter Wissenschaftler.

Philipp: Wer ist das auf den großen Ölbildern?

Joachim: Komm, wir lesen ... Carl Rumpff ... 19. Jahrhundert ... erwarb die mineralogische Sammlung des Erzherzogs Stephan, die 14000 Minerale enthielt, überschrieb die Sammlung nach seinem Tod an das mineralogische Institut der Universität Berlin.

[...]

Joachim: Darwins Forschungsreise mit der Beagle, so hieß das Schiff. Er war unter anderem auf den Galapagosinseln. Schon mal was von Darwin gehört?

Philipp: Nee.

Joachim: Er ist ja viel gereist und hat aus seinen Beobachtungen der Tier- und Pflanzenwelt Theorien abgeleitet, zur Evolution, das heißt Entwicklungsgeschichte. ... Charles Darwin, 1809 – 1882, Begründer der biologischen Abstammungslehre. Eine Forschungsreise um die ganze Welt hat er unternommen, 1831 - 1836. Und dann hat er anschließend seine Beobachtungen niedergeschrieben. Hier: Erstes Notizbuch über die Umwandlung der Arten.

[...]

Philipp: Dahinten ist ein Büffel. Hier sind Nashörner.

Joachim: Wildschafe, alle möglichen Hornträger, Mufflonschafe.

Philipp: Die Hörner sind immer auf eine andere Art gebogen.

Joachim: Stimmt. Hier eine Weltkarte, wo du sehen kannst, wo diese Tiere alle leben.

Philipp: Und ein Flusspferd, wahrscheinlich stammt es aus Afrika, oder?

Joachim: Ja, da auf der Karte, ist es ja eingezeichnet... Dem Büffel da wollte ich ja nicht begegnen. ... Ist nicht angriffslustig, steht da? Sieht aber so aus.

Philipp: Brrr.

Joachim: Riesenantilopen aus Afrika. ... Schweine, Nabelschweine.

Philipp: Du musst denen mal in die Augen schauen.

Joachim: Bisschen unheimlich.

Philipp: Und wie.

Joachim: Das sind aber Glaskugeln. Das sind keine echten Augen. ... Das hier ist ja süß: Ein Pudu. Einer der kleinsten Hirsche der Welt. Aus Südamerika.

Philipp: Sieht lustig aus.

[...]

Philipp: Jetzt sind wir in der Abteilung über einheimische Vögel.

Joachim: Ein kleiner Buntspecht.

Philipp: Der ist nicht klein. Das ist ein normaler.

Joachim: Er pickt und hackt.

Philipp: Der macht gerade eine Kiefer klein.

Joachim: Die suchen doch unter der Rinde nach winzigen Tierchen, zum Futtern.

Philipp: Wenn die einen Zapfen aufkriegen wollen, klemmen sie ihn in eine Spalte und legen dann los.

Joachim: Vögel der Wälder, Vögel der offenen Landschaften, Vögel der Küste, eine dicke feiste Silbermöwe, Vögel der Gewässer, ein Graureiher, ein Eisvogel, Vögel der Stadt, Tauben, Amseln...

Philipp: Guck mal die Mülltonne mit den Vögeln drauf.

Joachim: Und die kleinen da, sind das denn Spatzen oder Sperlinge?

Philipp: Haussperlinge. Das haben die aber gut nachgemacht.
Joachim: Vögel der Gewässer ... die haben es ja schon besser, als die Vögel in der Stadt.
Philipp: Hier, eine Wasserralle. Und da eine Dorngrasmücke.
Joachim: Hast du denn den blau gefiederten Eisvogel schon gesehen? Und da drüben, die drei Kormorane? Hier in dieser Vitrine haben sie eine Ostseelandschaft nachgestellt. Kormorane sieht man nicht gerade oft, oder?
Philipp: Schönes Bild.
Joachim: Das im Hintergrund, ja.
Philipp: Vielleicht haben sie das gefilmt und anschließend nachgebaut. ... Kormorane kamen auch in dem Buch vor.
Joachim: In welchem?
Philipp: *Insel der blauen Delphine.*
Joachim: Ach ja... Jetzt kommen Vögel, die gejagt werden.
Philipp: Fasan, Schnepfe, Tafelente, Stockente, Blessgans ...
Joachim: Da, ein Eichelhähernest..
Philipp: Da kommt die Mutter und bringt Futter..
Joachim: Was hat die im Schnabel? Kann das denn sein? Verfüttert sie ein kleines Vögelchen aus einem anderen Nest?
Philipp: Das ist aber fies.
Joachim: Hier zeigen sie die Entwicklung vom Vogelei zum kleinen ausgeschlüpften Vogel und dann bis zum ausgewachsenen Vogel.
Philipp: Vielleicht war das Kleine auch irgendwo aus dem Nest gefallen. Sonst wäre das ja ...
Joachim: Du machst dir Sorgen, dass sie kleine Vögel getötet haben, um sie hier auszustellen?
Philipp: Ja.
Joachim: Die dunkle Seite der Forschung... Du kannst die Eier nach Größe oder Farbe vergleichen.

Philipp: Die größten Eier sind vom Höckerschwan.
Joachim: Das kleinste Ei ist von der Kohlmeise. ... Da in dem Nistkasten, siehst du von innen, wie die Kleinen ihren Schnabel aufreißen?
Philipp: Blaumeisen.
Joachim: Zehn oder zwölf Junge sind in dem Nest. Sie werden gerade mit Regenwürmern gefüttert.
[...]
Philipp: Schau dir das an! Was fällt dir auf?
Joachim: Eine Szene im Hochgebirge. Steil aufgetürmt eine Art Steintreppe, darüber eine Felsnische, das Nest eines Geiers ...
Philipp: Siehst du den Bär, direkt hier unten?
Joachim: Waah! Den habe ich ganz übersehen und stehe doch direkt davor. Stell dir vor, das würde mir bei einer Gebirgswanderung passieren!
Philipp: Das wäre was. Ein Braunbär... und oben das ist ein Bartgeier, so steht es hier. Schau, hier nebenan, noch mal Alpentiere. Eine Kitzgeiß mit ihren Kleinen, ein Bock, ein Murmeltier und eine Gemse.
Joachim: Hast du gelesen, wovon sich die Geier ernähren?
Philipp: Sie nutzen die Beutereste von Wolf, Luchs und Steinadler.
Joachim: Und sie fraßen tote Gemsen, Murmeltiere oder Schafe.
Philipp: Sind die Geier nicht fast ausgestorben?
[...]
Philipp: Hier, das ist auf Island.
Joachim: Eine Brutkolonie von Meeresvögeln.
Philipp: Dreizehenmöwen, Papageitaucher...
[...]
Joachim: Guck mal da! Ein Dachboden, den sie nachgebaut haben, mit Steinmardern.

Philipp: Da auf der Kiste, auf dem leeren Kartoffelsack, liegen und spielen die kleinen Marderkinder.
Joachim: Die suchen sich solche Orte, Scheunen, Dachböden. ... Stell dir vor, du gehst auf den Dachboden, um ein paar Koffer zu holen und du siehst sie da alle rumlaufen.
Philipp: Grrr.
Joachim: Hier ist der Baummarder, ein Waldbewohner.
Philipp: Da, ein Wiesel.
Joachim: Im Vergleich zum Marder sind die ja richtig klein.
Philipp: Aber trotzdem gefährlich.
Joachim: Jan und ich haben mal in Schottland gesehen, wie ein Wiesel sich ein kleines Kaninchen geschnappt hat, und das Kaninchen hat ganz laut geschrieen, in seiner Todesangst. Da haben wir die beiden auseinander gebracht. Ich habe Sand und kleine Steine nach dem Wiesel geworfen, bis es schließlich von seinem Opfer abließ und verschwunden ist. Dann haben wir eine Weile auf das kleine Kaninchen aufgepasst, um sicher zu gehen, dass das Wiesel nicht wieder zurückkommt und haben es schließlich in ein Waldgebiet zurückgescheucht.
Philipp: Oje.
Joachim: Aber man kann nicht wirklich in diese Dinge eingreifen. Die Natur, so schön sie manchmal ist, folgt auch brutalen Prinzipien. Fressen und Gefressenwerden. In der Wissenschaftssprache heißt das einfach Nahrungskette.
Philipp: Wie hier bei dem Fuchsbau. Man sieht die Überreste von einem Flügel, von einem Rehbein, Federn...
Joachim: Komm, lass uns weitergehen. Landschaftsambiente mit Feldhase. Das haben sie sehr schön gemacht.
Philipp: Gräser, kleine Eichenbäume reingepflanzt ... Ich dachte ja, Hasenohren wären wirklich länger ...
Joachim: Es nimmt kein Ende hier mit all den ausgestopften Tieren, Fledermäuse, Lurche ... Hier könnten wir zwei

Wochen lang jeden Tag hinkommen, um alles in Ruhe zu betrachten.

Philipp: Das sind aber kleine, die Fledermäuse.

Joachim: Zwergfledermäuse.

Philipp: Da hängen sie unter der Decke.

Joachim: Das Spezialgebiet von Professor Abronsius, du weißt schon, *Tanz der Vampire*…

Philipp: Oh ja, dieser spannende Film von Roman Polanski.

Joachim: Ich lese mal, was auf der Tafel steht: *Fledermäuse sind im Dunkeln aktiv. Daher orientieren sie sich nicht mit den Augen, sondern nach dem Echolotprinzip mit dem Gehör. Die kurzen und hohen Ultraschallrufe der Fledermäuse werden von Gegenständen und Beutetieren reflektiert und ergeben ein sehr genaues Hörbild.*

Philipp: Sieh hier, eine Hamsterhöhle!

Joachim: Mit Fallröhren, wie praktisch!

Philipp: Wenn die mal auf der Flucht sind.

Joachim: Die sausen senkrecht runter und da, wo es schräg ist, können sie wieder rauf.

Philipp: Ein bis vier Falllöcher insgesamt pro Bau.

Joachim: Da unten hocken die Kleinen. Das einzig blöde ist, dass es dort unten so finster ist. Jetzt mit dem schummrig gelben Licht sieht es ja richtig kuschelig und gemütlich aus.

Philipp: Wieso ist das hier zu?

Joachim: Nee, das ist nicht zu. Die Röhre geht dahinter weiter. Liegt am Querschnitt durch die Erde, den das Modell zeigt.

[…]

Philipp: Hier, eine Vorratskammer mit Mäusen.

Joachim: Ja, eher ein Keller.

Philipp: Mit Abflussrohr. Da hocken sie.

Joachim: Wie die klettern können, senkrecht die Holzleisten hoch.

Philipp: Und die Wasserwaage rauf.
Joachim: Wie heißen diese Mäuse?
Philipp: Zwergmaus, Brandmaus, Erdmaus, Waldspitzmaus ... die hat sich ein Nest gebaut oben im Schilfgras. Hier deine Lieblingstiere, Ratten.
Joachim: Wie, Ratten?
Philipp: Hier.
Joachim: Die mag ich doch nicht.

Ich ruhe mich ein wenig aus und setze mich auf eine Bank. Philipp geht unterdessen immer weiter an den Vitrinen und Schaukästen entlang, in denen die Lebensräume all der Tiere rekonstruiert worden sind. Kurze Zeit später befinden wir uns in einem Raum mit verschiedenen Affen. Philipp macht aus Jux ihre Gebärden nach, insbesondere diejenigen eines dicken Gorillas.

Philipp: Da musst du aber noch viel Bier trinken.
Joachim: Um so einen Bauch zu bekommen?
Philipp (lacht): Ja.
Joachim: Man sieht aber in der Tat die Ähnlichkeit mit den Menschen, auch wenn uns das noch so wenig gefällt. 266 Kilo schwer, dieser Gorilla. Also, ich wiege nur 86 Kilogramm.
Philipp: Der Gorilla Bobby lebte von 1928 bis 1935 im Berliner Zoologischen Garten. Ursprünglich kam er aus dem Kongo.

Ich gönne mir erneut eine kleine Pause. Philipp ist weiter vor den Schaukästen unterwegs, liest die Informationstafeln, schaut zu den präparierten Tieren. Wieder geht er zu Bobby, dem Gorilla und vollzieht nach, wie das Tier von Afrika hier in den Berliner Zoo gekommen ist und wie sich die Tierpfleger mit ihm arrangiert haben. Dieser Gorilla muss damals eine große Attraktion gewesen sein.

[...]

Joachim: Hier haben wir eine Übersicht zur Stammesentwicklung der Säugetiere, angefangen von der Epoche Trias, über Jura, Kreide, Tertiär bis zum Quartär ... Da bekommen wir einen Überblick ...
[...] Philipp macht zum zweiten Mal Photos in der Abteilung mit den Saurierskeletten, weil er befürchtet, das er bei der ersten Photoserie dort zum Teil den Blitz mit seinem Finger verdeckt hat. (Diese Sorge war jedoch unberechtigt, wie sich später, nach der Entwicklung der Bilder, herausstellte.) Außerdem möchte er seinem Freund Felix zum Geburtstag ein Photo von der Riesenechse in der Mitte der Ausstellungshalle schenken. Was Jan wohl gerade macht, auf dem Segelschiff? Jetzt würde ich gerne einmal in eine Zauberkugel schauen, um einen lebendigen Eindruck vom Leben auf der in der Ostsee kreuzenden Hendrika Bartelds zu bekommen [...]
Joachim: Die Insekten, Erfolgsmodelle der Evolution ...
Philipp: Abdrücke in Gestein ...
Joachim: Abdrücke von Fischen, da siehst du jede einzelne Schuppe. Das Stück haben sie in Württemberg gefunden. Da ist doch überhaupt kein Meer. Wie kann man denn dort in Süddeutschland Fossilien von Fischen finden? Was sagst du dazu, Philipp?
Philipp: Früher war auch dort das Meer.
Joachim (liest): *Fossilien, Dokumente der Lebensgeschichte, Zeugen vergangener Lebensräume, Zeitmarken der Erdgeschichte... Das hier ist aus dem Paläophytikum, dem Pflanzenaltertum ...*
Philipp: Wie war das denn mit Indien?
Joachim: Was? Am Ende des Pflanzenaltertums? Das hing damals alles noch zusammen. Euramerisch-cathaysische Florenprovinz, Asien, Europa, Südamerika, Afrika, Indien, Australien, Antarktis. Diese Erdteile hingen da alle

noch aneinander. Das ist ja unglaublich. Kannst du dir das vorstellen?

Philipp: Wäre ja praktisch, wenn es so geblieben wäre. Wir brauchten keine langen Flug- oder Schiffsreisen zu unternehmen, um alles zu besuchen.

[...]

Joachim: Die Evolution der Pferde hier in dem Kasten. Wie sich aus dem Urpferd ...

Philipp: Esel ...

Joachim: ... der ist eine Abzweigung ... und da haben wir dann das Pferd, wie wir es heute kennen.

Philipp: Auch das Zebra stammt von dem Urpferd ab.

Joachim: Wissenschaftler haben das alles untersucht, die Schädelformen, die Gebissformen, die Beine und Füße, alles wurde gemessen, verglichen und man hat Schlussfolgerungen aus den Beobachtungen und Messergebnissen gezogen.

[...]

Joachim: Tristan da Cunha, das muss eine kleine Insel unten im Atlantik sein. Sie haben dort den riesigen weißen Hai auf einer Briefmarke.

Philipp: Zwölf bis fünfzehn Meter ist dieser Hai lang.

Joachim: Und dann haben sie hier das Maul eines solchen weißen Hais nachgebaut, brrrr.

Philipp: Diese Zähne!

Joachim: Dem möchte ich ja nicht begegnen. ... Weißt du noch in Cadzand, in Südholland, da gab es doch diesen speziellen Strandabschnitt, wo die Leute immerzu nach Haifischzähnen suchten. Die waren dann schon schwarz, die Zähne, meine ich. Wir haben doch auch welche gefunden, allerdings kleinere. Erinnerst du dich noch?

Philipp: Nein.

Joachim: Du warst auch wirklich noch sehr klein damals. Du saßest noch im Kinderwagen, jedenfalls auf längeren Strecken.

[...]

Joachim: Jetzt haben wir fast das ganze Museum für Naturkunde gesehen. Einige Säle sind zu. Bleibt noch die Sonderausstellung, von der die Frau aus Hamburg erzählt hat. Willst du die noch sehen?

Philipp: Klar.

Joachim: *Parasiten* heißt die Ausstellung, *leben und leben lassen*. Hier steht eine Erklärung: *Parasiten, Schmarotzer sind Lebewesen, die im Verlauf der Evolution besondere Überlebensstrategien entwickelt haben.*

Philipp: Mhm.

Joachim: Also das Wort Parasit kommt aus dem Griechischen, *para* heißt *bei* und *sitos* heißt *Nahrung*. Ein Mitesser sozusagen. *Die parasitische Lebensweise ist eine der erfolgreichsten im Tier- und Pflanzenreich*, schreiben sie hier.

Philipp: Seltsam, irgendwie unfair.

Joachim: Im Kultur- und Wissenschaftsbetrieb ist das ja auch nicht anders. Einige entwickeln Ideen, erfinden oder produzieren etwas, und die anderen vermarkten das alles und leben davon, meist sogar besser als die eigentlichen Urheber der Ideen.

Philipp: Das finde ich aber unfair.

Joachim: Recht hast du. Hier geht es um den Bandwurm...

Philipp: Der Fuchs setzt an zum Beutesprung nach der Maus und frisst gleichzeitig mit der Maus auch den Bandwurm, den diese in sich trägt ...

Joachim: Der Fuchsbandwurm kann auch durch freilaufende Katzen und Hunde übertragen werden, wenn diese Mäuse fangen und fressen. ... Das Problem sind also die Larven des Bandwurms. Diese sind sehr widerstandsfähig. Sie können auch zu den Menschen gelangen, wenn diese viel Kontakt mit solchen Tieren haben.

Philipp: Da vorne ist der Bandwurm abgebildet, mikroskopisch vergrößert.

Joachim: Ja, da kannst du ihn gut sehen. Der Mensch kann sich nicht so leicht gegen den Bandwurm wehren. Sieh da, auf dem Schaubild. Der Bandwurm greift die Leber an.

Philipp: Hier, Blutegel, Vampire ...

Joachim: Stechmücken, Läuse, Zecken, Milben, Schmeißfliegen, Flöhe, Wanzen, blutsaugende Raubwanzen, lauter nette kleine Tierchen.

Philipp: Ein interessantes Forschungsgebiet.

Joachim: Die Parasitologie, die sie hier an der Berliner Universität installiert haben, dient auch der Erforschung von bestimmten Krankheiten und natürlich der Verhinderung dieser Krankheiten.

[... Saxophonmusik aus einem U-Bahn-Tunnel, auf dem Tonband] Wir sind gerade im Technikmuseum angekommen und blicken auf eine Ausstellungswand mit historischen Photographien zum Berliner U-Bahn-Bau.

Joachim: Sieh da unten in den Stollen die Männer mit Schippen und Hacken. Erde und Gestein wurden auf kleinen Loren weggefahren.

Philipp: Die Loren wurden von Pferden gezogen.

[...]

Joachim: Hier eine Banknotensammlung. Geldscheine aus vielen Ländern und aus verschiedenen Zeiten ...

Philipp: Deutsches Reich ...

Joachim: 1920, 1921, zehn Pfennig, als Schein?

Philipp: Schöne Bilder befinden sich darauf.

Joachim: Landschaften.

Philipp: Zwaziland? Wo ist denn das?

Joachim: Muss Afrika sein.

Philipp: Hier, die älteste gedruckte Banknote der Welt, China, 14. Jahrhundert.
Joachim: Ein richtiges Kunstwerk. Groß wie ein Briefbogen, ein Kuan.
Philipp: Sieh auch die Rückseite an!
[...]
Joachim: Tretkurbelrad, von 1867, Laufrad von 1820, hier gibt es richtig was zu entdecken ...
Philipp: Hochrad von 1886.
[...]
Joachim: Sehr imposant! Das Fürstenportal des Anhalterbahnhofs von 1880, sogar im Original, ein Tor zu einem Wartesaal für hohe und höchste Herrschaften, vom König von Preußen und dem deutschen Kaiser benutzt. Ziegelformsteine mit dekorativen Elementen ...
Philipp ist wieder zurückgegangen zu den Banknoten und dann noch einmal zu den Fahrrädern. Wie genau er alles betrachten will. Eben hat er mich ermahnt, dass wir die Maschinen direkt unten in der Eingangshalle nicht beachtet hätten. Jetzt habe ich ihm versprechen müssen, dass wir sie beim Herausgehen genauer anschauen werden. Jetzt kommt er angelaufen. Ich stehe vor einer Installation mit Mauerhörstellen, die die Geschichte der Mauer dokumentieren. Man kann Knöpfe drücken und im Originalton hören:
Stimme: ... *mit Ja haben 294 Abgeordnete gestimmt ...*
Joachim: Abstimmung in der Volkskammer über das Ende der DDR, Stellungnahme des Abgeordneten Gregor Gysi, 24. August 1990, am Schlossplatz.
Stimme: ... *mit Nein haben 62 Abgeordnete gestimmt und 10 Abgeordnete haben sich der Stimme enthalten. Meine Damen und Herren, ich glaube, das ist ein wirklich historisches Ereignis ... Entschuldigung, Herr Gysi hat noch eine ...*

Joachim: Jetzt, am Brandenburger Tor entsteht eine Mauer, 13. August 1961.

Stimme: *...rattern die ...einen Graben quer durch die Ebertstraße hier am Brandenburger Tor. Der Graben ist etwa eineinhalb Meter tief und einen halben Meter breit. Es sind Volkspolizisten in ihrer Arbeitskleidung eingesetzt, die Feuerwehr, eingesetzt die Beamten des Amtes für Zoll- und Warenkontrolle und auf der anderen Seite des Brandenburger Tors stehen etwa dreißig LKWs, die hier die Mannschaften herangebracht haben und es sind etwa, schätzungsweise fünfzig Uniformierte, die hier das Brandenburger Tor bewachen [Geratter von Pressluthämmern]. Wenn ich einen Blick in die Ebertstraße hinunterwerfe, ich darf den Bürgersteig nicht betreten, denn er gehört schon zum Osten, sehe ich, wie [Geratter von Pressluthämmern ...] wie etwa 200 oder 250 Meter entfernt vom Brandenburger Tor gleichfalls eine Schneise durch die Straße gebohrt wird. Die Polizisten von drüben, in ihrer Arbeitskleidung, die Ostpolizisten, die Ostfeuerwehr, die blicken hier rüber, ja sie lächeln sogar dabei, wenn sie den Pressluftbohrer in die Erde bohren und einer schaute mich an und es war in seinem Gesicht zu lesen, ja höre nur das Geräusch, ich mache es extra für dich, damit du es auch auf dein Tonband bekommst ...*

Philipp: Wahnsinn!

Joachim: Einfach unglaublich. Das müssen wir erst mal verdauen ... Schau hier das riesige Ölbild. Die Eisenbahnbrücke Ehrenbreitstein. Auf der Kutsche auch der Künstler. Wer war es denn? Wer hat das Bild denn gemalt?

Philipp: Was macht der Mann da unten?

Joachim: Er läuft neben der Kutsche her, um zu betteln.

Philipp: Und der von oben wirft eine Münze in den Hut.

Zeichnung, *Dampflokomotive aus dem Technikmuseum*, Philipp, 2003

Philipp: Güterzuglokomotive der österreichischen Südbahn, von 1860.
Joachim: 1816, das erste Dampfross in Berlin. Komm, wir steigen mal die Leiter zur Lokomotive hinauf.
Philipp: Da, der Behälter für die Kohlen.
Joachim: Dann konnten sie die Kohlen hier heraus schaufeln und gleich auf die gegenüber liegende Seite in den Ofen hinein.
Philipp: Muss ja heiß gewesen sein, wenn man hier stand.
Joachim: Na ja, es war ja alles offen und sicher gab es viel Fahrtwind.
Philipp: Da oben ist der Hohlraum für die Kohlen ... und dann kamen sie hier unten rausgerutscht ...
Joachim: ... aus dieser Schütte hier ...
Philipp: ... dass man gut drankam an die Kohlen ...
Joachim: ... und sie in einem Bogen von ungefähr 1,30 Meter rüber in die Ofenöffnung schaufeln konnte ...
Philipp: Das muss ein Leben gewesen sein, als Lokführer.
Joachim: Und immer das Geräusch der Maschine, tsch, tsch, tsch ...
Philipp: Stelle ich mir schön vor.
Joachim: Ein richtiger Lokschuppen hier, angrenzend an die anderen Museumsgebäude, gehörte wohl früher alles zum Anhalterbahnhof. Da, vor dem offenen Tor eines der beiden Drehkreuze.
Philipp: Das wurde dann gedreht mit den Loks drauf.
Joachim: In der Mitte eine Art Brücke, die sich schwenken lässt, der Königsstuhl.
Philipp: Und man konnte die Verbindung zwischen dem Gleis, auf dem die Lok angekommen ist und dem Gleis, das zu den einzelnen Stellplätzen im Lokschuppen führt, herstellen.
Joachim: Hier ist noch ein zweiter Lokschuppen und ein zweites Drehkreuz.

Philipp: Württembergische Rangierlok von 1899. Kann man da hochklettern, komm!

Joachim: Maschinenbaugesellschaft Heilbronn, 1899. Ein kräftiges, ordentliches Lökchen.

Philipp: Aber die hier, das sind ja Giganten!

Joachim: Das Rad von der Lokomotive ist noch fünfzehn Zentimeter höher als du. Hast du dich gestoßen?

Philipp: Nein, nein.

Joachim: Eine preußische Personenzuglokomotive P 8, von 1914. Die ist vorne aufgemacht. Du kannst reinsehen. ... Hör auf, die kannst du doch nicht schieben!

Philipp: Die Gleisbreite ist 1435 Millimeter.

Joachim: Guck mal die hier, von der Deutschen Reichsbahn. Das ist ja ein riesiges Monstrum.

Philipp: Sieh mal die da!

Joachim: So stelle ich mir die Lok von Lummerland vor. Jim Knopf und Lukas der Lokomotivführer, dass die beiden mit so einer Lok gefahren sind.

Philipp: Ja, schon.

Joachim: Wo stammt die her?

Philipp: 1903, eine Feldbahnlokomotive.

Joachim: Eine Kolonialbahnlok, zum Einsatz in Fabriken, in der Landwirtschaft und in schwierigem Gelände.

Philipp: Die haben sie also auch in Afrika, in den deutschen Kolonien eingesetzt, sieh da auf dem Photo!

Joachim: Colonial Railways, 1899, in Deutsch-Kamerun. (liest) *Unter Kaiser Wilhelm II. strebte Deutschland die Rolle einer Weltmacht an ...*

Philipp: Eine Schnellzuglokomotive von 1911.

Joachim: Höchstgeschwindigkeit 110 km/h. Da sind Schilder aufgeklebt, die die einzelnen Teile der Lok benennen: Kuppelstange ...

Philipp: Gestängelampe, Kuppelradsatz ...

Joachim: Schwingenkurbel, Schwingenstange, Treibradsatz.

Philipp: Schieber, Schubstange ...
Joachim: Schieberbuchse, Dampfzylinder ...
Philipp: Sicherheitsventil ... Puffer, das wird einen Krach geben, wenn die Lok hier gegen knallt.
Joachim: Sieh mal die Lampen an der Lok. Sie haben noch ganz einfache Glühbirnen verwendet. Die waren sicher nicht so extrem hell.
Philipp: Aber in dem Lampengehäuse ist es ja weiß und rund. Da wird das Licht reflektiert und somit strahlt die gesamte Lampe heller.
Joachim: Diese Lok hier sieht ja richtig unheimlich aus. Leicht verrostet ... Ich habe mal einen Film gesehen über einen Geisterzug. Da hätte man diese Lok gut für nehmen können ...
Philipp: Das ist ja ein feiner Wagen!
Joachim: Es muss ein Wagen aus dem Kaiserzug sein, der Hofzug von 1889.
Philipp: Wie gemütlich, die Abteile! Eieiei...
Joachim: Sie sind mit edlen Stoffen ausgeschlagen, Wandgobelins ...
Philipp: Auch eine Waschecke, da!
Joachim: Hier ein Abteil mit Bett... Hinter den Milchglasscheiben daneben könnte vielleicht ein Bad sein.
Philipp: In dem Abteil sind sie noch dabei zu restaurieren.
Joachim: Und das ist wohl ein Salon, zum Aufenthalt.
Philipp: Das Wappen da, in Gold! Die Königskrone an der Tür.
Joachim: Der Zug oben cremefarben und unten preußischblau. Passt farblich alles sehr gut. Schön, schön.
Philipp: Hier in dem Buch kannst du Bilder von den anderen Wagen sehen.
Joachim: Ah, da ist ein Bild vom Speisewagen, Wagen Nr. 7, ein Küchenwagen, alles sehr imposant.
Philipp: Was da alles drin war.

Joachim: ... innere Ansicht des Salons, mit Sekretär zum Schreiben, alles auf das Feinste verkleidet und verziert.
Philipp: Da, das Bett, mit Lampe, daneben ein Sofa ...
[...]
Joachim: Jetzt haben wir hier eine Gleisbreite von 1000 mm. Warum so uneinheitlich?
Philipp: Meterspurige Elektrolok der Rätischen Bahn von 1913.
Joachim: Das muss irgendwo in der Schweiz gewesen sein. Engadin. Das ist in der Schweiz. Auf der Strecke hatten sie wohl eine andere Gleisbreite als im übrigen Europa.
[...]
Philipp: Und diese Plattform lässt sich drehen.
Joachim: Ja, hier sind sie reingefahren in das Gelände und dieses Gleis dort hinten ist ja verbunden mit dem gesamten Eisenbahnnetz dort draußen, sodass man im Prinzip jede Lok von irgendwoher hier hereinbringen kann.
Philipp: Viele Loks sind aus der Schweiz.
Joachim: Über das Drehkreuz konnte man sie in den Lokschuppen verteilen.
Philipp: Dahinten ist ja noch ein zweites Drehkreuz und ein weiterer, noch größerer Lokschuppen.
Joachim: Ja, da können wir auch noch rein. Was es hier alles zu sehen gibt!
Philipp: Ist ja nicht zu fassen!
Joachim: Deutsche Bundesbahn, schon etwas moderner, AEG Berlin, Elektrolok, Güterzuglokomotive von 1914, ausgemustert am 4. August 1959.
Philipp: Der Wagen ist halb grün und halb rot lackiert.
Joachim: Erste und zweite Klasse getrennt. ... Sieh hier, diesen Wagen mit alten Koffern. Solche Koffer hat heute kein Mensch mehr. Koffer von 1930 bis 1960. Nur ich besitze noch einen solchen Koffer, für den Kunstunterricht, wo ich den ganzen Krimskrams drin habe, für das Gestal-

ten von Objektkästen, die kleinen Schätze des Tom Sawyer.

Philipp: Schnellzugwagen von 1953, dritte Klasse, gab´s das auch?

Joachim: Das haben sie uns nachher als zweite Klasse verkauft. In solchen Abteilen habe ich auch schon genug gesessen.

[...]

Philipp (oben im Führerhaus): Hier war der Platz des Lokführers.

Joachim: Er musste seitlich durch dieses Fensterchen schauen, am Körper der langgestreckten Lok vorbei, um überhaupt vorne etwas zu sehen.

Philipp: Allzu viel hat er nicht sehen können.

Joachim: Außer er hat sich ganz weit nach der Seite rausgelehnt.

Philipp: Und da wird ihm der Wind um die Ohren gepfiffen haben.

[...]

Joachim (wieder zurück in der Wohnung): Ich fand die beiden Lokschuppen sehr beeindruckend. Welche der Loks hat dich am meisten angesprochen?

Philipp: Lok oder Waggon?

Joachim: Egal.

Philipp: Überhaupt, dass wir in diese ganzen cockpits, oder wie man das auch bei Loks immer nennt, hineinblicken konnten.

Joachim: Ich erinnere besonders lebendig die großen, düsteren Dampfrösser, wie sie da standen... Es waren ja Loks aus allen Entwicklungsphasen der Eisenbahn dabei, von den allerersten Dampfloks über die großen, schweren Schnellzugloks, die auch noch mit Dampf fuhren, bis hin zu den neueren Elektroloks.

Philipp: Besonders gefallen hat mir der Wagen aus dem Kaiserzug.

Joachim: Wie sorgfältig der gefertigt ist, wie komfortabel, einfach ästhetisch. Weißt du übrigens, dass der deutsche Kaiser sich einen eigenen Bahnhof hat bauen lassen? Der müsste, soviel ich weiß, in Potsdam sein. Man nennt ihn auch den Kaiserbahnhof. Da wurde der komplette Zug nämlich in einer Halle untergestellt.

Philipp: Hatte der Kaiser denn immer die ganzen Waggons mit? Oder hat er sich nur das ausgesucht an Wagen, was er gerade brauchte?

Joachim: Ich denke mal, dass immer der komplette Zug fuhr. Küche und Speisewagen, Salons, Abteile für die Dienerschaft usw. brauchte man ja eigentlich bei jeder Fahrt.

Philipp: Ziemlich vornehm.

Joachim: Vielleicht können wir uns den Kaiserbahnhof in Potsdam ansehen.

Philipp: Und welche Lokomotive hat den Hofzug gezogen?

Joachim: Da bin ich überfragt. Wir können das recherchieren. ... Ein für mich sehr berührendes Erlebnis war, in diesem Viehwaggon zu stehen, mit dem man Juden nach Auschwitz oder in andere Vernichtungslager transportiert hat.

Philipp: Oh ja, für mich auch.

Joachim: Ich glaube, du hast heute, als wir in dem Viehwaggon standen, zum ersten Mal richtig erfahren, was in den dreißiger und vierziger Jahren mit den Juden in Deutschland geschehen ist.

Philipp: Ja, ich hatte mal so was gehört. Aber so richtig wusste ich es nicht.

Joachim: Ich glaube, es hat dich schon etwas geschockt.

Philipp: Ja.

Joachim: Ich fand es wichtig, einmal in einen solchen Waggon reinzugehen, um diese Atmosphäre nachzuvollziehen. Diese bloßen, abgewetzten Bretter, auf denen die Menschen gestanden, gehockt, gekauert haben. Richtig setzen konnten sie sich sicher nicht, dazu wird es zu eng gewesen sein, wenn sie hundert Menschen hineingepfercht haben.

Philipp: Es kam sicher auch kaum frische Luft durch die engen Ritzen. Vor den Luken war Stacheldraht.

Joachim: Es muss schrecklich gewesen sein.

Philipp: Ja.

Joachim: So hat die Eisenbahn, das war ja auch ein Thema der Ausstellung, zu Glanz und Gloria beigetragen, von Deutschland und Europa, aber eben auch in den düstersten Kapiteln unserer Geschichte eine besondere Rolle gespielt. Die Juden wurden eben mit der Eisenbahn in die Konzentrations- und Vernichtungslager transportiert. Und die Eisenbahngesellschaften haben ihre Loks und Wagen dafür zur Verfügung gestellt ...

Philipp: Mussten sie das?

Joachim: Eine gute Frage. Mussten sie es wirklich? Wurden diese Dinge überhaupt hinterfragt, damals? Wurde womöglich noch an den Transporten verdient? Moment, war es nicht die Reichsbahn zu der Zeit, quasi verstaatlicht? ... Dann sieht es mit der Verantwortung und den Geldgeschäften natürlich etwas anders aus. Die Thematik ist sehr kompliziert. Gedulde dich noch ein wenig. Später wirst du Antworten finden, ... wenn auch keine endgültigen.

Philipp: Dann die beiden Drehscheiben, mit dem Königsstuhl in der Mitte drauf. Außen waren die Räder, um die Loks in den Schuppen zu bringen.

Joachim: Dann sind wir noch draußen übers Gelände gelaufen. Wie hießen die Windmühlen noch?

Philipp: Eine holländische Mühle, die sie aus Ostfriesland herbeigeholt haben und eine Bockwindmühle.

Joachim: Da sind wir ja noch reingeklettert, in diesen Holzkasten. Interessant war, wie dort die Kraft übertragen wird, in der Bockwindmühle, man konnte es deutlich erkennen.

Philipp: Der Wind dreht die Flügel, und über eine Achse werden verschiedene Holzzahnräder bewegt. Das letzte von denen treibt den Mühlstein an.

Joachim: Was haben wir noch gesehen?

Philipp: Von der Quadriga, das Stützgerüst...

Joachim: ... das sie dort einfach in die Landschaft gestellt haben. Ein Gerüst aus Eisen. Von der Form dieser Stangen konnte man in etwa die Größe der gesamten Quadriga nachempfinden, aber auch die Position und Haltung der einzelnen Pferde und der Göttin hinten auf dem Wagen.

Philipp: Was war es genau für eine Göttin?

Joachim: Dazu muss ich erst nachlesen. ... Ich finde dazu nicht viel, außer, dass es eine Friedensgöttin darstellen soll. Aber hier steht noch was Interessantes. Die Quadriga wurde von Napoleon nach Paris verschleppt. 1806 hat Napoleon die Figuren in Kisten verpackt und als Kriegsbeute weggeschafft. Und 1814 wurde die Quadriga durch preußische Truppen, unter der Führung von Blücher, zurückerobert. Am 30. Juni 1814 stand sie wieder oben auf dem Brandenburger Tor. ... Noch mal zur Quadriga, 1793 wurde sie fertig gestellt, in einer Potsdamer Werkstatt. Man hat sie auf dem Wasserweg nach Berlin transportiert. Sechs Meter ist sie hoch. Das Brandenburger Tor, für das du dich ja so interessierst, sollte nach dem Willen seiner Schöpfer immer ein Tor des Friedens sein, deshalb ja auch die Friedensgöttin, doch war sein Schicksal oft mit dem des Krieges verknüpft.

Philipp: Und hat sie den zweiten Weltkrieg überstanden?

Joachim: Nein, die Quadriga war 1945 vollständig zerstört. Nur ein Pferdekopf des Originals ist erhalten geblieben. Man kann ihn, wie es hier steht, im Märkischen Museum besichtigen.
Philipp: Den will ich unbedingt sehen!
[...] Wir befinden uns in der langen Warteschlange vor dem Reichstagsgebäude. Es ist gegen 21.00 Uhr. Wir stehen inmitten einer spanischen Reisegruppe.
Joachim: Unglaublich, wie viele Menschen auf die Kuppel wollen. Komm, wir rufen in der Zeit mal zuhause an.
Philipp: O.k.
Joachim: Die Musik, die da von einem Pop- oder Rock-Konzert im Westteil der Stadt herüberdringt, finde ich scheußlich.
Philipp: Es ist nur ein Gedröhne.
Joachim: Akustische Umweltverschmutzung. Du musst versuchen es zu überhören. ... Jetzt eine schöne Symphonie, vor dieser Kulisse hier, das wäre etwas, auch für die vielen Leute aus dem Ausland, die Spanier hier, wäre es besser. Sie müssen uns Deutsche ja für völlig kulturlos und abgestumpft halten...
[...]
Joachim: Wie findest du den Anblick des Reichstagsgebäudes, wenn du da an der Fassade hochschaust? *Dem deutschen Volke* ... Bist du jetzt ein wenig stolz, auch ein deutscher Junge zu sein?
Philipp: Na ja.
Joachim: Nicht mehr, nachdem du heute soviel über die Nazizeit und die Judenverfolgung gehört hast, was? Liegt es daran?
Philipp: Vielleicht. *Das alles ist Deutschland, das alles sind wir...* singen die Prinzen.
Joachim: Ein schönes Lied. Zum Glück auch mit kritischen Tönen. Wichtig ist, die verschiedenen Epochen zu unter-

scheiden. Die deutsche Geschichte besteht zum Glück nicht nur aus dem III. Reich. Andererseits stehen alle Epochen auch miteinander in Zusammenhang. Die Nazizeit kann man nicht trennen von der Kaiserzeit. Die Charaktere der Menschen, die Hitler nach oben befördert haben, wurden wahrscheinlich schon im Deutschland der Kaiserzeit, oder noch früher, ausgebildet.

[...]

Philipp (auf dem Dach des Reichstagsgebäudes): Ganz oben ist es offen.

Joachim: Liegt sich gut hier auf dem Rondell, nach dem vielen Stehen und Warten. Wir schauen in den dunkelblauen Abendhimmel über Berlin. Rundherum eine herrliche Aussicht auf die Stadt.

Philipp: Da, das angeleuchtete Brandenburger Tor.

Joachim: Und dort, die Straße Unter den Linden.

Philipp: Man kann runter in einen Saal sehen. Machen Sie da die Politik?

Joachim: Ein Teil der Politik wird da gemacht. Es ist der Plenarsaal. Dort diskutieren die Abgeordneten. Du kennst es ja aus dem Fernsehen. Vom Architektenentwurf ist es eine gute Idee. Politik als transparentes, also durchsichtiges Geschäft, in das der Bürger Einblick erhalten soll.

Philipp: Finde ich auch gut.

Joachim: Aber das Ganze bleibt mehr im Symbolischen. Wirklicher Einblick und echte Mitbestimmungsmöglichkeiten halten sich sehr in Grenzen, auch in einer westlichen Demokratie. Du wirst es noch sehen. Man darf sich nichts vormachen. Dennoch rate ich dir, später dort mitzugestalten und dich zu beteiligen, wo es geht ...

[...]

Joachim: Sie werden ja viele Menschen befördern.

Frau, die den Aufzug im Reichstagsgebäude bedient (seufzend): Zehn- bis fünfzehn Tausend pro Tag.

Joachim: Eine Menge, wirklich. Können Sie denn die vielen Menschen noch ertragen?
Frau: Man kann so einen Job nicht immer machen. Ich bin auch nicht ganz ausgelastet dabei, geistig meine ich.
Joachim: Ich wünsche Ihnen alles Gute.
[...] Wenn man aus der U-Bahn-Station Spittelmarkt heraussteigt, erkennt man von einem Markt überhaupt nichts mehr. Es ist eine einzige Betonwüste, die sehr trostlos wirkt, Hochhäuser, Plattenbauten. Man sehnt sich nach historischer Gebäudesubstanz, die sich nur vermuten lässt, doch hier und da ist doch noch etwas auffindbar. Immerhin grenzt das Haus Brüderstraße 14 an einige historische Gebäude, die eine sehr reizvolle Ausstrahlung besitzen. Trotz allem sind wir froh, dass wir nach diesem langen Tag wiederum Zuflucht in unserer gemütlichen Zweizimmerwohnung gefunden haben, wo wir gerade ein wenig entspannen, essen und trinken, heute gibt es Salzkartoffeln, Rahmspinat und eine Pfanne voll Fischstäbchen. Mit Wonne werden wir uns gleich auf unser Nachtlager sinken lassen, auch wenn es nur in einem Plattenbau ist.

[...] Am späten Abend las ich noch in *Arturos Insel*. Im hinteren Buchdeckel fand ich Papiere, Aufzeichnungen von einer meiner Italienreisen. Haben meine eigenen Reisen, meine eigenen Vorstellungen und Konzepte zum Reisen etwas mit denen der Kinder zu tun? Was will, was kann ich ihnen eigentlich vermitteln diesbezüglich? Ich habe als Jugendlicher einige Tagebücher geführt, die ersten Reisen nach Italien, Frankreich... Es ist alles weg, nichts davon hat meine Umzüge überdauert. Werden sie später dieses Tagebuch lesen? Wird es sich überhaupt konservieren oder erhalten lassen? Bei keiner späteren Reise habe ich mehr Tagebuch geführt. Erst im vergangenen Jahr, als ich allein durch Italien fuhr, habe ich wieder etwas geschrieben... Ich hatte die Notizen ganz vergessen. Sie entstammen einem Entwurf für einen Brief an meinen Philosophenfreund Friedhelm.

...Aber lass mich zum Schluss noch mal auf meine Italienreise zurückkommen. Ohne hier allzu viel zu ordnen und zu überarbeiten, will ich dir einige szenische Schilderungen geben, notiert durante il viaggio, damit auch das den Alltag Überschreitende in diesem Briefwechsel seinen Raum erhält...

... olivgrün fällt das Licht in die Seitenkapelle dieser Kirche Ravennas. Zu beiden Seiten eines kleinen Altares befinden sich verblasste Fresken. Sie zeigen ein Stilleben mit strohgelbem Krug, vor dekorativen, floralen Elementen nach barockem Vorbild. Ein Teil des Wandputzes ist abgefallen. Das Motiv ist gerade noch erkennbar. Die eigentliche Wirkung liegt im suggestiven Spiel der Farbflecken und des starken Lichtes, das gefiltert durch das grüngetränkte Glas hereinfällt...

... Batiste, Student aus Kanada, störte sich so sehr daran, dass ein Wärter im Vatikan das Fleisch seiner nackten, nicht durch Stoff bedeckten Beine als Grund ansah, ihn vom Genuss der Fresken und Wandbilder in der Sixtinischen Kapelle auszuschließen, Bilder, die doch nichts anderes als das entblößte, oftmals üppige Fleisch der Körper von Männern und Frauen zeigen. Man muss das nicht als Widerspruch ansehen. Es handelt sich um das altbekannte Spiel, bei dem die Sinne gereizt und stimuliert werden, um sie sogleich wiederum in ihre Schranken zu weisen. Die Nerven werden gekitzelt, doch jede Eskalation wird unmittelbar unter Rückgriff auf kühlende Maßnahmen wieder eingedämmt...

... Was diese Art zu reisen ist? Leer werden, nichts müssen, alles auf sich zukommen lassen, sich treiben lassen, sich selbst Grenzen auferlegen, offen werden für das Unvorhergesehene, Kontakte gezielt herstellen oder vermeiden, spontan sein, ganz nach eigenem Geschmack an bestimmten

Orten verweilen, das Erleben dort intensivieren, andere Orte wiederum fliehen, diese schnell vorüberziehen lassen oder sich dem vordergründig Öden dennoch aussetzen, um vielleicht hinter diese zunächst abstoßende Schicht zu blicken, etwas bisher Unbekanntes zu entdecken, wozu kein Reisebegleiter die Nerven hätte...

...der Komponist Gaetano Donizetti war mir bisher nicht weiter ein Begriff. Ich schlendere also durch die città alta von Bergamo, entdecke – auf der Flucht vor der Mittagshitze - in einer kleinen Gasse, in einem etwas heruntergekommenen palazzo das Museo Donizetti. Opernmusik dringt nach unten in den Hof, entfernt. Ich gehe der Musik nach, folge den Treppenstufen nach oben und stehe zwischen ölgemalten Portraitbildern in leuchtend goldenen Rahmen, Klavieren, einem Flügel, Vitrinen mit Notenblättern und Alltagsgegenständen aus dem Leben des Komponisten. Ein signore macht einen beherzten Schritt auf mich zu. Es ergibt sich schnell ein Gespräch. Ich erfahre, dass Johann Simone Mayr, ein Musiker und Komponist aus Bayern, nach Bergamo kam und sich hier insbesondere um die Förderung des jungen, aus sehr armen Verhältnissen stammenden, Donizetti verdient machte.

Das Gespräch dreht sich nun um die Lebensgeschichte von Donizetti, seine Leidensgeschichte, seine Erfolge und Niederlagen. Unter dem Glas der Vitrine liegt ein kleiner Handkoffer, eine valigetta, mit etlichen Reiseutensilien, kleinen Döschen, Toilettenartikeln, alles in Silber, Messing, zum Teil wohl nur Blech, doch alles sehr stilvoll. Die Luft ist stickig, warm, der signore fährt fort, gestikuliert... der Komponist an Siphilis erkrankt, ... ein vergeblicher Aufenthalt in einem Sanatorium bei Paris ... die Rezeption seines Werkes in Italien und Europa... der Stellenwert der klassischen Musik heute, die Rolle der Oper damals und heute, die Orte, an denen Donizetti weiterhin wirkte, dass Johann

Simone Mayr stets in Bergamo blieb, obwohl er andere Angebote hätte annehmen können... Im Hintergrund Musik von Donizetti, sehr melodisch, gefühlsbetont... Der signore steigert sich in seinen Ausführungen... warum die Italiener Wagner nicht so sehr schätzen, er sei ihnen nicht melodisch genug... ein Blick auf die Portraits. Dann geht es um die Verbindung von Malerei und Musik, den Verfall der gegenständlichen Malerei bis hin zum bloßen Farbexperiment, der signore bedauert diese Entwicklung sehr, das Verhältnis von Musik und Architektur, schließlich die Rolle und das Geschick der Stadt Bergamo in der Geschichte seit dem Mittelalter bis hin zur Renaissance, die Unterwerfung durch Venedig, die venezianischen Einflüsse usw...

... eine kleine pizzetta auf der Hand, vor dem teatro sociale, treffe ich den signore später wieder. Natürlich müsste ich mir dieses alte Theater aus dem 19. Jahrhundert ansehen, die Scala di Bergamo. Ein mysteriöser, suggestiver Ort, eine Frau aus einer Wiederaufbauinitiative führt mich hinein, erzählt voller Pathos aus der Blütezeit des Theaters. Als Kind hat sie noch Aufführungen gesehen, bevor das Theater endgültig geschlossen wurde und dann immer weiter verfiel. Der gesamte Bühnenbereich ist völlig leer. Nackte Mauern, Pfeiler mit aufsitzenden Bögen ragen bis hoch unter das tragende Gebälk und die Dachpfannen. Die morsch gewordene Deckenverkleidung ist irgendwann im Laufe der Jahre herunter gestürzt. Regenwasser hat den Verfall der kreisrund, auf vielleicht fünf bis sechs Etagen verlaufenden, Balkone und Galerien, auf denen hellgrüne, altrosa oder ockerfarbene Flecken schimmern, beschleunigt ... Die signora fasst sich ans Herz: Ach, wenn diese Logen und Balkone erzählen könnten... Sie hätten hier Donizetti und Verdi gespielt und viele andere... Ihre Augen leuchten... während wir inmitten des finsteren Gebälks stehen ... aber es fehlt noch an Geld ... Dennoch soll bald mit der Restaurierung des Theaters begonnen werden... Ach, mein geliebtes Italien, doch hier ist Berlin. Genug für heute. Ich bin müde und gehe schlafen.

16. August 2003

Ich komme gerade aus dem Supermarkt zurück und habe uns gut eingedeckt fürs Wochenende. Ich habe einige Butterbrote geschmiert und Äpfel abgewaschen, damit wir zwischendurch einen kleinen Imbiss nehmen können, vielleicht nach dem erneuten Besuch des Technischen Museums. Auf unserem Plan steht dann noch das Pergamonmuseum. Um 20.15 Uhr möchte Philipp gerne *Asterix und Obelix* im Fernsehen anschauen. Vorher mache ich dann Abendessen. Pizza wird es heute geben. Ansonsten haben wir soeben beim Frühstück einen Plan, eine Übersicht angefertigt, Donnerstag, 14. August bis Donnerstag, den 21. August, um uns Überblick über die geplanten und tatsächlich durchgeführten Aktivitäten zu verschaffen.

Wir haben für zwei mal drei Tage die Welcome-Card gekauft und dadurch Anspruch auf einige Ermäßigungen erworben, auch in Museen. Dann haben wir den Drei-Tages-Pass für die Berliner Museen und tun natürlich gut daran, in dieser Zeit auch einiges anzuschauen. Am Montag haben die allermeisten Museen zu, sodass wir für diesen Tag einmal Potsdam oder den Wannsee angepeilt haben. Später dann noch ins Jüdische Museum, ins Märkische Museum oder ins Mauermuseum. Für Philipp kann unser Plan gar nicht voll gepackt genug sein. Er ist auf alles so neugierig und freut sich über die vielfältigen Aktivitäten, obschon er auch die Entspannungszeiten, zwischendurch in unserer Wohnung, sehr genießt. Also los!

[...] Jetzt befinden wir uns im Nicolaimuseum, das ja unmittelbar neben unserem Haus in der Brüderstraße liegt. Es war interessant zu hören, dass dieses Haus ein geistiges Zentrum war im 18. Jahrhundert. Nicolai, selbst Schriftsteller, Verleger und Buchhändler, empfing hier andere Größen seiner Zeit wie Schiller oder Körner. Einer der Museumsmenschen zeigte uns einen sehr schönen, lauschigen Innenhof, mit Efeu bewachsene Wände. Man hält es heutzutage nicht mehr für möglich, wenn man in die Brüderstraße hineinkommt, dass hier noch ein solch verwunschener Hof existiert. Jetzt gehen wir gerade durch die verschiedenen Ausstellungsräume. Es gibt eine Menge Material zu den verschiedensten Theater- und Opernaufführungen, unter anderem von Heinz Werner Henze, den ich sehr schätze, Kostüme, Requisiten, Modelle von Bühnenbildern ...

Wir befinden uns gerade in einem Raum, wo sich solche Requisiten vom Theater und von der Oper befinden, alte Kleider, Jacken, aber auch kreative Konstruktionen wie Flugmaschinen, die sich die Schauspieler umschnallten, Geräte mit Gurten und Flügeln oder einem Heißluftballon aus Pappmaché dran. Die Flügel oben unter der Decke sind aus echten Federn und Knochen gefertigt... Ein handgeschnitztes Treppengeländer von 1710. Das Gebäude wurde auch sehr stark getroffen im zweiten Weltkrieg, aber in allem wieder aufgebaut ... [Can Can Musik ...]

Joachim: Das hier ist jetzt über die Operette *Ade*.

Museumsmann: Die Berliner, also zumindest hier die Ostler, sind sich an sich einig darin, dass der große warme Tenor hier vorgeschoben wurde, um das schneller zum Erliegen zu bringen.

Joachim: ... um das Theater abzuwickeln?

Museumsmann: Und das wird unter vorgehaltener Hand gesagt und wurde sogar in der Öffentlichkeit entgegengehalten, aber er hat sich versucht, in den Medien herauszureden, na ja.

Joachim: Hm.

Museumsmann: Die einfachen Berliner sind sich halt im Klaren, dass er sich hat vor einen Karren spannen lassen.

Joachim: Also der lange Weg des Metropoltheaters vom Tempel der heiteren Muse zur abrisswürdigen Immobilie, wie es da auf dem Plakat ja steht.
Museumsmann: Sie können das Gebäude auch besichtigen. Es ist ja in der Nähe des Bahnhofs Friedrichstraße.
Joachim: Kann man auch hinein?
Museumsmann: Zumindest von außen können Sie es ansehen.
Joachim: Philipp, wir können jetzt Bühnenbilder sehen, die aus der Glanzzeit des Theaters stammen. Schauen wir die doch mal an, o.k?
Philipp: Gut.
Joachim: *Das Land des Lächelns*, von Franz Lehar.
Philipp: Ein Spiegelboden.
Joachim: Ein wahres Spiegelkabinett.
Philipp: Und das da? Wozu ist das?
Joachim: Zur *Ninotschka* von Porter. Klingt sehr russisch.
Museumsmann: Wie gesagt, ein reines Operettentheater war es dann schon nicht mehr. Es hat auch Musicals ins Programm aufgenommen. Wie ja jedes Operettentheater, ... man kam nicht umhin ...
Philipp: Das ist ja schön! Sieh mal, wie das glitzert.
Joachim: Bühnenbildmodell zu *Funny Girl* von Jules Stein... Und das hier? Orpheus in der Unterwelt, jener Oper von Offenbach, ein Modell von Manfred Bitterlich ...
Philipp: Da, ganz viele Kostüme.
Joachim (liest): *Das Kostüm vermittelt auf unvergleichliche Art etwas von der Materialität und Sinnlichkeit des Bühnengeschehens. Es spricht für sich selbst und für die künstlerische Handschrift seines Gestalters, der mit seiner Arbeit den Charakter, die Leidenschaften der Figuren unterstützt, das Besondere wie das Typische auffällig macht... Die technische Raffinesse, mit der die Theaterwerkstätten den Entwurf ins Stoffliche übertragen, in Sei-*

de und Tüll, in Leinen und Flitter... hier ein goldrosafarbenes Kostüm der Rosalind aus Shakespeares *Wie es euch gefällt.*

Philipp: Sieh mal hier, Nackt-Sein als Kostüm!

Joachim: Ja, ein echtes Adamskostüm. Kostüm des Charles, getragen von Peter Lohmeier in dem Stück *Wie es euch gefällt*, erstaunlich, wirklich, einen Mann mit Stoffen und Haar rekonstruiert, als sei er tatsächlich nackt.

Philipp: Da kann er sich doch gleich ohne Kostüm auf die Bühne stellen.

Joachim: Das hätte aber gegen die guten Sitten verstoßen. Das geht nur in bestimmten Nachtclubs, nicht im Theater.

[...]

Joachim: Ausschnitte aus Theaterstücken, Schillertheater, seit 1907, die Geschichte der staatlichen Schauspielbühnen von Berlin ...

Philipp: Papa, hast du das schon gesehen? Ein ziemlich merkwürdiger Film.

Joachim: Eine Filmmontage, ... Ausschnitte aus Maschinenräumen, Fabriken, dann wieder von einer Tanzveranstaltung ...

Philipp: Diese Szene jetzt scheint oben auf einem Kriegsschiff zu sein.

Joachim: Merkwürdig.

Philipp: Da unten ist Wasser... jetzt tanzen sie plötzlich, und dann dieser Knall.

Joachim: Wieder dieser Maschinenraum... es sind sehr alte Filmaufnahmen, Bildmontagen, Collagen, Experimente ...

Wir betreten einen anderen Raum und es ertönt das folgende Lied: *Danke, für alle guten Freunde, danke für jeden Mann, danke, wenn auch dem größten Feinde ich verzeihen kann, danke für meine Arbeitsstelle, danke für jedes kleine Glück, danke für alles Hohe, Grelle und für die Musik, danke für manche Traurigkeiten, danke für jedes gute Wort ...*

Philipp: Wer singt das? Von wann ist das?

Joachim: Ich weiß es nicht. Vielleicht kriegen wir noch was raus. ... Im dritten Jahr, berühmt oder tot ... die Theaterästhetik der Gegenwart.

Philipp: Masken, Monster, Hexen ...

Joachim: Teufel, Harlekine ... Theaterplakate, die Dreigroschenoper, Heinrich VI., das Kätchen von Heilbronn, von Kleist.

Philipp: Hat der hier auf dem Photo jetzt ein Kostüm an?

Joachim: Nee, der ist richtig nackt. ... Nicht wie eben mit dem Kostüm aus dem Shakespearestück.

Philipp: Was für ein Stück?

Joachim: *A Clockwork Orange*, von Anthony Burgess. Ich habe das mal gelesen, in der Romanfassung. Ziemlich gewalttätig. ... Das hier ist über die Zusammenlegung der beiden Berliner Theater.

Philipp: Sieh mal bei der Maske, da stecken richtige Nägel drin. Kommen die nicht ans Gesicht?

Joachim: Oh, das muss ja der Horror sein, die zu tragen... Maske zu *Der Kyklop*, von Euripides. Sprachen wir von...

Philipp: Unheimlich... und das hier finde ich komisch, es sieht aus wie echte Haut...

Joachim: Hier sind jetzt wieder Bühnenbilder, ... Musik, wohl Ausschnitte aus dem Stück *Der Kaukasische Kreidekreis,* von Brecht.

Philipp: Da haben sie aber ein interessantes Bühnenbild gemacht. Überall auf der Bühne liegen diese weißen Stücke herum und in der Mitte steht ein Zelt.

Joachim: Ein Plakat zu *Berlin Alexanderplatz* von Döblin, ein Theaterstück mit Ben Becker, 1999. Alfred Döblin, den Namen musst du dir schon mal merken.

Philipp: Wieso?

Joachim: Alfred Döblin schrieb einen der berühmtesten Berlinromane: *Berlin Alexanderplatz*. Damals war der Ale-

xanderplatz allerdings interessanter als heute. Das Buch kannst du mal lesen, später, steht bei uns auf dem Regal.
Philipp: Von Ben Becker habe ich schon gehört.
Joachim: Wo?
Philipp: Auf der CD mit den Rilke-Liedern.
Joachim: Stimmt. Der Becker kann gut schauspielern und singen kann er auch. Zum ersten Mal sah ich ihn in der Verfilmung von *Schlafes Bruder*. Mir hat er sehr gefallen in dieser Rolle.
Philipp: Schlafes Bruder?
Joachim: Ach, du hast noch so viel Zeit für alle diese Dinge. Eine Alpensaga von Robert Schneider, aber mit Tiefgang. Du bist gerade erst zehn Jahre alt geworden.
Philipp: Und bei *Wetten dass* war Ben Becker auch. ... Hast du das Rad schon gesehen?
Joachim: Ein Fahrrad, vorne mit einem Schreibtisch drauf.
Philipp: Das Fahrrad des Oberwachtmeisters ...
Joachim: Aus dem *Hauptmann von Köpenick*, ein Stück von Zuckmayer. Diese Rolle hat der Harald Juhnke gespielt. Da, auf dem Plakat kannst du ihn sehen.
[...]
Joachim: Hier ist was über das Maxim-Gorki-Theater, das kleinste der staatlichen Berliner Schauspieltheater... und das hier, das ist doch auch aus diesem Stück, Ben Becker als Franz Bieberkopf ...
Philipp: Kostüm der Königin der Nacht ...
Joachim: ... aus dem Stück *Der Ignorant und der Wahnsinnige,* von Thomas Bernhard. Wie unheimlich, die Krone mit diesen Spitzen. Die sehen aus wie Dolche, Säbel ...
Philipp: Mich hat es auch an die Freiheitsstatue von New York erinnert...
Wieder eine Menge Kostüme, diesmal aus dem *Parsifal*, Berlin, das Winterbayreuth an der Spree. Noch mehr Büh-

nenbildrekonstruktionen. Sobald wir einen neuen Raum betreten, erklingt Musik, Ballett, erneut Kostüme...

[...] Jetzt sind wir gerade am Gleisdreieck ausgestiegen und stehen vor dem Technikmuseum und schauen hoch zu dem legendären *Rosinenbomber*, den sie aufs Dach montiert haben. Philipp macht ein Photo. Nachzutragen zum Nicolaimuseum wäre noch, dass wir dort den kleinsten Zirkus der Welt ansehen konnten. Dort steht eine Miniaturzirkus mit Zelt, Wagen für die Artisten, Käfigen für die Tiere. Sogar eine kleine Zirkusschule ist dabei, in der die Kinder der Zirkusleute unterrichtet werden. Wir haben auch das Finale vorgespielt bekommen. In der Manege drehten sich die Figuren zur Musik.

[...]

Joachim: Hier also die Berliner U-Bahn vor 100 Jahren.
Mitschnitt einer historiographischen Filmpräsentation:
Stimme: *Es ist Werner von Siemens, der 1881 die erste elektrisch betriebene Straßenbahn der Welt baut. Aber noch prägen Pferdebusse und Pferdebahnen auf Schienen das Berliner Stadtbild. Von 1896 bis 1902 wird das gesamte Nahverkehrsnetz auf elektrische Straßenbahnen umgestellt. Aber selbst damit ist das hohe Verkehrsaufkommen in Berlin nicht zu bewältigen. Immer mehr Menschen müssen transportiert werden, vor allem im Ost-West-Verkehr, von der Innenstadt zu den neu entstehenden Wohn- und Industriebezirken in Charlottenburg ... ein neues Verkehrsmittel ... die Hochbahn, den ersten Plan ....*
Joachim: Wie war es für dich, diese Bilder anzusehen und die Erklärungen anzuhören?
Philipp: Erstaunlich. Was die sich damals alles haben einfallen lassen.

Leider sind die Abteilungen über Luftfahrt und Seefahrt noch gar nicht zugänglich, wie wir gerade erfahren haben. Textiltechnik überspringen wir und gehen lieber erneut in

die beiden Lokschuppen. Vorher kommen wir wieder an den Mauerhörstellen vorbei. Wir finden das faszinierend. Die Loks müssen noch warten. Hier haben wir die Mauerhörstelle Potsdamer Platz, 11. September 1961, Radio am Stacheldraht, Willy Brandt wendet sich über Lautsprecher an Polizei und Militär der DDR.
Joachim: Willy Brandt war damals Bürgermeister von West-Berlin.
Es folgt ein Ausschnitt aus der Originalaufnahme.
Stimme: *Hier spricht das Studio am Stacheldraht, hier spricht das Studio am Stacheldraht. Wir senden Nachrichten und Unterhaltung für die Kollegen von der Westberliner Polizei und vom Zoll. Guten Tag. [Fanfarenmusik]*
Willy Brandt (Originalton): *Ich wende mich an alle, die Dienst tun in den militärischen Formationen des Zonenregimes, der Volkspolizei, der Volksarmee und in den Kriegskampfgruppen. Wir verstehen, was es bedeutet, in die Disziplin militärischer Einheiten eines Zwangsregimes eingeordnet zu sein. Aber ich hoffe, jedermann weiß, dass es für den Einzelnen eine Stimme des Gewissens gibt. Überhört sie nicht! Jeder von euch wird einmal nach seinem heutigen Verhalten beurteilt werden. Denkt daran, dass wir alle zuerst Deutsche sind. Es gibt eine Pflicht gegenüber eurem Volk, die höher steht als jede andere. Auch für die Ulbrichts gilt, dass sie kommen und gehen. Glaubt nicht denen, die das eigene Volk einsperren. Deshalb mein Appell an alle Funktionäre des Zonenregimes, an alle Offiziere und Mannschaften, der militärischen und halbmilitärischen Einheiten: Lasst euch nicht zu Lumpen machen! Zeigt menschliches Verhalten, wo immer es möglich ist und glaubt nicht, was in euren Formationen über die Regierung der Bundesrepublik verbreitet wird. Vor allem aber, schießt nicht auf eure eigenen Landsleute...*

Joachim: Unglaublich, dieser Willy Brandt, mutig, engagiert, so eine verfahrene Lage. Er versuchte, die Leute auf der Ostseite zur Vernunft zu bringen.

Philipp: Wer waren die Ulbrichts?

Joachim: Walter Ulbricht, der führende DDR-Politiker, der den Mauerbau mit veranlasst hat. *Die Ulbrichts*, dieser Begriff bezieht sich auf alle, die das mitgemacht haben, diesen menschenverachtenden Wahnsinn.

[...]

Philipp: Stell dir vor, dieses Dampfross kommt da angestampft.

Joachim: Eine Information darüber, wie sie die Lokschuppen neu aufgebaut haben. Zum Teil waren die Gleise und die Drehscheiben von Gestrüpp überwuchert.

Philipp: Hier auf dem Photo sind sie dabei, Trümmer aus dem Krieg zu beseitigen.

[...]

Joachim: Das sind Abteile eines D-Zug-Wagens von 1905. Da steht sogar ein Schaffner drin, eine Figur in Originalkleidung. ... Dienstkleidung eines Königlich-Preußischen Eisenbahnzugführers, von 1895.

Philipp: Das war erste, das zweite und da hinten, das war dritte Klasse.

Joachim: Da saßen vier Leute auf der Holzbank, in der dritten Klasse. Derselbe Platz, auf dem später drei saßen. Und in den modernen Großraumwagen haben sie ja wieder vier Leute in eine Reihe gepackt.

Philipp: Hier sieht es schon komfortabler aus.

Joachim: Es ist wohl ein Schlafwagen, ein Zweierabteil, dunkelroter Samt, die Wände mit Holzkassetten verkleidet, schön gemütlich.

Philipp: Und da, viel breitere Sitze.

Joachim: Die Leute haben in der ersten Klasse mehr bezahlt und dafür hatten sie auch mehr Platz. ... Wagenabteile aus der Zeit von 1870 bis 1890.
Philipp: Sieh da die Lampe, so ein schummriges Licht.
Joachim: Muss schön gewesen sein, in einem solchen Wagen zu reisen. Heute ist dagegen alles so nüchtern in den Zügen.
Philipp: Hier steht was über die Schlafwagen.
Joachim (liest): *Nachdem Schlafwagen in Europa bereits durch die internationale Schlafwagengesellschaft eingeführt worden waren, baute ab 1880 auch die Preußische Staatsbahn einen eigenen Schlafwagendienst auf.*
Philipp: Wie funktionierte das damals mit Licht und Heizung?
Joachim: Hier steht was: *In der Zeit von 1870 bis 1890 haben sie in den Abteilen eine Fettgasbeleuchtung benutzt und eine Presskohlenheizung.*
Philipp: Wie ging das denn, mit den Kohlen?
Joachim: Ich muss das auch nachlesen: *In der Außenwand der Abteile sind Klappen zu sehen, durch welche glühende Presskohlen in die Heizkästen der Abteile eingelegt werden konnten.*
Philipp: Interessant.
Joachim: Hier, eine Motordraisine, von 1887.
Philipp: Was ist das denn?
Joachim: So ein kleines Gefährt, um über die Schienen zu sausen.
Philipp: Hier Fahrkarten.
Joachim: Eine Sammlung von über 110 000 Fahrkarten deutscher und ausländischer Bahnen, seit der Frühzeit der Eisenbahn. Russland, sieh hier, diese kleinen pastellfarbenen Pappstreifen, mintgrün, rosa, himmelblau, zitronengelb, manchmal mit farbigem Streifen. Siehst du irgendwo Deutschland?

Philipp (zieht ein tableau raus): Nein, hier ist gerade Italien.
Joachim: Bologna – Piacenza, Venezia – Foggia, Brindisi ... Napoli – Caserta, Palermo ...
Philipp: Das sind ja ganze Sätze.
Joachim: Ich erinnere mich noch an die sechziger Jahre, da gab es diese Art von Fahrkarten noch. Wir fuhren gelegentlich auf der Strecke Freudenberg – Olpe oder Olpe – Finnentrop – Hagen – Norddeich. Das waren für mich schon Weltreisen damals.
Philipp: Fahrradkarten ... Hundekarten ...
Joachim: Die gab´s auch?
Philipp: Hm.
Joachim: Kirch – Pfaffenbärfurt? Wo ist das denn? Reichelsheim – Ernbach, Brenzbach – Darmstadt ...
Philipp (lacht): Eine Depesche aus Darmstadt ...
Joachim: Ja. ... Hier ist noch mal Italien. ... Milano – St. Gallen ...
Philipp: St. Gallen, wo ist das?
Joachim: In der Schweiz... Gucken wir mal bei England?
Philipp: Ja ...
Joachim: Was haben wir denn hier für Orte? Kingscross ...
Philipp: Bellinzona, wo ist das?
Joachim: Norditalien, in Richtung Schweizer Grenze... Hier sind sogar Fahrkarten aus Nordamerika, Detroit – Albany.
Philipp: Die sehen ja aus wie kleine Urkunden.
Joachim: ... Sacramento – San Pedro ...
Philipp: Hier sind welche aus Afrika, Kapstadt – Pretoria ... Was ist denn mit Portugal?
Joachim: ... Lissabon – Sevilla ...
Philipp: Spanien...
Joachim: Barcelona – Mercadillo ... Mal sehen, was sie noch haben. Asien, Ostindien.
Philipp: Was die alles gesammelt haben.

Joachim: Japan, die Namen der Orte kann ich nicht lesen. Aber Ostindien, das war doch eine englische Kolonie. Die Karten müssten wir lesen können... Return, da steht immer nur up oder down drauf ... Direktion Köln, interessant, vielleicht finden wir was aus unserer Gegend.
Philipp: Köln - Hagen/ Westfalen - Essen ...
Joachim: Viersen – Neuss ...
Philipp: Mönchengladbach ...
Joachim: Cöln - Frankfurt, Köln noch mit C.
Philipp: Nein!
Joachim: Hier haben sie Bettkarten drin, Schlafwagenkarten.
Philipp: Köln – Berlin ...
Joachim: Was sind denn Umwegekarten? Halle – Berlin, Privatbahnen ... Preußische Staatsbahn ... Danzig – Zopot.
[...]
Joachim: Ein wahres Monster, diese Lokomotive, Preußische Personenzuglokomotive, P 8, Baujahr 1914, Höchstgeschwindigkeit 100 km/h.
Philipp: Wird die gestampft haben.
Mein Sohn läuft zwischen den Lokomotiven herum und macht Photos. Er steht jetzt gerade bei dem Hofwagen von Kaiser Wilhelm II.. Wir gehen gerade zu dem anderen Lokschuppen.
Philipp: Zum zweiten Mal.
Joachim: Um alles noch gründlicher anzusehen ...
Philipp: ... und ein paar Photos zu machen.
Joachim: Es riecht hier nach altem Eisen, nach Maschinen, nach Öl.
Philipp: Zahnstangengleis der Höllentalbahn ... damit der Zug nicht abrutscht.
Joachim: Von 1887. Das Höllental liegt zwischen Freiburg und Hinterzarten. Die Zugstrecke bin ich mal zusammen mit Jan gefahren, zur Hochzeit von Sandra.
Philipp: Waren da denn noch solche Gleise?

Joachim: Nein, du merkst schon, dass es hinaufgeht, aber die Steigung ist jetzt besser auf eine größere Länge verteilt. Jetzt fährt der Zug auch ohne Zahnräder. In seiner früheren Zeit war das Höllental sehr gefährlich, weil es eben so steil war. Pferdekutschen stürzten oft ab. Die Höllentalbahn war dann sicher zunächst ein ziemlicher Fortschritt. Dann werden sie die ganze Landschaft umgestaltet und eingeebnet haben, mit Baggern, Sprengungen, was man früher noch nicht konnte. Hier sind noch Informationen dazu: *Eine der ersten Bahnstrecken für gemischten Zahnstangen- und Reibungsbetrieb war die badische Höllentalbahn, von Freiburg nach Hinterzarten und Neustadt im Schwarzwald, 1887 eröffnet. Ihre größte Steigung war 1:18, das heißt auf achtzehn Meter Streckenlänge war ein Meter Höhenunterschied zu überwinden.*

Philipp: Wie ist das denn am Drachenfels?

Joachim: Da ist es ja noch viel steiler. Das geht nur mit Zahnstangengleis.

[...]

Joachim: Schau dir mal diese Karte hier an, die Länderbahnen im Deutschen Reich, 1918. Siehst du wie weit das Deutsche Reich ging, bis nach Königsberg und noch weiter nach Nordosten. Breslau, Schlesien, ganze Bereiche des heutigen Polen haben dazugehört.

Philipp: Bayern hat fast dieselben Grenzen wie heute.

Joachim: Dann haben wir hier noch Württemberg-Baden, Oldenburg, Mecklenburg...

Philipp: Preußen mit Hessen war das größte Gebiet und ...

Joachim: ... Berlin lag in der Mitte. Heute liegt Berlin am östlichen Rand von Deutschland und damals lag es genau im Zentrum. 1918 dann das Ende der Monarchie, der Königsherrschaft. Es ist nur recht geschehen, dass Deutschland jetzt wieder kleiner ist, bei dem Größenwahn, so ein übersteigertes Nationalbewusstsein, dass tut keinem gut.

Die Geschichte hat so was immer noch auf ihre Art gelöst. So was muss einfach bestraft werden. ... Hier steht was recht Interessantes: *Im ersten Weltkrieg war die Streckenlänge der deutschen Eisenbahn auf 62400 Kilometer angewachsen. Dazu kamen weitere 25600 Gleiskilometer in den besetzten Gebieten. 1917 verschlechterte sich die Versorgung im deutschen Reich merklich. Nach großen deutschen Verlusten an der Westfront kam es im November 1918 zum Aufstand der Matrosen in Kiel und zur Revolution in München und Berlin. Der Krieg war verloren und Kaiser Wilhelm II. dankte ab. Im Waffenstillstandsvertrag wurde die Räumung aller eroberten Gebiete vereinbart. Außerdem mussten neben anderen Gütern 5000 Lokomotiven den Kriegsgegnern überlassen werden. Die Gebietsabtretungen an Polen und Frankreich nach dem Friedensvertrag von Versailles führten nochmals zum Verlust von fast 8000 Kilometern Streckenlänge mit den zugehörigen Fahrzeugen. Nach den Strapazen des Krieges, in dem zehn Millionen Menschen ihr Leben gelassen hatten, waren auch die Eisenbahnen in desolatem Zustand.*

Philipp: Über den Ersten Weltkrieg habe ich ja noch gar nicht viel gehört bisher. So viele Menschen sind da gestorben?

Joachim: Ja, der Krieg bekam zum ersten Mal ein solch großes Ausmaß. Hier, auf dieser Tafel geht es noch weiter: *Zum 1. April 1920 gingen die Länderbahnen Preußens, Bayerns, Sachsens usw. in der neuen Deutschen Reichsbahn auf. Als durch die Inflation 1923 die deutschen Reparationslieferungen stockten, wurde 1924 der Darwes-Plan über die Bezahlung der deutschen Schulden vereinbart. Nach diesem Plan wurde der gewinnbringende Bahnbetrieb von der Deutschen Reichsbahngesellschaft übernommen, die als Pfand für einen Teil der Reparati-*

onsschulden diente und dazu Schuldverschreibungen über elf Millionen Goldmark ausgab.
Philipp: Was waren Reparationslieferungen?
Joachim: Reparation bedeutet Wiedergutmachung, hier für den im Krieg angerichteten Schaden.
Philipp: Und Inflation?
Joachim: Geldentwertung, bedingt durch eine Wirtschaftskrise.
[...]
Joachim: Ist ja spannend ...
Mühlenwärter: Bohlsdorf liegt bei Schönefeld ...
Joachim: Draußen vor den Toren der Stadt.
Mühlenwärter: Das ist die letzte Mühle von Berlin gewesen. Also Bockwindmühlen muss man sagen. Holländermühlen, das sind ja die gemauerten Mühlen, das ist der modernere Mühlentyp, da gibt es noch einige mehr. Typisch für Brandenburg und Berlin waren eben diese Bockwindmühlen, weil die günstiger waren, und Berlin und Brandenburg sind ja immer schon ein ärmeres Land gewesen, wegen der mageren Böden, weil man hier nichts aus den Böden herausholen kann, es ist doch nur Sand...
Joachim: Was war das mit der Explosion?
Mühlenwärter: Ich weiß es nicht genau. Jedenfalls wird gesagt, dass ein Munitionszug vorbeifuhr und in dem Moment explodierte. Dieses Photo da zeigt, wie die Mühle dann ausgesehen hat. Da ist nicht mehr viel von übrig geblieben. Immerhin stand noch etwas. Wie gesagt, es ist die letzte von weit über hundert Mühlen, die es gegeben hat in Berlin. Man kann so ganz grob sagen, eine Mühle kann etwa tausend Leute mit Mehl und Kornprodukten versorgen. Da kann man sich vorstellen, wie viele solcher Mühlen in und um Berlin gestanden haben. Dann hat sie gestanden vierzig Jahre, als Ruine, und dann hat sie Schalck-Golodkowski hier ans Museum verkauft, für

zwanzigtausend Mark. Original, das sind die grauen Holzteile, die man ja deutlich erkennen kann, der Bock unten, dann oben die Welle, das große Rad und noch einige weitere Teile.
Joachim: Der Rest ist dann rekonstruiert worden.
Mühlenwärter: Genau. Da haben dann fünf Leute ein Jahr dran gearbeitet.
Joachim: Und dieses massive Teil hier in der Mitte der Mühle, wie nennt man das?
Mühlenwärter: Das ist der Hausbaum.
Philipp: Und der Bock? Was ist das genau?
Mühlenwärter: Alles was unter der Mühle ist, alles was jetzt unter dem Boden ist, auf dem wir stehen, das ist der Bock. Danach ist die Mühle ja auch benannt. Die Windmühltechnik kommt aus dem Mittelmeerraum. Man vermutet, dass die Kreuzritter das mit zu uns gebracht haben. Bloß am Mittelmeer sind die Mühlen immer aufs Meer ausgerichtet, weil sie tagsüber immer auflandige Winde haben. Da hatten sie natürlich hier ein Problem, wenn sie die Mühlen mitten in der Landschaft aufgestellt haben, man kann sie ja dann nur ein Drittel der windigen Zeit nutzen, weil man ja eher westliche Winde hat. Der Wind muss eben von vorne kommen. Die Bockwindmühle hat den Vorteil, dass man sie drehen kann.
Joachim: Wie haben sich die Leute für einen bestimmten Mühlentyp entschieden?
Mühlenwärter: Das war eine Frage des Preises. Die Bockwindmühlen sind eben einfach günstiger gewesen, weil sie komplett aus Holz sind, und Holz war früher ein relativ preisgünstiges Baumaterial, wogegen die gemauerten Holländerwindmühlen doch eine größere Investition waren. Andererseits konnte man dann mit der holländischen Technik auch wesentlich größere Mühlen bauen. Drüben unsere Holländermühle ist ja winzig klein, geradezu eine

Puppenmühle, während diese Bockwindmühle hier ... , also größere habe ich noch nicht gesehen. Aufgrund des Materials war man in der Größe beschränkt. Ich habe also schon Holländermühlen gesehen, die dann innerhalb der Stadtmauern gebaut wurden, und damit die natürlich Wind kriegten, musste schon die Galerie dreißig, vierzig Meter hoch sein, und da fängt dann eigentlich die Mühle erst an.

Philipp: Schon spannend.

Joachim: Seit wann gibt es diesen Mühlentyp hier genau?

Mühlenwärter: Seit dem elften Jahrhundert gibt es die Bockwindmühlen. Da muss das ganze Haus komplett gedreht werden. Mit dem Steert eben, mit dem langen Balken, wird die ganze Mühle gedreht.

Joachim: Steert? Ist das Holländisch?

Mühlenwärter: Das ist Plattdeutsch. Das ist, hier hinten (zeigt), der Schwanz. Beim Tier gibt es auch eben den Steert. Ich komm´ nämlich von dort oben.

Joachim: Was meinen Sie mit von da oben?

Mühlenwärter: Schleswig-Holstein. Aber auch die in Mecklenburg und so, die sprechen auch alle Platt.

Joachim: Ja, Philipp und ich haben gestern schon überlegt, um die Mühle nun zu drehen, spannt man da vielleicht einen kräftigen Ackergaul vor den Steert?

Mühlenwärter: Nein, das kann er (zeigt auf Philipp) machen. Und das wird er gleich machen.

Joachim: Nein.

Mühlenwärter: Doch. Die dreißig Tonnen wird Philipp, wenigstens ein kleines Stückchen, mal drehen.

Philipp: Dreißig Tonnen wiegt die Mühle?

Mühlenwärter: Ja.

Joachim: Und Philipp soll die dreißig Tonnen bewegen?

Mühlenwärter: Ja.

Joachim: Und wir haben tatsächlich an ein Pferd gedacht.

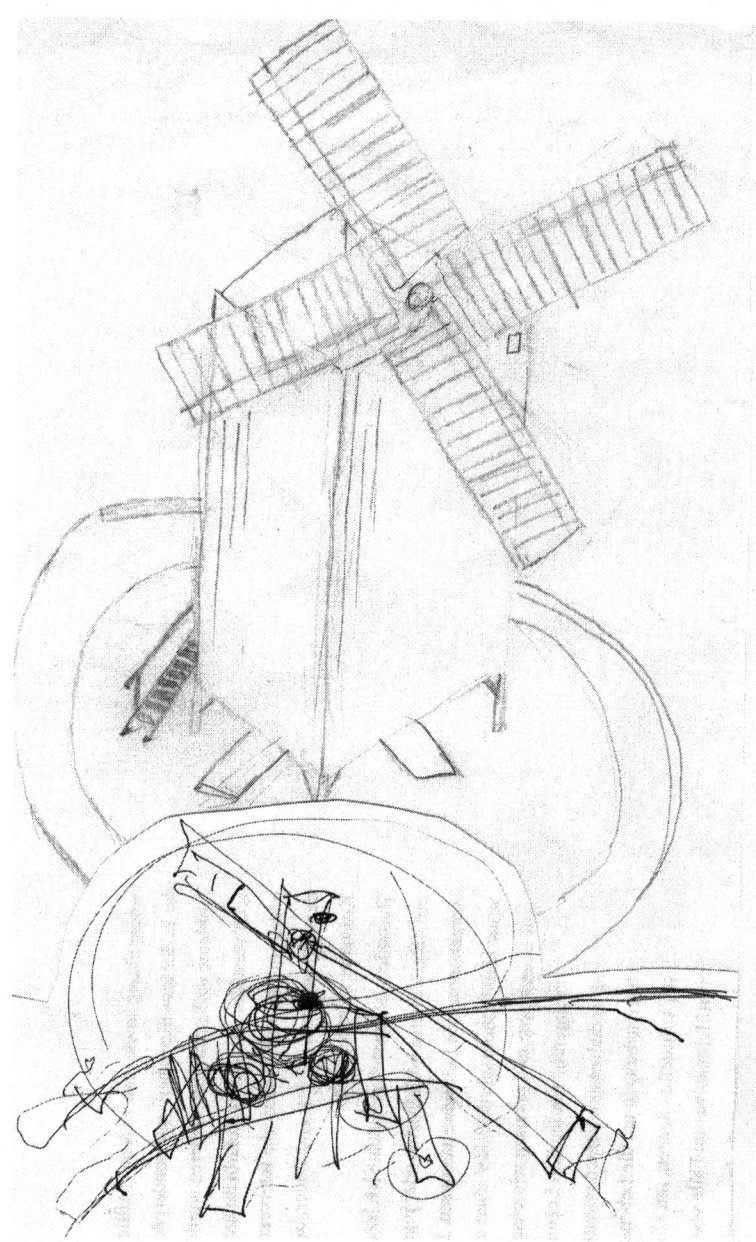

Zeichnungen, *Bockwindmühle*, Philipp (o.) und Joachim (u.), 2003

Mühlenwärter: Nee, man kann sich kein Pferd leisten, nur um jetzt die Mühle zu drehen. Das wäre viel zu aufwändig. Außerdem muss das Pferd ja auch immer ausgeschert und eingeschert werden und da nimmt man eben diese Winde und damit geht das dann relativ leicht, wie ich gleich beweisen werde.

Joachim: Was wir dann gestern noch überlegten, wir kamen auf das Thema Pferd und Mühle, ... wir haben einmal in Rothenburg ob der Tauber in der alten Rossmühle, jetzt eine Jugendherberge, übernachtet ...

Mühlenwärter: Ja, Rossmühlen, die gab es auch ...

Joachim: Wir haben gelesen, dass wenn Rothenburg belagert war und man konnte die Mühlen im Taubertal, die ja außerhalb der Stadtmauern lagen, nicht benutzen, dass sie ihr Mehl mit der Rossmühle gemahlen haben ...

Mühlenwärter: Ja, ja ...

Philipp: Also, sie haben die Pferde angespannt, die den Mühlstein gedreht haben.

Mühlenwärter: Mit der Belagerung, da gibt es noch ne tolle Geschichte und zwar sagt man, wenn man Mühlen laufen lässt, ohne dass man Korn mahlt, was ein Müller ja normalerweise nicht tut, warum sollte er die Mühle laufen lassen, wenn kein Korn gemahlen wird. Also wenn die Mühlen laufen, ohne dass sie Korn mahlen, sagt man dazu: *für den Prinzen mahlen*. Das ist eben zurückzuführen auf eine Belagerung in Holland. Und zwar hat da der Prinz dann angeordnet, sie haben in der Stadt längst nichts mehr zu essen gehabt, sie waren völlig ausgehungert, wochenlang belagert gewesen, ich kann mich nicht mehr genau erinnern, welche konkrete Geschichte es war, jedenfalls hat der dann gesagt, so lasst die Mühlen drehen.

Joachim: Hm.

Mühlenwärter: Und dann haben in der belagerten Stadt immer die Mühlen gedreht, gedreht und gedreht und die Belagerer haben dann natürlich gedacht: Mensch, die müssen ja Korn ohne Ende haben. Die mahlen und mahlen und mahlen, und die sind dann wieder abgezogen, frustriert, weil sie dachten, dass in der Stadt eben immer noch Korn gemahlen wird und seitdem sagen die Müller, wenn sie laufen lassen, ohne Korn zu mahlen, das sei *für den Prinzen drehen.*

Joachim: Ein ausgezeichneter Trick, um den Feind abzuschütteln.

Mühlenwärter (wendet sich zu Philipp): So, Mann der Tat. Bist du bereit, dreißig Tonnen zu drehen? Ja?

Wir steigen die steile Holztreppe hinunter. Der Museumsmann trifft draußen erste Vorbereitungen. Das karrenähnliche Holzgestell wird ein gehöriges Stück vom Steert weggezogen. Und damit es nicht wegrutschen kann, wird es durch einen der kreisförmig um die Mühle in den Boden getriebenen Pfähle an Ort und Stelle gehalten. Dann wird eine Eisenkette zwischen dem Steert und einem drehbaren Holzbalken, der senkrecht in dem Gestell steckt, eingehängt. In den senkrechten Pfahl steckt der Mann nun waagerecht eine Art Hebel, ein etwa 2,50 Meter langes Kantholz mit abgerundeter Partie zum besseren Greifen und schon geht es los. Philipp läuft im Kreis, drückt, die Kette rasselt, spannt und windet sich um den senkrechten Pfahl, und kurze Zeit später beginnt es über dem Mühlenbock gehörig zu knarren.

Joachim: Jetzt bewegt sie sich! [Geknarre auf dem Tonband] Musstest du viel Kraft aufwenden?

Philipp: Nee, ging. Da muss man aber schon etwas Gewicht haben, sonst schlägt das Ding einen ja zurück, und dann?

Joachim: Also, viel essen, dann bekommst du die nötige Körpermasse.

[...]

Joachim: Und du willst noch mal zu den Loks, zum Photographieren?

Philipp: Ja, ... Wir können uns ja noch mal die Motoren angucken.
Joachim: Zeig mir mal, was du genau meinst.
[...]
Joachim: Hier, auf der Lok ist doch tatsächlich ein Hakenkreuz drauf.
[...]
Philipp: Das wäre das Richtige für den Jan, wenn er sich das bauen könnte.
Joachim: Du meinst diese Modellwagen hier. Schön groß, aber nicht so groß, dass man die Wagen nicht mehr handhaben könnte.
Philipp: Aber viel größer als die sonstigen Modelleisenbahnen.
Joachim: Guck mal hier. Speisewagen, Rheingold, Amsterdam – Mailand. ... jetzt etwas zur Geschichte der Elektrotechnik. Eine interessante Präsentation, sieh da: *Bis zum 18. Jahrhundert waren elektrische Phänomene vor allem in der Natur beobachtet und ansatzweise analysiert worden. Der Durchbruch zur mechanischen Erzeugung und die praktische Anwendung der Elektrizität gelangen erst im 19. Jahrhundert. ... 1866 konstruiert Werner von Siemens eine Dynamomaschine zur Erzeugung von elektrischem Strom.*
Philipp: Jetzt geht es um Laternen zur Straßenbeleuchtung.
Joachim: Hier haben wir ein Modell der Cumberwell-Laterne, einer Gaslaterne, die 1826 aus England eingeführt wurde. Dann geht es weiter mit den Bogenlampen, Intensivflammenbogenlampe, offenes Regulierwerk ohne Gehäuseteile. Diese Lampen wurden wegen der giftigen Salzkohledämpfe nur im Außenbereich eingesetzt. Die Kohlestäbe sind schräg nebeneinander angeordnet. Dadurch wird das Licht konzentriert nach unten geworfen. Dann gibt es verschiedene Varianten zu diesem Lampen-

typ, bei denen die Kohlestäbe senkrecht übereinander angeordnet wurden. Die Sparbogenlampen hatten ein stark vereinfachtes, preiswerteres Regulierwerk, kein Räderwerk und der Kohlenachschub wurde durch eine einfache Klemmkupplung gewährleistet. Der Kohlenverbrauch war durch verlangsamten Abbrand vermindert, weil die dicht sitzende Glasglocke den Luftzug stark reduzierte.

Philipp: Hier ein Gemälde, wo auch solche Lampen drauf sind.

Joachim: Spazieren gehen im Schein der Bogenlampen. ... Elektrische Beleuchtung der Schlossbrücke, ein Bild von 1896, Sehen und gesehen werden, das Lustwandeln im Schein der Bogenlampen war ein beliebtes Abendvergnügen der Berliner ...

Philipp: ... und der Berlinerinnen.

Joachim (liest weiter): *Der großartige Eingang, welchen die Straße Unter den Linden in unsere jetzige Kaiserstadt bildet, die beliebte Promenade in derselben, der monumentale Charakter, welchen die Häuser dieser Straße in ihrer Fortsetzung bis zum königlichen Schlosse tragen, rechtfertigen gewiss die Anwendung des schönsten, wenn auch zur Zeit noch kostbarsten Beleuchtungsmittels,* hieß es in einer Vorlage des Berliner Magistrats bei der Stadtverordnetenversammlung vom 29. April 1887.

[...]

Philipp: Wirtschaftswunder?

Joachim: Die Neonbuchstaben über der roten TEE-Lok? Ja, da ging es wieder aufwärts, nach dem zweiten Weltkrieg. Eine begeisterte, optimistische Aufbruchstimmung, als Schutt und Asche beiseite geräumt waren. Die Diesellok des Wirtschaftswunders, 1960.

[...]

Joachim: Hier haben wir noch einmal den Güterwaggon, der zum Transport von Juden, politischen Häftlingen und anderen Opfern des Naziregimes in die Konzentrations- und Vernichtungslager verwendet worden ist.

Philipp macht ein Photo.

Philipp: Lachen die da auf dem Bild?

Joachim: Das sieht nur so aus. Das ist kein Lachen. Das ist ein Effekt des Schwarzweißphotos, eine Wirkung von Licht und Schatten, wahrscheinlich drücken diese Bewegungen in den Gesichtern eher die pure Verzweiflung aus.

Philipp: Siehst du den Stacheldraht vor den kleinen Luken des Waggons?

Joachim: Damit keiner einen Fluchtversuch machen konnte... Hier hast du eine Aufnahme des Konzentrationslagers in Auschwitz...

Philipp: Was sind das für Gegenstände da auf dem Boden? Brillen? Taschen? Töpfe? Schuhe?

Joachim: Hier eine Übersichtskarte der bekanntesten Konzentrationslager und Vernichtungslager.

Philipp: Treblinka? Sobibor?

Joachim (liest): Aus einem Schreiben von Dr. ing. Ganzenmüller, Staatssekretär am Reichsverkehrsministerium, stellvertretender Generaldirektor der Deutschen Reichsbahn an Herrn SS-Obergruppenführer Wolf nach Berlin, persönlicher Stab des Reichsführers SS, Stempel geheim, 28. Juli 1942. *Sehr geehrter PG Wolf, unter Bezugnahme auf unser Ferngespräch vom 16. Juli teile ich Ihnen folgende Meldung meiner Generaldirektion der Ostbahnen in Krakau zu Ihrer gefälligen Unterrichtung mit. Seit dem 22. Juli fährt täglich ein Zug mit je 5000 Juden von Warschau über Malkinia nach Treblinka, außerdem zwei mal wöchentlich ein Zug mit 5000 Juden von Przemiel nach Belzek. Gadob steht in ständiger Fühlung mit dem Sicherheitsdienst in Krakau. Dieser ist damit einverstanden, dass die Transporte von Warschau über Lublin nach Sobibor so lange ruhen, wie die Umbauarbeiten auf dieser*

Strecke diese Transporte unmöglich machen (ungefähr Oktober 1942). Die Züge wurden mit dem Befehlshaber der Sicherheitspolizei im Generalgouvernement vereinbart. SS- und Polizeiführer des Distrikts Lublin, SS-Brigadeführer Globocnigg ist verständigt. Heil Hitler! Ihr ergebener Ganzenmüller.

[...]

Philipp: Haben wir jetzt alles angeguckt, außer Haar und Textil?

Joachim: Ja.

Philipp: Weben? Gehört auch zu Textil, oder?

Joachim: Willst du das sehen? Die Sonderausstellung über Haare lassen wir mal aus, oder? Wo geht es denn jetzt raus?

Philipp: Es ist gut, dass wir noch ein zweites Mal hier waren.

Joachim: Dass wir die Dinge noch mal gründlicher angeschaut haben. Gab es heute neue Erkenntnisse für dich?

Philipp (seufzt): Ach, nicht so viel. Wir konnten ja nicht mehr so viel ansehen.

Joachim: Aber die Mühle haben wir heute noch mal intensiver ansehen und erleben können.

Philipp: Ja, das schon, aber ...

Joachim: Aber?

Philipp: Wir konnten ja den Rosinenbomber nicht von oben ansehen, weil die Flugzeugausstellung noch nicht fertig ist, auch die Schiffsausstellung ist nicht fertig ...

Joachim: Na gut, aber dafür konnten wir immerhin die Züge und Loks noch mal genauer studieren. Guckst du zweimal, ist es ja viel intensiver, als wenn du nur einmal kommst, oder?

Philipp: Ja.

[...] Hier ist jetzt ein Gang, immer noch im Technikmuseum, mit einer Photoausstellung, da müssen wir auch noch

her, weil Philipp da noch nicht war. Das Thema dieser Ausstellung sind Brücken, Eisenbahnbrücken, Hochbahnen ... Baugruben, an den verschiedenen Plätzen und Straßen Berlins, Bauarbeiten an der Untergrundbahn ...
Joachim: Die Bilder geben einem einen Eindruck davon, wie es früher in Berlin ausgesehen hat.
Philipp: Ja ein bisschen.
Joachim: Wir müssten uns mit einer Zeitmaschine zurückversetzen können... Hier das Gleisdreieck, wo wir heute morgen noch ausgestiegen sind, um zu diesem Museum zu gelangen.
Philipp: Da liegt Schnee auf den Gleisen. Sieht schön aus.
Joachim (liest): *Die Winteraufnahme zeigt das Gleisdreieck vor den mittlerweile fertiggestellten Gebäuden der Eisfabrik.*
Philipp: Ach hier, wieder so Gefährt! So wie das draußen auf der Drehscheibe.
Joachim: Eine Personenlore. Hier lassen sich 1901 einige leitende Herren mit einem solchen Gefährt kutschieren, um das Bauwerk Gleisdreieck anzusehen... Und ein schönes Bild von 1908, ein Eingang zur Elektrischen Hoch- und Untergrundbahn, die Haltestelle Zoologischer Garten, mit den alten Bogenlampen. Sieht alles sehr nach Jahrhundertwende aus, wie man sie sich so vorstellt, auch die Kleidung der Leute, die Frauen in den langen Kleidern, mit den hochgesteckten Haaren, den Hüten obendrauf...
[...]
Joachim: Nachrichtentechnik. Hast du was entdeckt hier? Was ist das?
Philipp: Ein Hebel.
Joachim: Das kann man bewegen.... Schaltgliederung, mechanische Schaltglieder, die ZIT 1 besteht aus mechanischen Schaltgliedern, was heißt denn ZIT 1?
Philipp: Der erste Computer der Welt.

Joachim: Berlin, 1936. Was haben wir da für Geräte? Befehlsregister, Akkumulator, Schreibsperre ...
Philipp: Zeichnen mit Lochstreifen?
Joachim: Der Graphomat Z 64, von Konrad Zuse entwickelt, von der Zuse-KG ab 1961 gebaut, gehört zu den ersten automatischen Zeichengeräten bzw. Plottern... Er ist in Transistortechnik aufgebaut.
Philipp: Hol dir doch mal so einen Hörer!
Joachim: Was kannst du da hören? ... Ich höre nur einen Summton. Was machen die denn hier? Interviews mit Mitarbeitern der Kassenärztlichen Vereinigung, Bad Segeberg und der Zuse-KG. Ich kann das so schnell nicht verstehen ... Zuse, Datenerfassungssystem ...
Wir befinden uns jetzt in einem rekonstruierten Fernsehstudio von 1958, ... Konrad Zuse, der Computer, mein Lebenswerk.
Philipp: Ein Buch von Zuse ...
Joachim: Wann hat er es geschrieben?
Philipp: 1970 ist es erschienen, in München.
Joachim: Schon mal gehört, den Namen Zuse?
Philipp: Ich habe aber schon mal irgendwo ein Bild von ihm gesehen.
Joachim: Geboren in Berlin. Deshalb hat er sicher einen Ehrenplatz hier bekommen. Geboren 1910. Was sind das für Geräte hier?
Philipp: Z 16, habe ich eben auf dem Band gehört.
Joachim: Z 16? Befehlsübernahme, Schnellspeicheradresse...
Philipp: Das war das, wo du vorher die Melodie gehört hast.
Joachim: Hier haben wir eine Computerpräsentation, in der es um die Konrad Zuse-KG geht, um ihre finanziellen Schwierigkeiten und ihr späteres Scheitern.
[...]

Philipp: Die ganzen Monitore da, Kamera 1, 2 usw., Testbild, Mikrofon,
Joachim: Trickmischer mit Kreuzschiene, die Anfänge des Fernsehens.
Philipp: Eine Riesenkamera!
Joachim: Ortikonkamera mit Zoomobjektiv, von 1960, ist ja ein Riesenapparat, sieht aus wie ein kleiner Panzer.
Museumsfrau: Ich hab´ das ja noch selbst erlebt. Man sah ja, früher bei Live-Aufnahmen, speziell bei Sportübertragungen, immer die, die gerade nicht filmten, sondern im Bild waren. Es waren immer drei Leute mit so einem Ding beschäftigt.
Joachim: Das war ja richtig Arbeit ...
Museumsfrau: Der operator selbst, dann noch einer, der schieben half und noch einer, ein dritter, der die Kabel trug. Die haben ja alle mit Kabelanschlüssen gearbeitet. Und das waren solche Dinger (zeigt mit den Händen), die Stromkabel. Da waren ja etwa Übertragungen von Konzerten auf der Waldbühne oder so was. Da waren solche Dinger im Einsatz und ganze Truppen dazu (lacht). Aber die Qualität war doch entscheidend ...
Joachim: Und die war gut.
Museumsfrau: Ja, wir haben hier ein Fernsehstudio, schon aus den dreißiger Jahren, mit allem technischen Zubehör, hier steht sogar ein Flügel drin, und die Musik musste ja auch original aufgenommen werden, und es war schon ein enormer technischer Aufwand, der aber möglich war.
Joachim: In den dreißiger Jahren schon... Philipp, sieh nur, diese altertümlichen Fernsehapparate! Kannst du dir vorstellen, dass sie früher solche Fernsehgeräte hatten?
Philipp: Nee.
Joachim: Hast du schon mal solche Geräte gesehen?
Philipp: Nee.

Museumsfrau: Na, dann drehen Sie sich mal um! Da sehen Sie den ersten Fernseher überhaupt.

Joachim: Der erste Fernseher, von 1938?

Museumsfrau: Und zwar der erste mit Elektronik. Es gab ja zuerst noch das frühe technische System mit Einschlitz, Keinschlitz, aber diese ersten Geräte gab es schon Ende der Zwanziger, die sahen ungefähr so aus...

Joachim: Also das war die Bildqualität von dem Apparat?

Museumsfrau: Nee, von vor dem noch, und ab 1931 etwa gab es schon diese Größe, aber immer noch Versuchsstadium natürlich ...

Joachim: Kathodenstrahlfernseher von Loewe ...

Museumsfrau: ... und Manfred von Ardenne hat dann auch weltweit das erste Patent gehabt, obwohl in England und Russland wurden etwa zur gleichen Zeit Fernsehgeräte gebaut, das lag sozusagen in der Luft, ne, ja...

Joachim: Manfred von Ardenne war der Erfinder und Loewe hat gebaut, richtig so?

Museumsfrau: Ja, hier hinten das Bild zeigt Ardenne in seinem Labor, mit diesem Gerät hier hinten, und Zeichensachen...

Joachim: Das hat er auch gemacht?

Museumsfrau: Ja, ja, die Braunsche Röhre kennen Sie sicher noch aus der Schule.

Joachim: Es ist lange her ...

Museumsfrau: ... da in der Vitrine. Das ist die entscheidende Grundlage ja für alles beim Fernsehen und mit der haben auch die Engländer, mit dieser Version hier, gearbeitet, die Russen auch, so, und Ardenne war eben der deutsche Erfinder, der für sich experimentierte, wie es damals üblich war und auch was zustande brachte und der dann als erster die Elektronik reinbrachte ins Fernsehgeschäft, und damit war der Bann gebrochen und nun konnten auch größere Entfernungen bei der Bildübertragung überbrückt werden.

Joachim: Hm.

Museumsfrau: ... was dann schon 1936 bei den Olympischen Spielen ermöglichte, Live-Aufnahmen zu machen. ... Das hier sind schon die Geräte für den Hausgebrauch gewesen, von 1936.

Philipp: Die waren doch damals sicher noch sehr teuer.

Museumsfrau: Ja. Aber es gab schon die Idee von Fernsehstuben, wo sich die Leute versammeln konnten und dann gab es natürlich die Betuchten, die es schon im Salon hatten, aber Sie sehen, dadurch, dass die Röhre so riesenlang war, auch die Wärmeabführung ein Problem war, waren also die Kästen sehr sehr groß. Die Bildqualität war aber schon prima. So, dann gab´s die Variante, mal vertikal, deswegen stellen wir das aus, eben wieder, wo bleibt man mit der großen Bildröhre?

Joachim: Die ist jetzt senkrecht aufgestellt ...

Museumsfrau: Genau, die steht jetzt senkrecht, erforderte dann aber zwei Spiegel...

Philipp: ... dass man das Bild auch normal im Sitzen betrachten konnte ...

Museumsfrau: Ja. ... Ist auch aus der Zeit, 1937, aber wurde auch schon 1936 verkauft und auch die Wärmeabfuhr war hier besser als bei den kleinen Schlitzen...

Joachim: Mehr Fläche, um die Wärme abzugeben ... Und das Gerät da drüben, ist es auch von Loewe?

Museumsfrau: Loewe.

Joachim: Das waren also die Pioniere auf dem Gebiet.

Museumsfrau: Ja, ja, und bis 1939 ging die Sache noch einigermaßen voran. Im Krieg war dann Schluss, aus Sicherheitsgründen durfte dann so was gar nicht mehr produziert werden und Deutschland traf es nun nach dem Krieg noch ein zweites Mal, denn dann wurde die Produktion erst recht verboten.

Joachim: Während der Besatzungszeit jetzt ...

Museumsfrau: Genau, und dann erst wieder, als sich das alles lockerte, das ganze Leben, und dann konnten auch von deutschen Firmen wieder Fernsehgeräte produziert werden. Im Osten wurden dann die ersten aus Russland eingeführt, deswegen hier der Leningrad...

Philipp: Welcher ist das denn? Hier oben der?

Museumsfrau: Ja der.

Joachim: Modell Leningrad 72.

Museumsfrau: Und der war aber bei denen auch schon vorm Krieg so. Hat dann natürlich auch stagniert, aus Sicherheitsgründen, dann erst mal als gleiches Modell nach dem Krieg wieder so hergestellt, in größeren Stückzahlen, und auch exportiert, und dann entwickelten sich eben doch recht schnell die größeren Bildröhren, und was sicher auch für'n Kind interessant ist, und Sie werden's auch nicht mehr erlebt haben, oder höchstens bei den Großeltern, man musste ja immer ein Möbel haben..

Joachim: Wo der Apparat reingestellt wurde ...

Museumsfrau: ... und dann war es eben ganz schick, dass man ein Möbel mit drei Funktionen kaufte, Radio, Plattenspieler, Fernseher, alles in einem.

Joachim: Als Vorläufer des modernen Hifi-Turms.

Museumsfrau: Ja, aber eben nur mit Holzgehäuse, wie hier von Nordmende, aus den fünfziger Jahren.

Joachim: Sieht schon ordentlich aus ...

Museumsfrau: Erfüllte sicher auch die erforderlichen Funktionen... und hier auch noch mal zwei Funktionen, also Radio und Fernseher, aber kleiner, ja, es gibt aus den fünfziger Jahren noch andere Formen, aber soviel kann man gar nicht ausstellen.

Joachim: Man sieht aber deutlich das Prinzip und wie die Entwicklung gelaufen ist.

Philipp: Ist ja spannend.

Museumsfrau: So, und in dem nächsten Raum, jetzt bewegen Sie sich in der Geschichte zurück.

Joachim: Jetzt kommt die Zeit der ersten Grammophone.

Museumsfrau: Ja.

Joachim: Ich danke Ihnen recht herzlich für die Informationen und das anregende Gespräch!

[...]

Joachim: Die ersten Möglichkeiten, Schallplatten abzuspielen..., der Werdegang einer Schallplatte...

Philipp (liest): *Die auf Tonband abgemischte Aufnahme wird mit einem speziellen Diamantstichel auf einen Kupferträger geschnitten. Es entsteht ein Master mit vertieften Rillen...*

[...]

Joachim: Such doch mal was aus, was wir hier anhören können... Zeitzeuge Radio, Rundfunksendungen zur Zeitgeschichte und Technik, 1924 – 1949.

Philipp: Hm.

Stimme: *...Wenn Ihr den Rundfunk höret, so denkt auch daran, wie die Menschen in den Besitz dieses wunderbaren Werkzeuges der Mitteilung gekommen sind. Der Urquell aller technischen Errungenschaften ist die göttliche Neugier und der Spieltrieb des ...*

Joachim: Albert Einstein, er eröffnet die 7. große deutsche Funkausstellung in Berlin am 22. August 1930.

Stimme: *Thomas Mann hat sich erhoben, seinen Platz auf dem Podium verlassen, er steigt die Stufen nieder ins Parkett. Thomas Mann steht vor dem schwedischen König, händeschüttelnd. Thomas Mann verbeugt sich tief (anhaltender Applaus). Thomas Mann kehrt auf seinen Platz ... zurück, im Hintergrund ... schwingen schwedi-*

sche Studenten die deutsche Fahne. Das Orchester beginnt die Nationalhymne... [Musik folgt]...
Joachim: Das war, als Thomas Mann den Nobelpreis für Literatur erhalten hat, in Stockholm, am 10. Dezember 1929. Der Reporter war Alfred Braun.
Stimme: *... für die Nachwelt und Ewigkeit ... das deutsche Flugschiff Dornier ... dem ersten und größten der Welt zu erzählen. Von vorausschauenden deutschen Männern erdacht und von dem deutschen Ingenieur Dr. Dornier konstruiert und am Bodensee erbaut, wurde dieses fliegende Schiff 1929 fertig gestellt. Die Besatzung besteht aus vierzehn Mann. Das Grundgewicht des Schiffes beträgt rund 32000 Kilo, das Höchstfluggewicht 56000 Kilo...*
Joachim: Das neue Flugschiff DoX, Bericht von Flugkapitän Friedrich Christiansen, 1932.
Stimme: *So jetzt wollen wir die Fenster wieder zumachen, sonst verstehen die Hörer überhaupt nichts, von dem, was wir hier sagen ... Endlos ... unglaubliche Menschenmassen ... die Menschen setzen sich in Bewegung, sie gehen mit der SA mit, einige warten noch auf den daran anschließenden Stahlhelm, alles ist in Bewegung geraten, jetzt sind sie durchgebrochen, sehen Sie,.. auf die Straße gekommen... die Ketten sind gesprengt, der Fackelzug hält einen Augenblick, ... des Reichspräsidenten, ...im Augenblick tritt wieder Ordnung ein,... der SA, und der SS...*
Philipp: Was bedeutet das?
Joachim: Das ist, als die Nazis an die Macht gekommen sind, ein Fackelzug, ... da sind sie mit Fackeln durch die Straßen gezogen, ... der Fackelzug von SS, SA und Stahlhelm, anlässlich der Ernennung Adolf Hitlers zum Reichskanzler, am 30. Januar 1933.
Philipp: Hören wir mal Nr. 11 jetzt?
Joachim: Da geht es um die Bücherverbrennung.

Philipp: Wieso das denn?

Joachim: Die Nazis bekämpften die geistige Freiheit und wollten jede Kritik ersticken. Deshalb verbrannten sie die Bücher.

Stimme (schreiend): *Gegen Klassenkampf und Materialismus, für Volksgemeinschaft und idealistische ... auffassung! Ich übergebe dem Feuer die Schriften von Karl Marx ... Gegen Dekadenz und moralischen Verfall, für Zucht und Sitte in Familie und Staat! Ich übergebe dem Feuer die Schriften von Heinrich Mann, ... Erich Kästner...*

Joachim: Hattest du schon was von diesen Bücherverbrennungen gehört?

Philipp: Nein. Sie verbrannten auch die Bücher von Erich Kästner? Was war denn so schlimm an *Emil und die Detektive*?

Joachim: Gar nichts. Aber Kästner hat auch einige andere, kritische Text veröffentlicht. Um diese Bücher und Aufsätze ging es. Selbstverständlich gab es nichts Schlimmes an diesen Büchern. Schlimm waren nur die Nazis selber. Diese Bücherverbrennungen waren Teil der ganzen Katastrophe, in die Deutschland hineinschlitterte.

Stimme: *We take you now to Lakehurst, New Jersey. It was grizzling that April night at Lakehurst ... stood beside to describe the arrival of the ... Hindenburg ...*

Joachim: Das große Luftschiff, die LZ-129, die Hindenburg, explodiert bei der Landung in Lakehurst, 6. Mai 1937.

Stimme (sehr ergriffen): *... in the flames ...* [dumpfes Dröhnen von Feuer]...

Joachim: Komm, wir lassen das lieber, es war einfach zu schrecklich. Erfindungen und schlimme Rückschläge...

[...]

Philipp: Warum mussten die Kinder das üben?

Joachim: Die Gasmasken aufzusetzen?

Philipp: Ja.
Joachim: Zum Schutz, im Krieg, bei Luftangriffen.
Stimme: *Wir sind nun in die Luftschutzhauptschule der Ortsgruppe gegangen, denn Heinz und Wolfgang möchten zu gerne einmal eine Volksgasmaske in der Hand haben und vielleicht auch aufsetzen, wenn es der Herr Ausbildungsleiter erlaubt. Der Wolfgang hat ja schon eine auf. Wie siehst du denn eigentlich aus? – Wie so´n Affe. – So, das fällt ja weiter nicht auf gegen sonst. – Ha. – Kannst du denn noch was sehen? – Ja man sieht genauso wie durch eine Fensterscheibe. – Kannst du atmen? – Ja, aber nicht so gut wie sonst. – Würden Sie vielleicht dem Jungen die Maske, die Volksgasmaske erklären? - Die Volksgasmaske besteht aus dem Maskenkörper und dem Filter. Wenn wir uns den Maskenkörper ansehen, was kannst du daran beobachten? – Da sind erst mal zwei Augengläser und dann ist hier so eine komische Nase dran. – Nu setz´ doch mal auf, dann wirst du gleich sehen, wozu die Nase da ist. Also nun wird die Maske aufgesetzt. Du musst das Kinn nach vorn halten, am oberen Teil die Maske mit dem Daumen halten und mit einem Ruck über den ganzen Kopf ziehen. So, das ist gelungen. Nun sieh´ mal an. Hier vorne unten ist eine Öffnung, durch die atmest du die Luft ein und wozu ist jetzt oben die Nase, das wirst du merken, wenn du sie mal anfasst? – Damit ich ausatmen kann. – Siehst du, da geht der Stickstoff wieder raus. – Jetzt würdest du aber, wenn hier Kampfgase da wären, immer das ganze Gas noch einatmen. Damit das nicht geschieht, drehst du das Filter ein. So, jetzt ist er also vollkommen geschützt gegen Gase. Das Filter hat nämlich die Eigenschaft, die Gase in sich aufzusaugen. Jetzt kannst du ruhig ein- und ausatmen. Du würdest also, selbst wenn hier Kampfstoff wäre, nur reine Luft einatmen. Wie klappt es denn mit dem Atmen? – Ist genauso wie vorher.*

Joachim: Kinder üben das Anlegen der Volksgasmaske, Bericht aus einer Luftschutzschule, Sommer 1939. Der Opa Alfred war da neun Jahre alt, die Oma Gitta war ein Kind von drei Jahren. Oma Änne war siebzehn und Opa Richard auch. Kurze Zeit später musste er schon nach Russland an die Front, als Soldat.

Philipp: Ob sie das auch üben mussten, das mit der Maske?

Joachim: Wir können sie fragen. Auf dem Land war es vielleicht nicht so schlimm wie in den Städten und sie lebten ja in Wenden und Ottfingen, kleinen Dörfern im Südsauerland, doch später an der Front ... Das möchte ich noch gerne hören: Der deutsche Schriftsteller Thomas Mann richtet sich über die britische BBC an die deutschen Hörer im nationalsozialistischen Deutschland, März 1941.

Philipp: Was ist BBC?

Joachim: Ein englischer Radiosender.

Philipp: Das ist Nr. 24.

Thomas Mann (Originalton): *Deutsche Hörer! Es ist die Stimme eines Freundes, eine deutsche Stimme, die Stimme eines Deutschland, das der Welt ein anderes Gesicht zeigte und wieder zeigen wird als die scheußliche Medusenmaske des Hitlerismus... Es ist eine warnende Stimme. Euch zu warnen ist der einzige Dienst, den ein Deutscher wie ich euch heute erweisen kann. Und ich erfülle diese ernste und tief gefühlte Pflicht, obgleich ich weiß, dass keine Warnung an euch ergehen kann, die euch nicht längst vertraut, nicht längst in eurem eigenen, nicht zu betrügenden Wissen und Gewissen lebendig wäre ... Deutschland zu einem einzigen Konzentrationslager gemacht ... mit einem Hitler gibt es keinen Frieden ...*

Joachim: Also, was hat Thomas Mann gemacht? Er ist ja aus Deutschland geflohen mit seiner Frau und seinen fünf Kindern, ins Exil gegangen, nennt man das auch. Von Amerika, wo sie dann lebten, von Kalifornien aus, hat er

über diesen englischen Radiosender versucht, auf die Deutschen Einfluss zu nehmen, sie zur Vernunft zu bringen, Widerstand zu leisten gegen Hitler.
Philipp: Das war ja anscheinend vergeblich.
[...]
Joachim: Mal sehen, wie weit wir noch kommen, heute. Allzu viel können wir sicherlich nicht mehr unternehmen. Es ist ja schon Nachmittag. Vielleicht können wir uns noch eine Sache vornehmen. Oder hast du genug für heute?
Philipp: Nein, noch nicht. Doch erst mal was essen ...
Joachim: Gut. Ich schlage vor, danach fahren wir hoch zur Museumsinsel und dann schauen wir einfach, vor welcher Tür wir als erstes stehen. Sollen wir das mal so machen?
Philipp: Was so ein Museum alles leisten kann. Und wie nett hier manche Leute sind. Zum Beispiel der Mann an der Bockwindmühle.
Joachim: Oh ja.
Philipp: Also ich dachte wirklich, da würde ein Pferd eingespannt.
Joachim (lacht): Du warst am Ende selber das Pferd.... Und diese beiden Verlängerungen dienten nur zum Anheben und Ziehen, quasi wie bei einer Schubkarre.
Philipp: Ja ja, aber mit einem Pferd hätte das vielleicht auch ganz gut geklappt. Man hätte dann nur oben diesen Holzbalken festhalten müssen.
Joachim: Es ist ja doch anders, wenn du die Gegenstände, die Mühle oder die alten Fernseher so direkt vor dir hast, wenn du reingehen oder drum herum gehen kannst, als wenn du nur eine Abbildung in einem Buch oder im Internet siehst. Geht dir das auch so?
Philipp: Wenn man es nur als Bild sieht, kann man es ja nicht anfassen. Hier kann man es, wenn man will, anfassen. Nicht immer, man darf ja nicht immer. Aber man hat es einfach näher an sich.

Joachim: Und wenn du dann noch jemanden da hast, der sich auskennt, und dir ganz gezielte Informationen zu einer Sache oder einem Gegenstand geben kann, so wie es bei der Mühle oder den Fernsehern war, dann macht es doch besonders Spaß, sich mit den Dingen zu beschäftigen, oder?

Philipp: Mhm.

Joachim: Und du merkst dir die Dinge viel besser, wie etwa den Zusammenhang mit der Braunschen Röhre, oder die Belüftungstechniken bei den frühen Fernsehgeräten, diese Schächte da an den Seiten, wo die warme Luft abgeführt werden konnte ...

Philipp: Jetzt sind die ja nur noch ganz klein.

Joachim: Du kannst dir die ganze Entwicklung der Fernsehgeräte jetzt besser vorstellen.

Philipp: Auch dass die Braunsche Röhre sich immer weiter verkleinert hat. Sonst könnten wir ja nicht so einen kleinen Fernsehapparat haben.

Joachim: Und wie klein der Bildschirm der ersten Fernseher war, der zugleich ja ein Riesenkasten war.

Philipp: Und der Bildschirm war auch noch rund.

[U-Bahn-Geratter ...]

Wir haben noch einmal neunzig Minuten auf einen ersten Eindruck, auf einen ersten Überblick im Pergamonmuseum verwendet, auf der Museumsinsel. Wir sitzen jetzt hier im Abendlicht, auf dem Museumsvorplatz, sind ganz beeindruckt von der Bauweise und der Größe des Museums. Es setzt sich zusammen aus der Antikensammlung, dem Museum für Islamische Kunst und dem Vorderasiatischen Museum. Wir haben einen Kopfhörer mit Tonband aufgehabt. Auf dem Band waren verschiedene Texte abzurufen, um Informationen zu bekommen. Begonnen haben wir mit dem Pergamonaltar.

Joachim: Philipp, was war dein erster Eindruck?

Philipp: Die Luft war sehr stickig.
Joachim: Wie war es denn inhaltlich für dich?
Philipp: Interessant.
Joachim: Gab es ein bestimmtes Objekt oder Ausstellungsstück, das für dich persönlich besonders interessant oder beeindruckend war?
Philipp: Der Altar natürlich und dieses Tor aus Babylon.
Joachim: Du meinst das Ischtartor, das mit den blau glasierten Kacheln und den Löwen drauf.
Philipp: Ja... Was ist eigentlich, wenn die Länder die Sachen von den Museen zurückhaben wollen?
Joachim: Eine gute Frage. Man müsste zunächst einmal herausfinden, unter welchen Umständen Deutschland, das heißt Preußen, etwa an den Pergamonaltar gekommen ist? Gab es Verträge mit dem Herkunftsland, um da Ausgrabungen durchzuführen? Gab es finanzielle Entschädigungen oder Zahlungen an das jeweilige Land? Oder wurden gelegentlich Ausstellungsstücke schlicht und einfach gestohlen? Bei Feldzügen, Kriegen, Kreuzzügen ...
Wir sind jetzt die Museumsinsel ein Stück heruntergelaufen und sehen von hier aus schon wieder die mit Brettern zugenagelte Ruine des Palastes der Republik. Wir sitzen auf einer Holzbank, im Lustgarten, direkt am Spreeufer und ich mache ein Photo von Philipp, wie er sich auf die chaiselongueartige Bank hinstreckt.
Joachim: Wie findest du es hier?
Philipp: Es könnte lustiger sein.
Joachim: Da steht sogar *Liegewiese*, aber ich sehe gar keinen Rasen, eher ein Sandkiesgemisch. Über uns Platanen, oder Ahornbäume?
Philipp: Platanen.
Joachim: Wenn wir jetzt zur Brüderstraße zurückgehen, würde ich gerne einen kurzen Blick auf das Staatsratsgebäude werden. Mich interessiert, wie sie das Portal vom

Stadtschloss dort eingebaut haben, das Portal mit dem Balkon, von dem Karl Liebknecht die Republik ausgerufen hat, nach der Revolution.

Philipp: Was meinst du mit Revolution?

Joachim: Die einfachen Menschen, die Arbeiter, die Bauern, sie alle haben sich gegen die königliche Ordnung, gegen die Vormachtstellung des Adels erhoben.

Philipp: Warum denn?

Joachim: Die Lebens- und Arbeitsbedingungen der einfachen Menschen waren zu schlecht. Sie besaßen kaum Rechte, sie waren abhängig, sie wollten sich nicht mehr durch die Adligen, die sie Jahrhunderte lang beherrscht hatten, ausbeuten und gängeln lassen.

[...] Zurück in der Brüderstraße.

Joachim (liest aus der Gedenktafel): *Christoph Friedrich Nicolai, Schriftsteller und Buchhändler wohnte und lebte hier von 1787 bis zu seinem Tode, 1811.*

Philipp: Und da schräg gegenüber das Gebäude?

Joachim: Hier wirtschaftete die Kaufmannsfamilie Hertzog. Sie handelten mit Textilien, vielleicht haben sie auch selber produziert. Das Gebäude ist ja sehr groß.

[...] Zum Abendessen, vor dem Fernseher, gibt es heute Pizza und einen Obstteller. [...]

Joachim: Es ist jetzt 22.15 Uhr. Wir haben zusammen *Asterix* im Fernsehen angeschaut, und du warst doch froh, endlich im Bett zu liegen, und jetzt stehst du plötzlich wieder auf und willst wissen, ob und wie die Berliner Trambahnen in den Stadtplan eingezeichnet sind, und hockst hier im Wohnzimmer über diesem Plan. Kannst du dir vorstellen, dass du erst mal schlafen gehst und wir dann morgen früh weiter sehen?

Philipp: Ja, o.k., ..., dann gute Nacht.

[...] Das Ribbecksche Renaissancehaus konnten wir leider nicht ansehen. Es ist gerade in Folie gehüllt, wegen Renovierung, keine Kunstaktion von Christo. Ich sprach auf der Straße mit einer Frau, die auch schon zur DDR-Zeit hier in Mitte gelebt hat, fragte sie auch, ob meine Erinnerung richtig sei, dass ich damals, 1981, im Palast der Republik im Foyer an einer Bar gesessen und einen Kaffee getrunken habe. Ob das denn sein könne? Sie sagte, das könne gut sein. Sie hätten das Gebäude nur den *Lampenladen* genannt.

Ich denke an die keltische Auffassung, dass in den Ruinen die Seelen der Verstorbenen weiterleben, so muss es auch in der Ruine des Lampenladens noch ein Seelenleben geben, genauso wie gegenüber in dem jetzt leer stehenden Haus der Kaufmannsfamilie Hertzog. Ich stelle mir vor, wie die Menschen auf den verschiedenen Etagen hin- und hereilen, wie in den einzelnen Stuben Arbeiten erledigt, Stoffe sortiert werden, wie unten auf der Straße Frauen, Männer und Kinder ein- und ausgehen. Wir sollten eine Recherche zu dieser Familie Hertzog unternehmen, später.

Ich finde hier gerade eine Textsammlung von Winfried Löschburg. Darin lese ich: *In den Straßen von Berlin, im 17. Jahrhundert, standen noch schlichte, einfache Nutzbauten. Es gab in der Residenz weder Adelspaläste noch stattliche Häuser von Gilden und Zünften. Nur im Schlossbereich waren einige Stadthäuser des Adels und hoher Hofbeamter errichtet worden, die der Stadt zur Zierde gereichen konnten.* Und in dem Bereich leben wir ja hier jetzt. *Eines von ihnen, das von Hans Georg von Ribbeck erbaute kleine Palais mit seinen vier zierlichen Spätrenaissancegiebeln und dem reich geschmückten Portal von 1624 ist noch heute in der breiten Straße erhalten.*

Berlin, hier ist eine historische Rekonstruktion von 1690, die Stadt nach dem Krieg, ... *eine Kutsche holperte durch den Teltow. Die Reisenden waren bereits mehrere Tage unterwegs, die größte Wegstrecke lag hinter ihnen und je näher sie ihrem Ziel kamen, den kurfürstlichen brandenburgi-*

schen Städten Cölln und Berlin an der Spree, desto mühsamer und gemächlicher verlief die Fahrt. Mit unbeschreiblicher Langsamkeit passierte der Wagen die Straßen und Wege und versank immer wieder bis an die Naben im sandigen Boden.... Berlin liege in den Sandwüsten Arabiens, aus welcher Richtung man auch käme, aus Ost oder West, aus Süd oder Nord, stets werde man von den keuchenden Postpferden in einem Sandmeer fortgeschleppt. So hatten schon andere Reisende ihre Eindrücke geschildert. Nun ja, da sind wir schon etwas weniger beschwerlich angereist.

Ich sehe mit Entsetzen auf eine Abbildung in dem Band über die Straße Unter den Linden. *Tote, Verwundete und Trümmer, das waren Unter den Linden wie anderswo die Hinterlassenschaften des Tausendjährigen Reiches.* Da sitzen sie in Decken gehüllt. Da liegen Soldaten verwundet auf Bahren, mehr oder weniger zugedeckt, mit Pferdedecken, vor Ruinen. Armeefahrzeuge am Straßenrand, ein Szenario der Resignation und Verzweiflung.

Dann diese legendäre Photoaufnahme: Das Ende der faschistischen Herrschaft, Sowjetsoldaten hissen die Siegesfahne auf dem Reichstagsgebäude. In schwindelerregender Höhe balanciert dieser russische Soldat auf einem Podest, notdürftig gesichert durch einen Kameraden, der weiter unten steht, und hat da die sowjetische Fahne in der Hand. Man schaut runter auf die zerbombte Stadt, auf dieses trostlose, von der Glut der Brände noch heiße Grau. Eine zerstörte Trambahn am Straßenrand. Eine andere Abbildung zeigt Studenten und Nazischergen in Uniform bei der Bücherverbrennung. Auf einem Plakat ist zu lesen: *Deutsche Studenten marschieren wider den undeutschen Geist.* Zu den Büchern, die die Nazis am 10. Mai 1933 auf dem Opernplatz verbrannten gehörten die Werke von Marx, Engels, Lenin, Becher, Brecht, Feuchtwanger, Gorki, Kästner, Heinrich und Thomas Mann, Tucholsky, Arnold Zweig ...

Im Jahre 1823, lese ich hier, hatte Heinrich Heine geschrieben: *Dort, wo man Bücher verbrennt, verbrennt man auch am Ende Menschen.* ... Einhundertzehn Jahre später warfen aufgeputschte braune Horden seine Bücher und die Werke bedeutender Autoren in die Flammen. In den Konzentrationslagern ging bald der zweite Teil jener apokalyptischen Prophezeiung Heines in Erfüllung. ...

Unter den am Opernplatz Versammelten stand auch Erich Kästner: *Ich war der einzige der vierundzwanzig,* schreibt er, *der persönlich erschienen war, um dieser theatralischen Frechheit beizuwohnen.* Er notiert über den 10. Mai 1933: *Ich stand vor der Universität, eingekeilt zwischen Studenten in SA-Uniformen, den Blüten der Nation, sah unsere Bücher in die zuckenden Flammen fliegen und hörte die schmalzigen Tiraden des kleinen abgefeimten Lügners. Begräbniswetter hing über der Stadt...*

17. August 2003

Heute ist Sonntag. Es ist 10.30 Uhr. Ich habe den Frühstückstisch gedeckt und das Teewasser sprudelt. Ich gieße den Tee auf und schaue nach Philipp, der immer noch tief und fest schläft...

[...] Nach einer S-Bahn-Fahrt bis Zehlendorf und einem Stückchen mit dem Bus sind wir inzwischen im Museumsdorf Düppel angelangt.

Joachim: Was weißt du schon über dieses Museumsdorf?
Philipp: Ach nicht so viel. Ich habe nur gelesen.
Joachim: Was denn?
Philipp: Dass die Bauten hier zufällig gefunden wurden, auch ein alter Brunnen.
Joachim: Mittelalterliche Siedlungsreste, steht in dem Buch, haben sie hier 1940 entdeckt. Bei späteren Grabungen, 1968, fand man die Spuren eines Dorfes, das um das Jahr

1200 herum bestanden hat. Und dann haben sie das Dorf rekonstruiert.
[...]
Philipp: Hier ist was über die Bienenzucht, vor vielen hundert Jahren, die Waldbienenzucht.
Joachim (liest): *Im Mittelalter legten Zeidler hoch oben in lebenden Waldbäumen Höhlen für die Bienen an, um den Bären den Aufstieg zum Honig zu erschweren.*
Philipp: Sie sind also hochgeklettert, haben oben im Baum eine Höhlung reingemacht ...
Joachim: ... und diese dann wieder teilweise mit einem Stück Holz verschlossen... (liest) *Sie wussten schon, dass es sich lohnte, mit den Bienen sorgsam umzugehen... Das Zeidlerwesen fiel schließlich den Abholzungen unserer Wälder zum Opfer... Klotzbeuten wie diese, erlaubten, die Bienen fortan in Hausnähe zu halten.*
Philipp: Eine Klotzbeute?
Joachim: Das ist also, wenn ich das hier ansehe, ein Ausschnitt aus einem Stamm, mit einer verschließbaren Öffnung. Eine frühe Form von Bienenstock.
Philipp: Und diese Klotzbeute konnten sie sich hinters Haus stellen. Da kamen ja die Bären nicht hin, oder?
Joachim: Eher nein... Sieh, da drüben in den Strohkörben, da sind echte Bienenvölker drin.
[...]
Joachim: Hier haben sie ein Getreidefeld und einen ganz aus Holz gefertigten, ja geschnitzten Pflug.
Philipp: So was habe ich bisher noch nicht gesehen.
Joachim: Da, ein früher Pflug aus Metall. Wer interessiert sich heutzutage noch für einen Pflug? Dabei war dieses Gerät einmal fundamental wichtig, ja überlebenswichtig.
[...]
Joachim: Ein palisadenartiger Zaun.
Philipp: Zur Befestigung der Siedlungsanlage.

Joachim: Ganz schön heiß hier. Warte, ich muss den Rucksack absetzen, um die Sonnenkappen für uns beide und meine Sonnenbrille rauszuholen.
Joachim: Wo sind wir denn hier?
Philipp: Das ist ja ein interessantes Gebäude.
Joachim: Jetzt sind wir im Innern eines Hauses... Was ist hier drin?
Philipp: Historische Häuser, ... fünf, sechs, sieben (sucht mit dem Finger auf dem Plan).
Joachim: Da sind wir, glaube ich, in dem ersten.
Philipp: Eine Rekonstruktion.
Joachim: Hier hatten sie eine Feuerstelle, schau mal, mit Steinen.
Philipp: Ein Steinkreis.
Joachim: Stell´ dir einmal vor, in so einem Haus müssten wir leben.
Philipp: Felle haben sie aufgehängt. Das sind vielleicht Ziegenfelle.
Joachim: Was ist denn das?
Philipp: Das ist zum Drehen.
Joachim: Da haben sie vielleicht Getreide mit gemahlen.
Philipp: Da unten aus der Öffnung, da kam wohl das Mehl raus.
Joachim: Ein kleiner Mühlstein, in einer Holzkonsole quasi...
Philipp: Schalen aus Holz...
Joachim: ... und das hier ist wohl so eine Art Mörser... in der Konsole hier ist eine Vertiefung, so groß wie eine Waschschüssel...
Philipp: Wo haben sie nur geschlafen?
Joachim: Vielleicht auf dem Boden, auf Fellen, Ziegen- oder Schafsfellen.
Philipp: Oder dort oben, auf dem eingebauten Dachboden.
Joachim: So eine Art Hochbett.

Philipp: Wie ging das mit dem Feuer hier drin? Wohin zog der Rauch ab?

Joachim: Es sieht so aus, als ob man dieses Stück da aus dem Dach herausnehmen und wieder reinsetzen konnte.

Philipp: Dann konnte der Rauch von der Feuerstelle ja abziehen.

Joachim: Die Dächer der Häuser hier sind gedeckt, ähnlich wie wir es auf Sylt gesehen haben.

Philipp: Mit Reet.

Joachim: Nur oben drauf ist es etwas anders.

[...]

Philipp: Das da könnte ein Brunnen gewesen sein.

Joachim: Ja, die Umrandung ist aus Holz, seltsam, hatten sie denn so wenig Steine hier?

Philipp: Dann haben sie so eine Konstruktion gebaut, um Wasser zu schöpfen.

Joachim: So ein Gestänge, auch aus Holz, das man absenken konnte.

[...]

Joachim: Hier haben sie Obstbäume... diese Trockenheit hier, ein Streichholz, und das steht alles in Flammen, bei der Hitze.

Philipp: Solche Häuser werden auch bei *Age of Empires* gebaut, in der Jungsteinzeit.

Joachim: Mittelalterliche Architektur habe ich mir doch ein wenig anspruchsvoller vorgestellt. Normalerweise denkst du doch an Fachwerkhäuser, wie du sie in vielen deutschen Städten noch sehen kannst, nicht an solche Holzhütten. Die Bauweise hier in Düppel ist ja doch sehr archaisch. Dort an dem Haus siehst du jedoch erste Ansätze von Fachwerk.

Philipp: Da haben sie Lehm in die Felder zwischen den Hölzern geschmiert.

Joachim: So wie wir es von den Fachwerkhäusern kennen.

[...]
Joachim: Lass uns mal hier hereinschauen.
Philipp: Ein großer Ofen.
Joachim: Sicher war es das Backhaus.
Philipp: Wie ein großer Kegel der Ofen, aus Ton.
Joachim: Man sieht noch, wie sie den Ton mit den Händen glatt gestrichen haben.
Philipp: Backhaus mit Dorfbackofen.
[...]
Joachim: Das scheint hier ein beliebtes Ausflugsziel für Familien mit Kindern zu sein. Sie sitzen hier auf den Decken, machen Picknick...
Philipp: ... und spielen.
Joachim: Spiele? Was gibt es denn da an Spielen?
Philipp: Mittelalterliche Spiele... Hier muss man die Namen von Bäumen herausfinden.
Joachim: Und die Holzscheiben mit den Buchstaben drauf da aufhängen?
Philipp: Die Scheiben stammen von den jeweiligen Baumstämmen, verschiedenen Baumarten.
Joachim: Man sieht ja, dass es verschiedene Holzarten sind, an der Farbe, an der Struktur des Holzes, auch an der Rinde.
Philipp: Hier, jetzt hänge ich noch das I dazu und fertig ist das Wort BIRKE. War ja leicht an der dünnen weißen Rinde zu erkennen.
Joachim: Wirklich ein mittelalterliches Spiel oder ist es mehr Museumspädagogik und Kinderbeschäftigung?
Philipp: Ich glaube, das hier ergibt jetzt das Wort KIEFER.
[...]
Joachim: Worum geht es jetzt hier?
Philipp: Mit einem langen Holzhammer schlägst du eine Kugel.

Joachim: Durch dieses halbkreisartig in den Boden gesteckte Metall dort... ein wenig wie Golf, mittelalterliches Minigolf.
Philipp spielt. Weiter hinten laufen Kinder auf Holzstelzen. Andere galoppieren mit hölzernen Steckenpferden umher. Philipp entdeckt jetzt einen Spielplatz, an dem es um Weitwurf geht. Er türmt kleine Holzklötze übereinander und wirft dann mit einer Kugel danach. Alles sehr, sehr einfache Dinge hier. Dort ein Tisch mit grünen und roten Früchten drauf, die in irgendeiner Weise gegeneinander ausgespielt werden müssen. Hier sind überwiegend Familien mit kleineren Kindern, die sich trotz der Hitze vergnügen. Wir wurden ja quasi von der Kiste mit den hölzernen Scheiben mit Buchstaben vertrieben durch zwei Familien mit insgesamt vier kleinen Mädchen, eine sehr ungeduldige Mutter, die sich sogleich hineindrängte, während Philipp noch suchte und überlegte.
Die Frau motivierte ihre Kinder recht offensiv, sofort auch mit der Suche anzufangen, Buchstaben zu sortieren. Mit ihrer furchtbaren Dominanz hat sie auch unmittelbar erreicht, dass wir uns von diesem Spiel zurückzogen. Die Mädchen mit ihren Müttern machten noch eine Weile weiter, während Philipp schon ein anderes Spiel entdeckte, doch schon wieder hörte ich die schneidend harte Stimme dieser Frau, zu ihren Töchtern sagend: Kommt, wir spielen jetzt hier was!, worauf wir lieber ganz die Flucht aus diesem Bereich des Museumsdorfs ergriffen.
Philipp: Da hinten kann man auch mit Stelzen laufen.
Joachim: Willst du probieren? Sind welche frei?
Philipp: Nee. Aber da hinten ist noch so eine Art *Mensch ärgere dich nicht.*
Joachim: Diese Früchte da auf dem Tisch?
Philipp: Es sind Walnüsse.

Joachim: Und die haben sie rot und grün angemalt. Ich setze mich hier ein wenig unter die schattige Eiche. Du auch?
Philipp (setzt sich auch): Am besten finde ich immer noch, dass ich gestern dreißig Tonnen bewegt habe.
Joachim: Oh ja, das war schon was, mit der Bockwindmühle. Und wie das im Gebälk der Mühle geknirscht hat. Das Geknarre der Mühle habe ich ja auf Kassette aufgenommen... Schön, dass sie hier unter der Eiche eine Bank haben. Der Baum ist so schön dicht. Es ist eine ganz hervorragender Sonnenschirm, der beste Platz auf dem ganzen Gelände, jedenfalls heute, wo es so brütend heiß ist.
Philipp: Aber es war im Reiseführer auch die Rede von Tieren. Wo sind sie nur?
Joachim: Bienen haben wir gesehen.
Philipp: Wenn wir weiter gehen... Wo ist denn der Lageplan?
Joachim: Hier.
Philipp: In Kommern war das viel besser. Mit den Tieren zum Beispiel.
Joachim: Welche Arten von Tieren gab es denn da?
Philipp: Da waren Ziegen, Hühner, große Ochsen und Kühe. Häuser waren glaube ich auch mehr.
Joachim: Ist ja auch gut, verschiedene solcher Orte kennen zu lernen, um sie zu vergleichen. Im Reiseführer haben sie das Museumsdorf jedenfalls über den Klee gelobt.
Philipp: Dann gucken wir mal weiter.
Philipp übt noch das Anlaufen mit Speer. Wir entdecken eine Konstruktion aus Holz, bei der man mit dem Speer einen hängenden Eisenring aufspießen muss. Wir haben jetzt kurz nach zwei und die Sonne sticht vom Himmel herunter. Zum Glück haben wir uns heute morgen mit einem Sonnenschutzmittel eingecremt. Wir gehen weiter.
Joachim: Da sind Tiere.
Philipp: Schafe.

Joachim: Irgendeine besondere mittelalterliche Rasse?
Philipp: Schwarze, weiße, auch schwarzweiße. Sie sind sehr
 schlank, die Tiere.
Ein angenehmes Lüftchen, als wir aus dem Laubwald heraustreten. Wir gehen auf einige Holzgebäude zu. In einem der ersten ist eine Keramikwerkstatt untergebracht. Ein darin arbeitender Mann erklärt gerade etwas übers Tonbrennen.
Mann: Der Ton wird geformt, dann muss er trocknen und
 dann wird er gebrannt. Dieser große Ofen, der steht hier
 hinten im Gelände, er ist lang, aber niedrig, da kann man
 nur reinkriechen. Wenn man die Töpfe da reinsetzt, muss
 man den Kopf einziehen und damit ich mich nicht ständig
 stoße, trage ich diese Zipfelmütze aus Filz, ganz so wie
 ein Zwerg. Das ist eine ganz heiße Angelegenheit. In dem
 Ofen ist es bestimmt vier mal so heiß wie in eurem Backofen zuhause. Darin bringen wir die Töpfe so richtig zum
 Glühen und nachher müssen sie eine ganze Woche abkühlen. Dann geht wieder einer mit Zipfelmütze rein und man
 kann daraus sein Mittag essen. Geht genauso schnell wie
 auf dem Herd, das Kochen im Tontopf. Bloß das Essen
 schmeckt viel besser, das sagen jedenfalls diejenigen, die
 es von zuhause aus noch kennen, etwa Leute aus Indien
 oder Südamerika, die uns hier besuchen...
Philipp: Interessant, wie sie die Töpfe abgedichtet haben
 früher. Einfach Milch darin kochen.
Joachim: Wusste ich auch noch nicht ... Da in der Schmiede
 wird gerade das Feuer angepustet.
Philipp: Einer tritt den Blasebalg ...
Joachim: ... damit das Feuer genug Sauerstoff bekommt.
 Das kennen wir ja von Opa Alfreds Schmiedefeuer.
Es folgt Gehämmer auf dem Amboss.
Philipp: Da Schweine. Hier stinkt es.
Joachim: Sie haben sich schön in den Schatten gelegt.
Philipp: Ein Bulle, mit Nasenring.

Joachim: Nein, es ist ein Ochse, sie haben ihn kastriert. [...] In der museumspädagogischen Ausstellung...

Joachim (liest): *Warum wurden in Düppel so einfache Häuser gebaut?*

Philipp (liest): *Die Häuser wurden von den Siedlern selbst gebaut, ohne die Hilfe von Handwerkern wie Zimmerleuten oder Dachdeckern.*

Joachim: Das konnte man anscheinend aus den archäologischen Befunden ablesen.

Philipp (liest): *Warum fehlen in den wiederaufgebauten Häusern die Möbel, die Schränke, Truhen und Betten?*

Joachim (liest): *Die Einrichtung der Häuser ist nicht überliefert. Die archäologischen Ausgrabungen gaben keine Hinweise auf das Mobiliar....* Hier, noch eine Frage (liest): *Was machten die Dorfkinder tagtäglich?*

Philipp (liest): *Reiten und Fechten, Feldarbeit und Tierpflege, Lesen und Schreiben?*

Joachim: Was glaubst du?

Philipp: Reiten und Fechten.

Joachim: Ich würde eher sagen Feldarbeit und Tierpflege. (klappt die Tafel auf). Siehst du. (liest) *Reiten und Fechten waren Beschäftigungen für die Adligen, denn ihre wichtigste Aufgabe war die Verteidigung des Landes im Kriegsfall. Sie mussten in Übung bleiben. Die einfachen Dorfkinder mussten zum Beispiel Steine vom Feld sammeln, Beeren pflücken, Gänse hüten oder Wolle spinnen. Waisenkinder mussten sich schon ab sieben Jahren ihren Lebensunterhalt ganz alleine erarbeiten.* Die Armen. *Lesen und Schreiben gab es auch nur für Kinder aus höheren sozialen Ständen.* Lies doch mal die nächste Frage.

Philipp (liest): *Womit haben sich die Dorfkinder am liebsten satt gegessen? ... Hamburger, pommes frites, Hirsebrei mit Honig...* Natürlich mit Hirsebrei.

Joachim (liest): *Doch der Hirsebrei reichte fast nie zum Sattessen und Honig galt im Mittelalter als etwas besonders Kostbares, sodass die Kinder selten Süßes bekamen.*

Philipp (liest): *Die Kartoffel kam aus Mittelamerika und erst 1493 nach Europa* ... Also konnte es auch noch keine pommes frites geben.

Joachim (liest): *Welches der drei Geräte war im Mittelalter unbekannt: Messer, Gabel oder Löffel?*

Philipp: Ich tippe mal auf den Löffel.

Joachim: Schauen wir einfach nach. Tonlöffel schon ab der Jungsteinzeit überliefert...

Philipp: Dann eben das Messer.

Joachim: Nein, messerartige Geräte gibt es schon seit der Altsteinzeit. Die Gabel ist, was sie noch nicht kannten. Sie wurde erst im 17. und 18. Jahrhundert allgemein üblich.

Philipp: Ich habe aber schon Gabeln auf einem alten Bild gesehen.

Joachim: Kann sein, doch vor dem 17. Jahrhundert wurden Gabeln nur in der Küche und als Vorlegegabeln verwendet. Die Gabel spielte also schon vorher eine Rolle, beim Kochen und beim Verteilen des Essens, nicht aber beim Essen selbst... Weißt du eigentlich, von wann bis wann das Mittelalter war?

Philipp: Von 800 bis 1600.

Joachim: Ganz grob betrachtet, liegst du damit nicht falsch. Lassen wir das Mittelalter so gegen 400 anfangen.

Philipp: Du hast mir aber mal gesagt: 500.

Joachim: Ja, 400, 500, es ist auch nicht so ganz genau möglich, den Beginn des Mittelalters anzugeben. Es endet etwa 1400, 1450. Also war deine Schätzung gar nicht so schlecht...

Philipp: Also insgesamt tausend Jahre. Das kann man sich doch gut merken.

Joachim: Schau mal da oben auf dem Bild. Kinder in mittelalterlicher Kleidung.

Philipp: In Holzpantinen und in langen, sackartigen Gewändern.

[...]

Joachim: Guck mal, das Bild hier, Abend in den Tiroler Bergen. Schön was.

Philipp: Wie bei Heidi.

Joachim: So idyllisch.

Philipp: Als würden die Berge glühen.

Joachim: Das ist wohl kühl da, Schnee, Eis. Hier: Eduard Gärtner, die Brüderstraße in Berlin, 1863. Unsere Straße!

Philipp: Das war die Brüderstraße, früher.

Joachim: Pferdekutschen, Kinder am Straßenrand. So haben die Häuser im 19. Jahrhundert ausgesehen. Diese Kirche da steht auch nicht mehr.

Philipp: Toll, dass wir das Bild entdeckt haben.

Joachim: So war das Leben da, vor ungefähr einhundertfünfzig Jahren.

Philipp: Die Luken da oben auf dem Dach, die gibt es aber heute auch noch.

Joachim: Beim Nikolaihaus, meinst du?

Philipp: Daneben.

Joachim: Sieh mal, diese kleinen Geschäfte.

Philipp: Ein Teil davon besteht noch.

Joachim: Eduard Gärtner hat hier auch unter den Linden ein sehr eindrucksvolles Bild gemalt, Mitte des 19. Jahrhunderts. Gärtner war Maler und Lithograph. Er lebte von 1801 bis 1877 und produzierte am liebsten Architekturansichten von Berlin. Das habe ich gestern irgendwo gelesen.

[...] Soeben haben wir einige Bilder von Caspar David Friedrich angesehen, in der Alten Nationalgalerie, wo wir uns gerade befinden, den *Mönch am Meer* und die Beerdi-

gung vor der alten, verfallenen Abtei, die *einsame Eiche*, feinstes 19. Jahrhundert! Hier ein sehr schönes Bild von Franz Ludwig Catel: *Schinkel in Neapel*, 1824. Der Architekt Karl Friedrich Schinkel sitzt entweder in einem Hotelzimmer oder in einer Villa, vor einer weit geöffneten Tür. Der Vorhang ist lose über einen der Türflügel gelegt, mit Blick aufs Meer. Hinten in der Ferne sieht man vielleicht Ischia, Capri oder Procida. Ich muss unweigerlich an die noch bevorstehende Reise in den Golf von Neapel denken, im September. Ahlborn, *Die Bucht von Pozzuoli*, bei Neapel, 1832. Ja, ja, die Italiensehnsucht der deutschen Künstler. Philipp will als nächstes die Räume zur Goethezeit sehen.
[...]
Joachim: Dort, das ist Alexander von Humboldt, ein Portrait von 1806. Schau ihn dir an, diesen Humboldt, Naturforscher und Geograph. Er unternahm lange Forschungsreisen, unter anderem nach Südamerika. Anfang des 19. Jahrhunderts lebte er für zwanzig Jahre in Paris, wo er seine ganzen Reisebeobachtungen aufgeschrieben hat. Es sind sehr viele Bände geworden. Natürlich hätte man auch nach ihm eine Universität benennen können. Aber er hatte noch einen Bruder, Wilhelm von Humboldt, der sich mit Philosophie, Ästhetik und Sprachwissenschaft beschäftigte. Wilhelm von Humboldt war auch mit Goethe und Schiller befreundet. Er konzipierte die Berliner Universität und das neuhumanistische Gymnasium. Humboldt verstand Bildung als universalen, das heißt allgemeinen, auf die Entfaltung aller Persönlichkeitskräfte gerichteten Prozess.
Philipp: Hm.

Philipp hört sich gerade über Kopfhörer einen Text über Philipp Otto Runge und seine Familienportraits an. Er sucht ja immer Namensvetter in allen Epochen und auf allen Wissenschaftsgebieten.

[...] Jetzt gehen wir in die Sonderausstellung, ebenfalls in der Alten Nationalgalerie, zum Thema *Auf der Suche nach Russland*. Ein sehr ansprechendes Selbstportrait von Ilja Repin mit seiner zweiten Lebensgefährtin Natalja Nordmann, von 1903. Sehen wirklich sympathisch aus, beide.
Philipp: Ja, schon.
Joachim (liest): *Das Doppelportrait zeigt das Paar auf der Veranda des Landhauses Penaten in Kuokkala am finnischen Meerbusen*, liegt ja nicht weit von Sankt Petersburg. Repin ..., wann lebte er, Moment... 1844 bis 1930.
Philipp: Er konnte wirklich toll malen und zeichnen.
Joachim: Hier ein schönes Portrait des Schriftstellers Leonid Andrejew von 1904. ... Und worum geht es da?
Philipp: Um Zar Alexander III.
Joachim: Da ist jemand aus der Verbannung zu seiner Familie zurückgekehrt, 1884 – 88. ... Siehst du die russischen Kinder, dort an dem Tisch?
Philipp: Der Gesichtsausdruck.
Joachim: Wie wirkt er denn?
Philipp: Überrascht.
Joachim: Der Mann, der dort in der Tür steht. Und die alte Mutter, wie sie sich erhebt und sich dem Ankommenden zuwendet. Verbannungen waren schrecklich. Jemand war vielleicht zu kritisch, zu unbequem für die Mächtigen und musste deshalb jahrelang in der Wildnis, zum Beispiel in Sibirien in der Kälte, leben.
Philipp: Schrecklich. Mir ist noch ein Bild aufgefallen.
Joachim: Welches?
Philipp: Das Bildnis der Baronin da.
Joachim (liest): *Die Baronin Warwara Ixkul von Hildenbandt, eine bekannte Persönlichkeit in St. Petersburg, durch ihre Kunstsammlung und durch ihren Salon sowie Wohltätigkeitsveranstaltungen.*

Philipp: Du musst die Nummer 621 eingeben. Dann können wir gleichzeitig einen Text über die Baronin hören.

Stimme: ... *Ihr Blick ist der einer Herrin, doch ihre Aufmachung gleicht mehr einer Schauspielerin. So sieht Repin die Baronin Warwara Ixkul von Hildenbandt, eine schillernde Persönlichkeit der Petersburger Gesellschaft. Sie hat eine Kunstsammlung, engagiert sich bei Wohltätigkeitsveranstaltungen und unterhält einen Salon... An Tolstoi schreibt er: „Alle halten sie für ein Musterbeispiel an Grazie. In der Tat, sie kleidet und schminkt sich mit Geschmack und zuhause ist sie nicht gewöhnlich, nicht unfein eingerichtet, doch sie ist leer, ungeachtet des angenehmen Äußeren. Verglichen mit den anderen Frauenbildnissen, die wir in dieser Ausstellung sehen, ist das Portrait der Baronin Ixkul wesentlich kühler, repräsentativer gemalt. Es entsteht in einer Zeit, in der Repin mit einer neuen Form von Galaportraits der Petersburger Aristokratie experimentiert. Vor uns sehen wir eine extravagante Frau. Zu einem schwarzen Spitzenrock trägt sie eine eng taillierte Bluse aus roter Seide. Die Silhouette ist schmal, die Haltung der Portraitierten kerzengerade [im Hintergrund leise Geigenmusik]. Auf dem Kopf trägt sie einen außergewöhnlichen Putz, eine Art Turban mit schwarzem Halbschleier, der ihrem Blick etwas Melancholisches verleiht. Es fällt auf, dass Repin die Baronin in keinen Kontext stellt. Sie posiert vor einer weißen Wand, ohne dass man sagen könnte, ob sie sich drinnen oder draußen befindet. Nicht nur ihre Aufmachung ist exzentrisch...*

Philipp: Ja, eine wirklich interessante Person und ein schönes Portraitbild.

[...]

Joachim: Hier, über das Bild von Paul Cézanne. Ich beschäftigte mich während des Studiums viel mit seinem Werk.
Philipp: *Mühle an der* ... Wie spricht man das aus?
Joachim: ... *an der Couleuvre, bei Pontoise,* von 1881.
Philipp: Wir nehmen das auf, o.k.?
Joachim: Ja, dann können wir es später in Ruhe durchlesen.
Stimme: *Als die Nationalgalerie dieses Bild 1897,, noch zu Lebzeiten des Künstlers, erwarb, war der französische Maler heftig umstritten. Die hier dargestellte Mühle lag an dem Flüsschen der Couleuvre bei Pontoise, einem Dorf in der Nähe von Paris. Dort lebte und arbeitete auch der impressionistische Maler Pissarro, in dem Cézanne seinen wichtigsten Lehrer sah. Bei Cézanne hat sich die impressionistische Bildsprache gewissermaßen verfestigt. Die dünn aufgetragenen, unvermischt nebeneinander gesetzten Farbstriche fügen sich zu einer geometrischen Ordnung von Waagerechten und Senkrechten. Cézanne sagte: „Ich will aus dem Impressionismus etwas Festes und Dauerhaftes machen, wie die Kunst der Museen." Grün, Blau und Ockertöne bestimmen Cézannes Palette. Die Farbe bedeckt nicht den gesamten Bildgrund. An vielen Stellen bezieht Cézanne das helle Beige der Leinwand in die Gestaltung mit ein, wie zum Beispiel ganz links am Bildrand in die Gestaltung der Bäume. Dies trug ihm den Vorwurf ein, seine Bilder nicht vollenden zu können. Das Gegenteil war der Fall. Eine Portraitsitzung mit dem Kunsthändler Kahnweiler beendete Cézanne einmal mit den Worten, er höre jetzt auf, weil er fürchte, einen falschen Pinselstrich zu setzen und dann wieder ganz von vorne anfangen zu müssen. Cézanne bezeichnete seine Landschaften als „Harmonie, parallel zur Natur", das heißt, er begnügte sich nicht damit, die Wirklichkeit auf der Leinwand bloß zu reproduzieren. Damit setzte er sich*

vom damals gültigen Prinzip des Realismus ab und wurde zum Vorreiter der abstrakten Malerei.

[...]

Joachim: Die beiden Bilder hier von Eduard Manet, die musst du dir unbedingt noch ansehen. Das Landhaus, traumhaft schön. Das wäre ein Haus für Mama! *Landhaus in Rueil*, von 1882. Wir leben einfach im falschen Jahrhundert... Du bist doch ein Freund des Künstlers Claude Monet. Hier, *Sommer*, heißt das Bild, von 1874.

Philipp: Es ist wirklich sehr schön.

Stimme: *...kann als ein Programmbild des Impressionismus gesehen werden. Schon wenige Monate vor seiner Entstehung hatten Monet und seine Freunde ihre vom offiziellen Salon zurückgewiesenen Bilder erstmals bei dem Photografen Nadar auf dem Boulevard des Capucines in Paris ausgestellt. Eine Zeitungsnotiz des Kritikers Louis Roi, die sich auf das Bild von Monet „Impression Sonnenaufgang", von 1872, bezog, brachte ihnen den Spottnamen Impressionisten ein. Eine bis heute berühmte Kunstrichtung hatte ihren Namen gefunden.*

[...]

Joachim: Hier noch mal ein sehr gelungenes Selbstbildnis von Repin, entstanden in Florenz, 1887.

Philipp: Der russische Künstler von eben!

Joachim: Netter Gesichtsausdruck.

Philipp: Ja.

Joachim (liest): *Repins Ansehen zu Lebzeiten und sein kunsthistorisches Gewicht gründen in hohem Maße auf seinen Portraits, seine außerordentliche Fähigkeit in diesem Genre...*

Philipp: Genre? Was ist das?

Joachim: Ein bestimmtes Gebiet innerhalb der Kunst. Landschaftsmalerei, Portraitmalerei, Stilleben...

Philipp: Stilleben?

Joachim: Hier werden Gegenstände arrangiert und gemalt. Eine Obstplatte, eine Weinflasche, Blumen, Bücher...
[...]
Philipp: Papa, hier sind die Bilder von Adolf von Menzel!
Joachim: Oh ja.
Philipp: *Das Flötenkonzert* Friedrichs des Großen in Sanssouci, von 1852.
Joachim: So können wir uns das Innere des Schlosses ein wenig besser vorstellen.
Philipp: Sieht alles ziemlich feierlich aus... Schau da, das *Balkonzimmer* von Menzel! Ist es nicht eines deiner Lieblingsbilder?
Joachim: In der Tat. Ich bin wirklich froh, einmal das Original betrachten zu können.
Philipp: Nimm doch wieder den Text vom Tonband auf. Zu dem Bild, musst du unbedingt!
Joachim: Mache ich. Erst höre ich einmal so, zum besseren Genießen des Bildes.
Stimme: *An einem sonnigen Tag weht durch die geöffnete hohe Balkontür ein sanfter Wind ins Zimmer hinein. Aber ist Adolf Menzels Gemälde eine Einladung, sich rechts auf einem der, wie zufällig platzierten, Stühle niederzulassen? Und worauf fiele der Blick? Das Zimmer, das sich zur linken Bildhälfte hin erstreckt, ist weitgehend leer. Die Wand weist einen großen hellen Fleck auf, der rätselhaft ist, auch wegen einer ausgesparten rechteckigen Partie. Auf dem Boden liegt ein kleiner Teppich vor..., ja, wovor? Was hier links im Zimmer als dunkle Fläche ungegenständlich bleibt, davon gibt nur ein Blick nach rechts, in den hohen gerahmten Spiegel, eine deutlichere Vorstellung. In ihm ist ausschnitthaft ein voluminöses Sofa zu erkennen, darüber ein goldener Bilderrahmen mit breitem Passepartout, das ein Kunstwerk einfasst. Adolf von Menzel hat den Bildraum durch eine flächige Andeutung von*

Dingen seiner Gegenständlichkeit beraubt. Dafür gewinnt Nicht-Gegenständliches, Immaterielles an Bedeutung, wie das Spiegelbild, ganz besonders aber Licht und Luft, erzeugt im gleichsam vorimpressionistischen Umgang mit Farbe. Wenn Sie jetzt einen Schritt zurücktreten und ein wenig Distanz zum Balkonzimmer gewinnen, so wird Ihnen auffallen, dass Sie Ihren Betrachterstandpunkt gar nicht genau bestimmen können. Menzel hat auf eine konsequente Perspektive verzichtet. Der Zimmerboden beispielsweise ist in der Aufsicht gemalt und scheint nach vorne abzusinken. Auf die rechte Wand jedoch blicken Sie aus einer anderen Perspektive, leicht von oben. Und so hält Menzels Gemälde keinen ausschnitthaften Moment fest. Es erzählt vielmehr von wechselnden Standpunkten in einem zeitlichen Ablauf. Das frühe Werk aus dem Jahre 1845 war erst nahezu sechs Jahrzehnte nach seinem Entstehen öffentlich zu sehen. Und immer noch war es so modern, dass es euphorisch als eine Entdeckung gefeiert wurde.

Philipp: Sehr wissenschaftlich! Hier, noch mal Adolf von Menzel, *Studentenfackelzug*, von 1859.

Joachim: Und noch mal, nach dem Fackelzug, das *Zusammenwerfen der Fackeln auf dem askanischen Platz*, hier in Berlin, 1858.

Philipp: Ein weiteres Bild von Menzel, die *Abreise König Wilhelm I. zur Armee, am 31. Juli 1870.*

Joachim: Und das Bild selber ist von 1871.

Philipp: Der König ist der in der Kutsche, nicht wahr?

Joachim: Der mit dem Helm. Schau mal die ganzen Fahnen dort, die Leute auf den Balkonen... und hier, das ist höfisches Leben, *Das Ballsouper*, von 1878.

Philipp: Tipp mal die Nummer ein, um die Kassettenaufnahme zu hören.

Stimme: *[Es ertönt Walzermusik] In den unzähligen kristallenen Prismen des großen Kronleuchters bricht sich das warme Licht der Kerzen und durch die von vielarmigen Standleuchtern flankierte Flügeltür eröffnet sich der Blick in die Tiefe auf eine im flirrenden Kerzenlicht golden erstrahlende Bildergalerie. Von barocker Pracht ist auch der figürliche Deckenschmuck. Kann man sich einen repräsentativeren Rahmen für ein Ballsouper denken? Umso überraschender wirkt da Adolf Menzels Interpretation des Themas. Wer sich soeben während des Tanzes und unter den Augen des Hofes noch vom Imperativ gesellschaftlicher Umgangsformen disziplinieren ließ, um dann beim Sturm auf das Buffet zu ergattern, wonach ihn gelüstete, der wird nun in den Saal hineingeschwemmt. Die Damen haben vorne in der rechten Bildhälfte Stühle erobert, die Herren drängt es eher nach links. Man schlingt, wo man steht und sitzt. Und wenn es auch manchmal so scheint, als hätten sich kleine Gesprächsgruppen gefunden, so lässt sich immer auch Widersprüchliches beobachten. Blicke, die abschweifen, selbstbezogene Gesten der Eitelkeit, die das Gegenüber ignorieren, eine gefräßige Stille, die jedes Zwiegespräch erstickt, Ungeschicklichkeiten beim Versuch, im Stehen zu essen. Dargestellt sei hier, wie ein zeitgenössischer Kunstkritiker schrieb, jener Moment, wo in dem Gewühl der Masse das Recht des Individuums zur Geltung kommt. Ähnlich und immer begeistert von Menzels satirischem Können, äußerten sich viele, Kritiker wie Künstler. Mit einer über Jahre an Ball- und Festszenen geschulten Beobachtungsgabe gelang Menzel eine atmosphärisch dichte Gesellschaftsminiatur. Aus der Distanz betrachtet und mit einer nur scheinbar möglichst naturgetreuen Akribie überzeichnet Menzel die wilhelminische Gesellschaft hier bis zur Kenntlichkeit.*
[...]

Philipp: Schau, was für ein finsteres Wasser.
Joachim: Der Wald wirft seinen Schatten. *Der Grunewaldsee*, 1895, gemalt von Walter Leistikow. Dieser Künstler lebte in Schlachtensee. Er malte vor allem stimmungsvolle Ansichten der märkischen Seen- und Waldlandschaft.
Philipp: Das musst du dir anhören! (tippt eine Nummer ein)... 612, Ilja Repin, vor der Beichte...
Stimme: *„Vergib Herr, dass ich meiner Heimat auch in der Todesstunde treu bleibe, dass ich als Sklave unter Sklaven, geboren inmitten der Sklaven als Freier sterbe. Vergib Herr, dass ich gegen die Feinde des Volkes in heiliger Feindschaft entflammte, dass ich durch meinen verwegenen Schrei nach Rache die Welt der gefräßigen Scheinheiligen störte..." Der junge Mann, der diese kämpferische Beichte ablegt, steht kurz vor seiner Hinrichtung. Wir sehen ihn in einer Gefängniszelle, dem Priester gegenüber, auf der Kante des schmalen Eisenbettes sitzen, so als warte er schon lange darauf abgeholt zu werden. Er gehört wohl zu einer Gruppe militanter Volkstümler. Nach einem Attentat auf Alexander II. verfolgte das zaristische Regime die Mitglieder dieser Gruppe gnadenlos. Massenverhaftungen und Hinrichtungen waren an der Tagesordnung...*
[...]
Joachim: Anton von Werner, *Im Etappenquartier, vor Paris*, 1894.
Philipp: Soldaten in einem Wohnzimmer, einer macht Feuer im Kamin.
Joachim: Und einer sitzt am Flügel und spielt. Ein anderer scheint gar zu singen.
Philipp: Sie haben ziemlichen Schmutz an den Stiefeln.
[...]

Philipp: Sieh das Meer hier!
Joachim: Gustav Courbet, *Die Welle*, 1870. Ein Gebirge an schwarzem Wasser.
Philipp: Mit weißen Spitzen und Schaumkronen.
Joachim: Dieser finstere Himmel.
[...] Philipp probiert die Posen verschiedener Skulpturen, die im Eingangsbereich stehen, aus, indem er sie nachstellt. Es scheint ihn zu amüsieren.
[...]
Joachim: Ich fand die Ausstellung in der Alten Nationalgalerie sehr beeindruckend. Welches Bild war für dich das interessanteste? Oder welcher Künstler hat dich am meisten angesprochen?
Philipp: Ich fand es sehr gut, die Sonderausstellung zu sehen, zu Ilja Repin.
Joachim: Gab es ein bestimmtes Bild von Repin, was dich besonders angesprochen hat?
Philipp: Das mit der Baronin.
[...] Wir befinden uns gerade auf einem Bücherflohmarkt, direkt vor der Humboldt-Universität, stehen zwischen zahlreichen Tischen und Kisten, alle voll mit Büchern.
Joachim: Hier sind pädagogische Bücher, noch aus der DDR-Zeit. Spannend.
Philipp: Stalin, eine ganze Kiste voll.
Joachim: Hast du den Namen Stalin schon gehört?
Philipp: Ja, schon oft.
Joachim: Wo? In welchem Zusammenhang?
Philipp: Weiß ich nicht mehr genau.
Joachim: Was weißt du denn über Stalin?
Philipp: Dass er ein Diktator war, so wie Hitler.
Joachim: Werke von Josef Stalin, hier: Stalin, Werke 7.
Philipp: Stalin war doch für Russland, was Adolf Hitler für Deutschland war, oder?
Joachim: So quasi, ja.

Philipp: Hat Hitler auch Bücher geschrieben?
Joachim: Ja, vor allem eins. Es heißt *Mein Kampf*.
Philipp: Ist da vorne das Hakenkreuz drauf?
Joachim: Kann sein. Ich bin nicht sicher. Man kommt sehr schlecht an dieses Buch heran.... Schauen wir doch mal in Stalins Schriften hinein, worum geht es denn da eigentlich? Dieser Text hier wurde 1925 veröffentlicht, im Dietz-Verlag Berlin: *Der siebte Band der Werke J.W. Stalins enthält die Schriften, die im Laufe des Jahres ... geschrieben worden sind. In dieser Periode vollendeten die Arbeiterklasse und die Bauernschaft unter Führung der bolschewistischen Partei die Wiederherstellung der Volkswirtschaft. Das Land der Sowjets trat in die Periode der sozialistischen Industrialisierung ein...* Nehmen wir mal Band 2. *Diese Texte wurden zwischen 1907 und 1913 geschrieben, also vor der Verbannung des Genossen Stalin in das Gebiet von Turujchonsk, wo er bis 1917 blieb. Diese Schriften umfassen hauptsächlich zwei Perioden der revolutionären Tätigkeit des Genossen Stalin...*
[...]
Joachim: Schau mal hier, auf der Postkarte! Hast du den Mann schon mal irgendwo gesehen? Vielleicht im Fernsehen oder auf einem Photo?
Philipp: Nein.
Joachim: Wer könnte das sein? E.H. abgekürzt. Wir sprachen doch vor kurzem noch über die DDR-Politiker.
Philipp: Weiß nicht.
Joachim: Honnecker, Erich Honnecker. Das war der Staatspräsident der DDR, der Vorsitzende der SED, der Partei, die sie dort hatten. Es war eine Einheitspartei.
Philipp: Und was ist das da, auf der Postkarte da?
Joachim: Ein Ausreisevisum, eine Erlaubnis, für kurze Zeit die DDR zu verlassen, um zum Beispiel in Westdeutschland Verwandte zu besuchen.

Philipp (liest): ... *Ausreise nach der BRD, über die Grenzübergangsstelle Marienborn ...*, 1985.
Joachim: Heute drucken sie das auf Postkarten. Damals, das heißt bis 1989, war es die bittere Realität der Menschen, die in der DDR lebten. Sie lebten wie in einem Gefängnis.
Philipp: Wurden denn die Ausreiseanträge immer genehmigt? Wenn ja, dann konnten sie doch einfach nicht wieder zurückgehen.
Joachim: Nein, nein, die Anträge wurden nicht immer genehmigt. Bei unbequemen oder kritischen Leuten bestimmt eher gar nicht.
Philipp: Da, wieder das DDR-Symbol.
Joachim: Hammer, Ährenkranz und Zirkel.
Philipp: FDJ? Was war das?
Joachim: Freie Deutsche Jugend.
Philipp: Frei? In einem Gefängnis?
Joachim: Das war die große Jugendorganisation der DDR. Wenn du was werden wolltest in dem Land, musstest du mitmachen dort.
Philipp: Was hast du da gekauft?
Joachim: Ein Buch über Kunstphilosophie ...
[...] Wir sind auf einem etwas anderen Weg zur Brüderstraße zurückgekehrt und auf das Gelände vor dem Auswärtigen Amt gelangt. Immerhin gibt es hier einen Spielplatz, mit Hängebrücke, Holzhäusern, Stangen zum Hochklettern und Runterrutschen, Schaukeln, ein Rondell, das sich schräg dreht und sicher den Gleichgewichtssinn schulen soll. Philipp genießt es, nach all den geistigen Höhenflügen, die wir heute unternommen haben, sich hier ein wenig auszutoben, und zwar ausgiebig. Alle Bewegungsmöglichkeiten werden durchprobiert und erkundet.
Joachim: Siehst du die umliegenden Hochhäuser? Sie haben an die zehn Stockwerke.
Philipp: Hm.

Joachim: Stell dir vor, deine Kindheit hätte hier in einem dieser Häuser stattgefunden? Sagen wir, du wärest aus dem achten Stock hier herunter zum Spielen gekommen. Wäre es sehr viel anders für dich gewesen, als in einem kleinen bergischen Dorf aufzuwachsen?
Philipp: Ja schon.
Joachim: Inwiefern?
Philipp: Ja, höhere Lautstärke, hier in der Stadt. Kleinere Wohnfläche. Und hier sind natürlich viel mehr Kinder.
Joachim: Wenn sie erst mal alle rauskommen aus ihren Wohnungen, bestimmt.
Philipp: Ja, wenn.
Joachim: Wo hast du mehr Möglichkeiten? Bei uns im Dorf oder hier?
Philipp: In Heddinghausen. Da habe ich die ganzen Wiesen, wo ich spielen kann. Die Wege, der Waldrand. Halt mehr Fläche.
Joachim: Wo ist es abwechslungsreicher, von den Spielmöglichkeiten her betrachtet?
Philipp: Wenn ich nur die Spielplätze vergleiche, dann ist dieser hier in Berlin interessanter.
Joachim: Aber das ist alles, was die Kinder hier haben, keinen Wald zum Buden bauen, keinen Löschteich zum Schwimmen, keine Feldwege zum Radfahren, keine Wiesen zum Drachen steigen lassen.
Philipp: Stimmt.
[...] Zum Abendessen gibt es heute Tortellini mit Tomaten-Käse-Sauce. [...]
Joachim: Wenn du den heutigen Tag noch einmal zurückverfolgst, wir haben heute lange geschlafen, gefrühstückt, sind, so glaube ich, gegen halb eins mit der Bahn losgefahren, Richtung Museumsdorf Düppel in Zehlendorf, dann zurückgefahren in die Stadt, zur Alten Nationalgalerie, haben die Gemälde, zumeist aus dem 19. Jahrhundert,

und die Sonderausstellung zu Ilja Repin angeschaut, haben dann ein wenig die Bücherstände vor der Humboldt-Universität durchgesehen. Was war das für ein Tag, für dich?

Philipp: Die erste Stelle, an die ich gerade denken muss, ist dieses Bild... Es ist auch in dem Faltblatt, hier, das Selbstportrait von Repin. Und dann noch das Bild mit dem Stuhl, dem offenen Fenster, dem Vorhang...

Joachim: Das Bild von Menzel, meinst du?

Philipp: Ja, das Balkonzimmer, so heißt es doch... Das kommt natürlich auch, weil wir da so intensiv drüber gesprochen haben.

Joachim: Das Bild hängt ja auch bei uns zuhause, das heißt eine Reproduktion davon. Ist sie dir aufgefallen?

Philipp: Ja schon, es hängt doch im Bad.

Joachim: Und die Texte, die du von der Kassette abrufen konntest, waren sie für dich klar, verständlich, nachvollziehbar?

Philipp: Ja schon, es waren natürlich Theorien, die da drauf gesprochen waren.

Joachim: Bildinterpretationen.

Philipp: Ob alles wahr ist, weiß ich ja nicht. Aber es war interessant zu hören.

Joachim: Und du konntest es auch nachvollziehen, was dort auf Band gesprochen war?

Philipp (lacht): Wenn ich das Bild vor mir hatte, schon... Manchmal, wenn irgendwas über eine Einzelheit gesagt wurde, musste ich das schnell suchen.

Joachim (lacht): Meinst du, mir wäre es anders gegangen?... Und wie war es sonst heute? War es nicht ein wenig anstrengend für dich? War es alles etwas viel?

Philipp: Heute nicht.

Joachim: Gestern denn? War es gestern zuviel für dich?

Philipp: Was war noch mal gestern?

Joachim: Morgens Technikmuseum...
Philipp: ...ah, das war schön!...
Joachim: ... nachdem wir vorher im Nikolaimuseum waren.
Philipp: Das fand ich etwas zu viel, was die da alles erzählt haben.
Joachim: Über die Theater von Berlin, die Schließungen und finanziellen Probleme, über das Nikolaihaus usw.
Philipp: Ja, das fand ich nicht so furchtbar interessant. Die Kulissen schon eher oder die Kostüme.
Joachim: Wenn es direkt ums Theater ging, dann fandest du es interessant, aber weniger das ganze Hin und Her um die Berliner Theaterbühnen.
Philipp: Ja.
Joachim: Aber allein, wenn es jetzt um das Alter und die Geschichte von irgendwelchen Gebäuden geht, das ist nicht so interessant?
Philipp: Für dich ist es interessant, ich weiß...
Joachim: Oder welcher Baustil das ist, wer früher in den Häusern gelebt hat...
Philipp: Ja, ist ja interessant, aber nicht das Interessanteste, was *ich* gestern gesehen oder gehört habe.
Joachim: Und dann waren wir ja noch im Pergamonmuseum, der Altarfries, das Ischtartor..
Philipp (völlig erstaunt): Das war gestern?
Joachim: Ja, es war gestern.
Philipp: Irgendwie habe ich gedacht, es wäre heute gewesen.
Joachim: Wir haben es auf Kassette. Wir können das alles noch mal abhören. ... Gab es noch etwas heute, was dich interessiert hat?
Philipp: Ich muss immer wieder an das Technikmuseum denken.
Joachim: An was genau?
Philipp: Die Züge und die Mühle, als ich die gedreht habe. Ob die Mama mir das glauben wird?

Joachim: Ich habe es doch fotografiert, und ich habe das Geächze und Geknarre des Gebälks auf Band aufgenommen.... Gab es auch Dinge, die wir hier in Berlin gemacht haben, die du langweilig fandest?
Philipp: Die U-Bahn, die ist nicht grad so interessant. Man steigt ein, fährt damit rum, das war´s. Aber sonst, was Uninteressantes? Bis jetzt noch nicht.
Joachim: Aber du erträgst es schon, dass wir immer wieder mal die U-Bahn oder S-Bahn nehmen.
Philipp: Ja, doch... Findest du die U-Bahn denn interessant?
Joachim: Ich finde sie praktisch. Du kommst schnell vorwärts.
Philipp: Dass sie praktisch ist, habe ich auch nicht bestritten, nur man erfährt ja weiter nichts, dadurch das man fährt.
Joachim: Du willst immer viel erfahren.
Philipp: Und im Technikmuseum erfährt man was über die U-Bahn, wie sie gebaut wurde und so weiter.
Spät am Abend, als Philipp schon schlief, setzte ich meine Lektüre von *Arturos Insel* fort und streifte in Gedanken mit dem Jungen auf Procida umher. Doch bevor ich mich in den Text der Elsa Morante vertiefte, nahm ich erneut die vor ein paar Tagen nicht ganz zu Ende gelesenen Aufzeichnungen von meiner Italienreise aus dem vergangenen Jahr in die Hand:
... Aus einem leicht geöffneten Fensterladen eines palazzo, unmittelbar an der Piazza di Papa in Ancona, dringt Klaviermusik. Unten am Brunnen macht ein kleines dunkelhäutiges Mädchen in einem schulterfreien pistazienfarbenen Kleid Tanzschritte wie in einem Ballett. Vielleicht der Versuch, der Gleichgültigkeit dieser jahrhundertealten Mauern pulsierendes Leben und persönlichen Ausdruck entgegenzusetzen. Doch schon erlischt die Musik, verebbt auch der Tanz. Am Ende ist doch alles vergänglich, ein kurzes Aufflackern, Aufbäumen, Sich-Drehen, und schon wird alles zu

Staub. In den Kirchen riecht man es. Die weißen Rosen und Lilien sind gerade geschnitten und doch schon dabei zu verrotten...

... die Abgeschiedenheit einer kleinen, seitlich gelegenen Kapelle in einem in sich verschachtelten Komplex an romanischen Kirchen, Santo Stefano in Bologna. Ein seltsames flair. Ein länglicher, nicht zu großer Raum. Man tritt hinein von einem quadratischen Innenhof mit Säulengang und steht vor Fresken, deren Konturen kaum noch etwas erkennen lassen. Es handelt sich mehr um Andeutungen, Anspielungen in reichlich gedämpften Farben. Überhaupt überwiegt der Eindruck des Zurückhaltenden. Zu beiden Seiten kassettenartige Wandverkleidungen und Bänke aus dunklem Holz, die eine angenehme Wärme und Geborgenheit in den Raum bringen. Auf dem Steinaltar ein strohfarbenes Tuch, ein offenbar sehr alter Stoff, der sich an den Rändern aufzulösen beginnt. Es ist noch früh, ich sitze eine ziemliche Zeit, zuerst auf der einen, später auf der anderen Seite.

Über dem hochsommerlichen Bologna kamen nachts und morgens Sturzbäche von Regen herunter, dem kraftstrotzenden Neptun zu Ehren und zu meiner Abkühlung. Draußen im angrenzenden Hof prasselt das Wasser noch. Nachdem ich schon eine Weile hier sitze, hat sich der Himmel schließlich ganz entladen. Es tropft nur noch rhythmisch in bestimmten Abständen aus den löchrigen Rinnen. Die Luft ist immer noch drückend, vor dem Regen, nach dem Regen. Unter den portici von Bologna ging ich immer trocken. Die Luft in den Winkeln und Ecken dieser Kirchengewölbe ist dünn, muffig und stickig. Der sich mit der Zeit einstellende Sauerstoffmangel führt zu einer völlig veränderten Wahrnehmung, provoziert einen anderen Bewusstseinszustand. Doch in der kleinen länglichen Kapelle, die ans Freie angrenzt, bleibe ich überwiegend ich selbst, obwohl auch hier

Kräfte am Werk zu sein scheinen, die meinen Zustand und meine Kapazitäten stark berühren und beeinflussen...

... eine kleine, unscheinbare Ausstellung in Mailand. Bronzen von Francesco Messina, der aus einem kleinen Dorf in der Nähe von Catania stammt und später in Mailand als Professor für Bildhauerei arbeitete. Besonders eindrucksvoll die Bronze *Il marciatore*, ein zielstrebig seinen Weg gehender Mann. Ich sehe mich plötzlich aus der Außenperspektive und halte die Luft an. Wie sieht es wohl für einen Unbeteiligten aus, wenn er mich dabei beobachtet, wie ich meinen Weg gehe? Und erst die Pferdebronzen! Kraftstrotzende Hengste, galoppierend, sich auf die Seite werfend, die Geschlechtsteile zeigend, und eines dieser cavalli springt sich vor lauter Kraft zu Tode, indem es auf dem Hals aufkommt...

... dieses Rausgehen aus Allem, aus den vertrauten Strukturen, keine Rücksichten mehr, keine vernünftige Tagesplanung mehr, die womöglich Frau, Kind oder Freund einschließt, einfach den eigenen Impulsen folgen, durch die grünen Hügel südlich von Bologna wandern, sich in dem vorgefundenen Rahmen einer Stadt, einer Landschaft bewegen, den jeweiligen Spielraum ausloten, sich ohne viel Mühe zu den Dingen verhalten, hier und da ein unverbindliches Gespräch, ein Geplänkel anfangen zu den Besonderheiten eines Ortes, dem Erreichen eines bestimmten Zieles, dem Korrigieren eines eingeschlagenen Weges, dem Aroma des Kaffees ...

... Schreiben? Ich schreibe in den ersten Tagen gar nichts. Ich will gar nicht einsehen, warum ich etwas schreiben sollte. Ich muss erst einmal leer werden, um überhaupt etwas Neues aufzunehmen. Dann bilden sich vielleicht Vorstellungen. Ich versuche erst, alle Gedanken loszuwerden. Denken erscheint mir sinnlos. Ich will zurück zum Unmittelbaren, Unverdorbenen, einem unreflektierten und unkommentierten Erleben. Das Abendlicht, das warmgelb unter Bolognas Bogengänge strömt. Eine lachsfarbene, weit und hoch in den abendlichen Himmel aufragende Fassade auf der Piazza del Plebiscito in Anconas Altstadt. Putz, Fenster und Läden zeugen von alter Größe und unaufhaltsamem Verfall. Sonntagsmorgens sitze ich dort, schaue von oben herab, hinter mir das hohe Portal einer Kirche. Nichts bewegt sich, bis die Glocke im Turm gegenüber schlägt, auf der Seite der piazza, die sodann steil nach unten zum Hafen abfällt. Nur eine Katze schleicht vorüber. In einer der oberen Etagen öffnet sich ein Fensterladen, vorsichtig, zögernd, und schließt sich wieder, obwohl die Sonne jetzt beinahe hoch am Himmel steht. Ich bin allein. Das Gespräch gestern Abend, mit Peter, dem schottischen Studenten, klingt noch nach und verschwindet langsam in der Erinnerung, wie all die anderen kleinen Episoden...

... Mit dem Zug von Ort zu Ort, Erkundungsgänge in den Städten viel zu Fuß, statt der steifen und stupiden Vollklimatisierung des Eurostars jetzt mit dem regionale die Adria hinunter, direkt am Meer vorbei. Durch die offenen Fenster schlägt warm die Luft herein. Der grüne Stoff der Vorhänge flattert vor dem Azurblau des Himmels. Eine Weile bin ich umringt von einer Gruppe ragazzi, auf dem Weg nach Riccione. Breitbeinig, Kaugummi kauend, sitzt einer vor mir, die Augen hinter dunklen Gläsern. Ein verwegener Bengel, noch weich in den Gesichtszügen, in der Gruppe aber dreister und entschlossener als an Mamas Nudeltopf, getrieben vom Willen, sich zu erproben, mit den eigenen Reizen zu spielen. Das leichte Zucken der Nerven um die vollen Lippen verrät alles...

... Spät abends sitze ich erneut auf der piazza hoch oben auf den Stufen. Die Steine unter mir haben in etwa meine Körpertemperatur. Haut und Stein liegen hier gerne aneinander. Die Laternen tauchen alles in ein sepia- oder ockerfarbenes Licht. Darüber türmt sich ein transparent leuchtendes Blau, wie wir es in Deutschland höchstens durch die Fensterchen einer Martinslaterne zu sehen bekommen. Es ist, als läge ein großes Stück Transparentpapier über den Häuserdächern und jemand würde von der, dem Meer zugewandten Seite mit einer hellen Lampe dagegen leuchten. Eine Art blaues Glühen.

Jetzt ist alles rund, alles eins, alles ergibt jetzt Sinn, das Gestöckel der aufgebrezelten Italienerinnen dort unten vor bar und ristorante, wie der Zigarettenrauch vor den gleichgültigen Gesichtern der unten im Hafen arbeitenden Männer, die das Beladen und Entladen der Fähren überwachen. Jeder nicht allzu elaborierte Lebensplan, ist dem sich selbst reflektierenden immer noch vorzuziehen, denn jedes Reflektieren wirft uns hinein in eine Distanz zu allem und jedem, die nur kurzfristig durch ein besonders intensives Erleben aufgehoben werden kann.

... Ancona erinnert mich an Cagliari, jene Hafenstadt an der Südseite Sardiniens, dieses Tor nach Sizilien und Nordafrika oder das schottische Mallaig vor der Küste der Isle of Skye. Das zugleich betriebsame und verschlafene Ancona. Diese Orte zerren an etwas Sehnsüchtigem, Melancholischem in mir, wecken das Aufbegehren gegen alles Etablierte und Eingespielte. Ich sehe die Fähren auslaufen und einfahren. Ein unwahrscheinlicher Umschlagplatz für Menschen und Waren, eine Drehscheibe für Überfahrten und Passagen jeder Art. Der Duft von griechischem Wein und die Klänge türkischer Musik wehen über das Meer. Auch das birra Moretti tut seine Wirkung. Das Essen in dieser trattoria war ein Genuss in vielen kleinen Etappen. Jetzt aus meinem Plan Ravenna, Ferrara usw. aussteigen und einfach eine dieser Fähren nehmen und dann weitersehen? Wie weit würde ich gehen können, wie lange könnte so ein Sinkflug, so ein Sich-Verlieren in der Schwerelosigkeit anhalten? Ich kehre zu meinem tiefen Schweigen über alles Gewesene, Gegenwärtige und Zukünftige zurück...

So bin ich zuletzt gereist, mit diesen Beobachtungen, Eindrücken und Gedanken. Ob solche Dinge für die Jungen interessant sind?

18. August 2003

Ich komme gerade aus der Dusche und Philipp studiert den Stadtplan von Berlin. Frühstück. Nach Toastbrot und Müsli mit frischem Obst trinken wir noch Milch und Tee.

Joachim: Übrigens, gestern Abend, als du schon geschlafen hast, habe ich viel in diesem Buch hier gelesen.

Philipp: Worum geht es darin?

Joachim: Es ist ein Buch über den Boulevard *Unter den Linden. Gesichter und Geschichten einer berühmten Straße*, heißt es im Untertitel. Es ist erschienen Anfang der siebziger Jahre. Somit ist es nicht mehr ganz so aktuell, doch werden die verschiedenen historischen Epochen durchlaufen und der Autor erzählt, was jeweils Unter den Linden passiert ist und wie sich die Dinge dort verändert haben.

Philipp: Und, war es interessant?

Joachim: Ja sehr. Es war stets eine Prachtstraße, immer sehr vornehm, mit feinen Cafés und Hotels.

Philipp: Wir haben doch dieses eine elegante Hotel gesehen. Ziemlich nah am Brandenburger Tor.

Joachim: Das Hotel Adlon.

Philipp: Genau.

Joachim: Hättest du denn gedacht, dass die Menschen, die weiter außerhalb von diesem schönen und prächtigen Stadtzentrum, Unter den Linden, Schloss, Nationalgalerie, Hotel Adlon, dass die zum Teil sehr arm waren und sehr erbärmlich gewohnt und gelebt haben?

Philipp: Nee.

Joachim: Dachtest du, alle hätten hier so prunkvoll gelebt?
Philipp: Ja.
Joachim: Nur bestimmte Leute waren wohlhabend, wenn wir einmal über die Kaiserzeit reden, die Adligen, die höheren Beamten. Dann kamen wohlhabende Leute, Industrielle, Adlige aus anderen Städten und Ländern nach Berlin, verkehrten in den feinen und teuren Hotels und Cafés, für die einfachen Arbeiter oder die armen Leute vom Land, die Bauern, war das alles unerschwinglich. Sie hatten nicht einmal Zutritt zu den feinen Cafés. Türsteher bewachten den Eingang und hätten sie gar nicht erst reingelassen. Warte, ich suche mal die betreffende Stelle in dem Buch heraus: *Nur einige hundert Meter von der Prachtstraße entfernt, lebten Tausende von Berlinern von Hungerlöhnen ... in Lumpen gehüllt und vor Kälte zitternd. In der Gartenstraße wohnten beispielsweise in fünf Mietshäusern fast 500 Familien, das waren etwa 2500 Menschen, in mancher Stube gleich mehrere Familien, nur durch Seile voneinander getrennt.* Kannst du dir das vorstellen, dass hier viele so arm waren und so menschenunwürdig gelebt haben?
Philipp: Nein. Kann ich mir nicht vorstellen.
Joachim: Also, es gab dieses reiche und schöne Berlin und es gab das arme Berlin. Und Bettina von Arnim, eine Intellektuelle, eine gebildete Frau, die in dieser Zeit, im 19. Jahrhundert, hier lebte, und die auch auf dem Boulevard Unter den Linden wohnte, die hat gesagt, wo die Not so groß sei, müsse man aktiv unterstützen und helfen und nicht nur reden... Es hat dann folgende Situation gegeben, dass der König offenbar auf die Notlage der armen und einfachen Leute nicht besonders reagiert hat und dass diese Menschen sich immer mehr gegen ihre schlechte Lage aufgelehnt haben, gegen den Hunger, gegen die miesen Lebens- und Wohnbedingungen. Und dann gab es noch

den sogenannten Rübenwinter, wo sie fast den ganzen Winter nur Rüben zu essen bekamen und beinahe verhungert wären, die Leute,...

Philipp: Und dann?

Joachim: Da haben sie sich gegen die Regierung, die Herrschaft des Königs aufgelehnt und für Verbesserungen gekämpft.

Philipp: Mit Erfolg?

Joachim: Der Aufstand wurde niedergeschlagen, dieser Versuch einer Revolution, eines Umsturzes... Es gab allerdings einen zweiten Versuch, nach dem ersten Weltkrieg, das war 1918. Da kam noch hinzu, dass die Deutschen viele Niederlagen hinnehmen und verkraften mussten, und durch den Krieg die ganze Bevölkerung noch weiter ausgehungert war...

Philipp: Kriege kosten ja auch sicher viel Geld...

Joachim: Ja, die Stimmung wurde jedenfalls immer schlechter in der Bevölkerung. Diesmal konnten sich die Revolutionäre durchsetzen. Der König, Wilhelm II., hat 1918 abgedankt und ist nach Holland geflohen.

Philipp: Abgedankt?

Joachim: Abdanken bedeutet zurücktreten, auf den eigenen Machtanspruch verzichten. Wilhelm II. bekam die Situation nicht mehr unter Kontrolle.

Philipp: Und dann?

Joachim: ...haben die Revolutionäre eine neue politische Ordnung geschaffen, eine Republik. Das war dann die Weimarer Republik. Mit der Monarchie, der Königsherrschaft also, war es zu Ende. Eine Republik ist eine Staatsform, die auf demokratischen Grundsätzen aufbaut, die Leute können wählen, es gibt mehrere Parteien. So ähnlich, wie wir es heute haben. Nur war die Weimarer Republik noch nicht so stabil. Die politisch verantwortlichen Leute hatten noch zu wenig Erfahrung, wie man eine De-

mokratie schützen und sichern kann und muss. Deshalb konnten die Nationalsozialisten das ganze System ja überrumpeln und in eine Diktatur, das III. Reich, verwandeln. Wie es dann weiterging, hast du ja schon in Ansätzen gehört...
[...]
Joachim: Lass uns doch ein wenig über heute reden. Was war heute los? Wo waren wir heute?
Philipp: Also heute morgen sind wir losgefahren, nachdem wir gefrühstückt hatten, Richtung ... ja erst mit der U-Bahn vom Potsdamer Platz, und dann mit der S 1 zum Potsdamer Hauptbahnhof. Von da aus sind wir zu Fuß zum Neuen Palais gegangen, haben dort eine Führung mitgemacht, sind anschließend durch den Park gegangen...
Joachim: Moment mal, wir fuhren noch zwei Stationen mit einem Regionalzug, vom Potsdamer Hauptbahnhof bis zum alten Kaiserbahnhof, der im Moment gerade renoviert wird. So waren wir schon relativ nah am Neuen Palais. Es war nur noch ein kleiner Spaziergang, bis dorthin.
Philipp: Gut, im Neuen Palais sahen wir verschiedene Schlafzimmer, eines gehörte dem König, eines der Königin...
Joachim: Empfangsräume, Warteräume ...
Philipp: Dann dieser große und schön kühle Raum mit den vielen Muscheln...
Joachim: Der Muschelsaal.
Philipp: Wir mussten riesige Filzpantoffeln anziehen, um durch das Schloss zu gehen.
Joachim: Riesenpantoffeln! Und darin sind wir mit der Gruppe abgeschlurft.
Philipp: Richtig schlurfen sollte man aber nicht damit...
Joachim: ...um das Parkett zu schonen. Was gab es in dem Muschelsaal denn an interessanten Dingen, außer den vie-

len Muscheln, mit denen die Wände und Säulen verziert waren?

Philipp: Marmor und Bergkristalle.

Joachim: Standen da nicht auch Objekte?

Philipp: Ach ja, für den Winter schöne Schlitten aus Holz und dann noch kleine Wagen, Kutschen, um durch den Park zu fahren.

Joachim: Unter anderem eine kleine Gartenkutsche für Friedrich II., als er schon sehr alt und krank war... Was ist dir noch in dem Schloss aufgefallen?

Philipp: Die Puderräume.

Joachim: Es gab also zunächst keine Badezimmer im Neuen Palais. In der oberen Etage bauten sie nachträglich noch welche ein, und zwar da, wo ursprünglich diese Puderräume waren. Wie lief das Prozedere in so einem Puderraum ab?

Philipp: Also der König, oder die Königin, oder ein Adliger, hat sich hineingestellt in die Kammer. Dann hat ein Diener Mehl aus einem Sack genommen und nach oben geworfen und mit einem Fächer ordentlich umhergewirbelt. Das Mehl rieselte wieder herunter über die Haare oder die Perücke und stäubte alles weiß...

Joachim: Das Puder fiel auch auf die Haut am Hals, auf die Arme und aufs Dekolleté. Die vornehme Blässe... abends beim Kerzenschein sah das bestimmt sehr elegant aus. Gebräunte Haut hatten zu der Zeit ja nur die Bauern, die den ganzen Tag unter der Sonne arbeiten mussten. Die Adligen und die Fürsten waren blass wie die Wand und steigerten diese Blässe noch, durch Bestäuben mit Mehl oder Puder. Wenn sie rausgingen, dann mit Sonnenschirmchen oder man hielt sich eben im Schatten auf.

Philipp: Gesünder war es ja... Ozonloch, UV-Strahlen usw...

Joachim: Wird aber auch gelegentlich gejuckt haben... Über dem Muschelsaal gab es nun diesen großen Festsaal.

Philipp: Sechshundert Quadratmeter groß.
Joachim: Und von den Fenstern hattest du einen wunderbaren Ausblick in den Park.
Philipp: War das nicht der Raum mit den Spiegeln?
Joachim: Das war die Galerie, direkt neben dem Muschelsaal. Und darüber befand sich ebenfalls eine Galerie, wo sie viel getanzt haben, sahen wir nicht tiefe Dellen im Parkett? Ich musste an das Märchen von den zertanzten Schuhen denken. Du kennst es doch auch, oder?
Philipp: Ja.
Joachim: Wir haben also diese Führung gemacht ...
Philipp: ... und die Pantoffeln abgegeben. Die durften wir ja nicht behalten. Wir sind zu einem Nebengebäude gegangen, was war das noch mal? Nicht die Küche, die war daneben...
Joachim: Ein Gebäude, in dem die Schlosswache und die Bediensteten untergebracht waren. Sie haben als Gegenpol zu dem großen Palais, diese beiden Gebäude hingesetzt. Sie sehen ja auch sehr repräsentativ, fast pompös aus. Gab es nicht noch eine Besonderheit zwischen der Küche und dem Schloss?
Philipp: Einen Verbindungsgang, unter der Erde.
Joachim: Wofür könnte so ein Gang nützlich gewesen sein?
Philipp: Aus Sicherheitsgründen. Oder, um mal kurz zwischen Schloss und Küche hin und her zu gehen, ohne aufwändig Türen öffnen und verschließen zu müssen.
Joachim: Wenn der König nachts Hunger hatte, konnte er im Nachthemd schnell rübergehen, um sich etwas aus den Vorratskammern oder aus dem Kühlschrank zu holen.
Philipp: Wenn es früher schon Kühlschränke gab.
Joachim: Und außerdem brauchte der König ja auch nicht persönlich diesen weiten Weg zu machen, denn er hatte ja auch einen Leibdiener, der ihm vermutlich jedes Glas Wasser angereicht hat... Wir gingen dann ein wenig durch

den Park. Erst mal musstest du deinem Klettertrieb nachgeben.

Philipp (lacht): Genau. Auf dem umgekippten Baum.

Joachim: Ein interessanter Baum, umgestürzt und trotzdem weiter gewachsen. Ideal zum Klettern. Auch philosophisch interessant: Es geht weiter, auch wenn du gefallen bist und dich verletzt hast.

Philipp: Dann das chinesische Teehaus mit den vergoldeten Figuren und Säulen.

Joachim: Weiter ging es dann an der Orangerie vorbei...

Philipp: ... die Treppen hinauf zum Schlösschen Sanssouci.

Joachim: Eindrucksvoll die Terrassen mit den Weinpflanzen, den vielen kleinen Nischen hinter Glas, die man quasi als Gewächshaus nutzt, um darin Wein oder andere Pflanzen zu ziehen, die viel Wärme benötigen. ...Könntest du versuchen, das Schloss Sanssouci zu beschreiben?

Philipp: Es ist eher flach und hat nur eine Etage. Gut, einen niedrigen Dachboden hat es vielleicht.

Joachim: Leider konnten wir nicht rein. Ich las, dass es dort zwölf Zimmer gibt. Erinnerst du dich an das Gemälde von Menzel, das Flötenkonzert?

Philipp: Ja, so können wir uns ein wenig vorstellen, wie es darin aussieht, feierlich und schön.

Joachim: Weißt du, wie man den Baustil von Neuem Palais und Sanssouci nennt?

Philipp: Barock.

Joachim: Ja, gut. Und die Spätphase des Barock nennt man Rokoko. Dieser Begriff bezieht sich nicht nur auf die Architektur, sondern auch auf die Malerei, die Musik, den gesamten Lebensstil. Fallen dir Komponisten aus dieser Zeit ein?

Philipp: Händel, Bach ...

Joachim: ... und Vivaldi oder Corelli in Italien. Ein Maler des Rokoko wäre Watteau.

Philipp: Bis der Bus kam, haben wir in einer Gartenlaube auf einer Steinbank gesessen, auf das Schloss Sanssouci geschaut und Äpfel gegessen...

Joachim: Und ich stellte mir vor, wie der französische Philosoph Voltaire gerade bei Friedrich II. zu Besuch ist, wie sie über ihre Ideen diskutieren, über die politische Situation in Preußen, Frankreich und Europa...

Philipp: Und dann haben wir uns noch im Wannsee abgekühlt.

Joachim: Das hast du aber sehr grob zusammengefasst. Gut, wir fuhren mit der S-Bahn zurück, aber konnten wir überhaupt sicher sein, dass das mit dem Schwimmen noch klappen würde?

Philipp: Nee.

Joachim: Wo stiegen wir denn eigentlich aus?

Philipp: Nikolassee.

Joachim: Dort gab es einen Fußweg, durch ein schattiges Wäldchen, sicher waren es noch eineinhalb Kilometer...

Philipp: ... bis zum Strandbad Wannsee.

Joachim: Wir bekamen einen relativ günstigen Abendtarif, liefen in Windeseile, durchgeschwitzt und erhitzt wie wir waren, die Treppen hinunter, sahen den Sandstrand, die Strandkörbe, dahinter diese riesige schimmernde Wasserfläche vor uns liegen, ließen unsere Rucksäcke und alle Kleidung einfach in den Sand fallen, schlüpften schnell in die Badehosen und stürzten uns ins Wasser hinein.

Philipp: Ach, das war so schön!

Joachim: Unheimlich erfrischend. Und du bist gleich los zu dem Pfahlbau, mit der Rutsche drauf, dort hinten im See, bist zig mal runtergerutscht, um dich abzukühlen. Was für ein Vergnügen das war! Ich schwamm herum wie ein Fisch im kühlen Wasser der Havel. Und hinten zogen Segelboote am Horizont vorbei.

Philipp: Dann zurück mit der S-Bahn nach Berlin-Mitte.

Zeichnung, *Strandbad Wannsee*, Philipp, 2003

Joachim: ...wo wir dann gekocht und gegessen haben, frittiertes Hähnchenbrustfilet, Maiskolben mit zerlassener Butter, Weintrauben, Eis.
[...] Es ist kurz vor Mitternacht, Philipp schläft. Nach dem Kochen und Essen Geschirr gespült, einige Hemden durchgewaschen, Nachrichten angesehen, geduscht, dann ein zweites Berliner Kindl. Ich stehe an der offenen Fenstertür des Wohnzimmers, in unserer Plattenbauwohnung. Von unten streicht die warme Berliner Sommerluft herein. Man kann sich, was die Kleidung betrifft, hier einige Freiheiten erlauben, weil ja gegenüber niemand wohnt, in dem leerstehenden, ehemaligen Handels- und Geschäftshaus der Familie Hertzog, zu dem ich sicher bald eine Recherche machen werde. Philipp hatte, so glaube ich, heute einen ganz schönen Tag. Das Strandbad Wannsee war ohne Zweifel ein besonderer Höhepunkt für ihn, aber auch die Potsdamer Schlösser scheinen sein Interesse und seine Aufmerksamkeit gefunden zu haben.

Die verschiedensten Fragen tauchten während unserer Exkursion auf, etwa nach dem Oxidieren von Kupfer, nach den chemischen Prozessen, die zum Entstehen des hellgrünen Farbtons auf den Dächern und Türmen führen. Warum werden manche Dachpartien nicht hellgrün, sondern eher dunkel bis schwarz? Handelt es sich hier um ein anderes Metall oder um eine andere Art von Oxidationsvorgang? Wo lebten die Kinder in dem Schloss? Gab es spezielle Räume für die Kinder? Wie waren ihre Lebensgewohnheiten? Gab es Unterricht? Welche Art von Unterricht? Was waren die Inhalte dieses Unterrichts? Was machten die Kinder während ihrer Freizeit? Wir erfuhren von dem jungen Mann, der für uns die Schlossführung ausrichtete, dass im dritten Stock einige Prinzengemächer und Kindergemächer eingerichtet worden seien, im 19. Jahrhundert.

Doch bleiben erst einmal mehr Fragen offen, als während der sehr informativen und detailreichen Führung beantwortet werden konnten. Was waren die Lebensräume der Kinder? Ließ man sie im Park spielen oder reiten? Welche Freiheiten hatten sie? Waren sie in Gefahr, wenn sie in der Stadt umherstreiften? Und wie stand es um die Kinder der Bauern und Handwerker? Wie lebten sie? Eine interessante Entdeckung war der Kaiserbahnhof. Leider ist er gerade eine Baustelle. Nun sahen wir ja bereits im Technikmuseum einen Wagen aus dem legendären Kaiserzug und fragten uns natürlich, wo sich die restlichen Wagen gerade befinden?

Auf der Rückfahrt von Potsdam warf Philipp Fragen auf nach der Möglichkeit der Beschleunigung von S-Bahn-Zügen, nach den Unterschieden zwischen den Maschinen oder Motoren in U-Bahnen, S-Bahnen, verschiedenen Zügen. Philipp machte die Beobachtung, dass U-Bahnen doch am schnellsten beschleunigen können. Welche Motoren werden hier verwendet? Welche technischen Einzelheiten sind hier notwendig?

19. August 2003
Philipp (im Jüdischen Museum): Was ist das für ein Becher?
Joachim: Ein Kiduschbecher. Der Becher war ein Geschenk zur Bar-Mizwa. Das ist die feierliche Einführung eines Jungen in die jüdische Glaubensgemeinschaft. Und da vorne haben wir ein Reifezeugnis für Erich Eisner, München, 15. Juli 1916.
Philipp: Wer war Erich Eisner?
[...]
Joachim: Die Lebensbedingungen in Bolivien waren nicht sehr günstig. Es gab wechselnde Militärregierungen. Das Leben war unsicher. Die Emigranten entfalteten eine rege Aktivität mit der Gründung von Theatern, Kulturvereinen, Schulen.

Philipp: Manfred Eisner?
Joachim: Eisner hat die ganzen Bilder und Gegenstände dem Jüdischen Museum vererbt... Auf diesem Dampfschiff sind die Eisners von Genua losgefahren, wohin? Steht es irgendwo?
Philipp: Südamerika.
Joachim: Einreisegenehmigung vom bolivianischen Konsulat.
Philipp: Mit diesem Schiff sind sie geflüchtet.
Joachim: Die Conte Bianca Mano. Mit diesem letzten Schiff für Emigranten fuhren Elsa und Manfred Eisner im April 1940 von Genua, also Italien, nach Chile.
Philipp: Und wieso von Italien?
Joachim: Es gab sicher nicht so viele Möglichkeiten. Hamburg, Rotterdam, Southampton, von dort ging es vielleicht nicht mehr, wegen Kontrollen oder Verboten. So wählten sie sicher Genua, um überhaupt noch rauszukommen. Sicher blieb ihnen nichts übrig als die Flucht über die Alpen.
[...]
Joachim: Berta Pappenheim, setzte sich ihr Leben lang für die Rechte jüdischer Mädchen und Frauen ein. Sie kämpfte als erste Jüdin gegen Prostitution und Mädchenhandel.
Philipp: Was ist Prostitution?
Joachim: Sie gehen gegen Geld mit jemandem ins Bett.
Philipp: Und Mädchenhandel?
Joachim: Diese Mädchen werden aus bestimmten Ländern verschleppt und dann zur Prostitution gezwungen. Was sie dabei verdienen, dürfen sie oft nicht einmal für sich behalten. Was sagst du zu so etwas?
Philipp: Hm.
Joachim: Schlecht, nicht wahr?
Philipp: Ja.
[...]

Joachim: ... Libeskind, 1946 in Polen geboren. Er verlor den größten Teil seiner Familie durch den Holocaust.
Philipp: Holocaust?
Joachim: Die Verfolgung und Vernichtung der Juden... Daniel Libeskind ging dann nach Israel, später nach New York und hat sich dort vor allem mit Architektur beschäftigt. Heute lebt er mit seiner Familie wieder in Berlin. Was hältst du davon?
Philipp: Er ist tatsächlich wieder nach Deutschland zurückgekehrt? Ich hätte das nicht mehr gemacht.
[...]
Joachim (liest): *Zwischen 1933 und 1941 flohen etwa 276.000 deutsche Juden aus Nazideutschland. Sie gingen in die Vereinigten Staaten, nach Palästina, Großbritannien, Südamerika und in viele andere Teile der Welt. Die Emigration, das heißt die Auswanderung, war schmerzhaft und schwierig. Dennoch konnten sich viele der deutschen Juden in den Ländern, die sie aufnahmen, erfolgreich ein neues Leben aufbauen...* Letztendlich sind nicht so viele geflohen, wenn man bedenkt, wie viele nachher umgebracht worden sind.
[...]
Joachim: Hier, aus der neuen Heimat. Die Familie Freudenheim aus Berlin emigrierte 1938 ... und der zwölfjährige Fritz hat das aufgezeichnet. Er hat eine Weltkarte gemalt, sogar farbig, und den Weg eingezeichnet, wo sie alles her gekommen sind. Es geht von Berlin los, dort oben ...
Philipp: Und wieso haben die überall angehalten?
Joachim: Es handelt sich wohl um Umwege, über Hamburg...
Philipp: ... dann geht es nach Antwerpen... Lissabon...
Joachim: ... ja das Schiff lief verschiedene Häfen an. Vielleicht mussten bestimmte Dinge erledigt werden, frisches Wasser oder Kohlen an Bord genommen werden...

Philipp: ... es war ja ein Dampfschiff...

Joachim: Dann haben sie noch einmal in Casablanca, Marokko angehalten. Das war alles 1938, im November. Es ist eine Kinderzeichnung, daher eventuell nicht ganz logisch aufgebaut. Der Fritz hat so gezeichnet, wie er sich den Ablauf der Ereignisse vorgestellt hat.

Philipp: Zuerst hat er anscheinend eine Lokomotive gezeichnet.

Joachim: Ja, sie fuhren mit einem Zug.

Philipp: Von Berlin.

Joachim: Sie sind ziemliche Umwege gefahren. Zuerst ging es nach Mühlhausen, im Elsass, Frankreich.

Philipp: Und dann ging es zunächst wieder zurück nach Berlin?

Joachim: Nicht so ganz einleuchtend.

Philipp: Vielleicht ein anderes Haus. Ach, guck doch mal da! Levetzkostraße 6 und dahinten Solinger Straße 1.

Joachim: Stimmt.

Philipp: Sie sind umgezogen.

Joachim: Die erste Wohnung, das war 1925, dann sind sie nach Mühlhausen gezogen, das war 1927. Dann zogen sie wieder nach Berlin, das war 1938, von dort ging es nach Hamburg, sieben Monate später, und von da aus ...

Philipp: ... gingen sie aufs Schiff.

Joachim: Hier sehen wir den Dampfer, namens Jamaik, am 11. Januar 1938...

Philipp: Fuhren sie denn mit verschiedenen Schiffen?

Joachim: Vielleicht handelt es sich auch um ein anderes Schiff, das der Junge unterwegs gesehen hat... Jedenfalls ging es dann mit dieser Jamaik am 11. November 1938 von Casablanca, Marokko, Nordafrika los, über das Meer nach Brasilien und da sind sie angekommen am 26. November 1938. Wie lange haben sie also gebraucht für die Passage?

Philipp: Fünfzehn Tage. Das hat er aber schön gezeichnet!
Joachim: Brasilien hat er in einem freundlichen, warmen Gelb gemalt. Von Rio ging es dann weiter nach Santos und schließlich nach Montevideo, in Argentinien. Dort kamen sie am 30. November 1938 an.
Philipp: Davon hat er die neue Adresse angegeben.
Joachim: Calle Sotelo, 3918. Calle heißt wahrscheinlich Straße auf Spanisch.
Philipp: Guck mal, wie der Afrika geschrieben hat!
Joachim: Mit C.. Das kann man ja machen.
Philipp: Ja? Im englischen wird es auch mit C geschrieben.
Joachim: So hat der Junge die Ereignisse in seinem Leben verarbeitet. Indem er alles aufgezeichnet hat. Und für uns ist es ja sehr lehrreich. Wie gut, dass das Bild erhalten geblieben ist. Für die Berliner Kinder, die hierher kommen, ist es ja auch sehr nachvollziehbar, diese Flucht, die Trauer, seine Heimat zu verlassen, vielleicht auch die Angst vor dem Leben in dem neuen Land, nicht zu wissen, wie er dort zurechtkommt. Es war ja kein Urlaub, der nach zwei Wochen endet.
Philipp: Da vorne hat der Junge sein Bild auch unterschrieben. Siehst du? Fritz Freudenheim.
Joachim: Was sagst du zu dem Schicksal dieser Familie, dem Lebensschicksal dieses Jungen?
Philipp: Also, nach dem Bild, hört es sich gar nicht so schlimm an.
Joachim: Gut, dass du es so optimistisch siehst. Doch es war immerhin eine Fahrt ins Ungewisse. Die wussten nicht, was sie da erwartet in Südamerika. Und sie haben alles aufgegeben in Deutschland. Das Haus, alles zurückgelassen. Sie konnten nur mitnehmen, was in die Koffer passte. War sicher eine sehr belastende Erfahrung.
Philipp: Es war ja auch ganz schön weit weg, wo sie dann hinfuhren.

[...]
Philipp: Was sind das für Namen an der Wand?
Joachim: Welche hast du gelesen?
Philipp: Da hinten stand Auschwitz, und noch Bergen-Belsen, Mauthausen, Theresienstadt ...
Joachim: Das waren Vernichtungslager.
Philipp: Und was soll das jetzt hier mit Stockholm und Sydney und so weiter?
Joachim: Dahin sind sie eben ausgewandert... Auf dieser Achse, auf diesem Gang stehen die Namen der Konzentrations- und Vernichtungslager, wie Birkenau, Lublin, Majdanek ... Und hier stehen die Namen der Orte, zu denen die Juden dann geflüchtet sind, San Francisco, Chicago, Montevideo... Hat der Architekt doch gut gemacht. Einmal hast du diese Achse hier, mit den ganzen Lagern, dann hast du die Achse, das heißt den Gang mit den Exilorten.
[...]
Joachim: Du weißt ja aus der Geschichte der Anne Frank, dass Holland nachher auch nicht mehr sicher war, als die Nazis das Land besetzt hatten...
[...]
Joachim: Das sind Pässe, die sie in den Exilländern ausgestellt bekommen haben.
Philipps: Identitätskarten, aus Bolivien, Amerika.
Joachim: Sie werden natürlich froh gewesen sein, dann diesen neuen Pass zu haben.
Philipp: Ist das immer dieselbe Frau?
Joachim: Es ist Irma Markus.
Philipp: Irma Friede.
Joachim: Nachher hieß sie dann Irma Markus... Sieh nur, es ist immer dieselbe Frau, tatsächlich.
Philipp: Wo war sie denn da, in welchem Land?
Joachim: Britische Aufenthaltserlaubnis.

Philipp: Und hier: Tschechoslowakischer Pass.
Joachim: Brasilianische Identitätskarte, bolivianische Identitätskarte.
Philipp: Und amerikanischer Pass.
Joachim: Unglaublich!
[...]
Philipp: Was ist noch mal Exil?
Joachim: Das Exil ist das Land, wo einer hinflüchtet. Mit diesem Garten des Exils wollen sie ausdrücken, klar machen ... die Desorientierung, weißt du was damit gemeint ist?
Philipp: Dass man gar nicht weiß, wo man ist.
Joachim: Genau. Es geht um die Angst, was der Museumsmann gerade sagte, die Angst, komme ich da auch zurecht? Wie werde ich dort leben können? Und bin ich da auch wirklich in Sicherheit?
Philipp: Ich weiß auch gar nicht, wo ich zwischen diesen Betonsäulen hergehen soll. Gehe ich da herein oder da lang?
Joachim: ... und der Boden ist noch so schräg. Du findest keinen richtigen Halt auf dem Boden. Du bist nicht im Gleichgewicht. Dein Blick ist verstellt durch die Betonsäulen. Du hast einfach keine klare Perspektive.
Philipp: Stimmt.
Joachim: Und wenn es regnet, ist es hier auch noch rutschig... Wenn wir auf eine Reise gehen, haben wir gelegentlich auch die Sorge, ob alles funktioniert, doch wir haben vorher ein Ticket gekauft, auch für die Rückfahrt, wir wissen in etwa wo und wie wir wohnen werden in dem fremden Land.
Philipp: Wir wissen, dass wir zurückkommen.
Joachim: Wir haben eine Kredit- oder Bankkarte, um immer wieder Geld von einem Konto abheben zu können, damit wir essen, trinken und übernachten können. Wir haben al-

so eine Sicherung im Hintergrund und all das hatten die jüdischen Menschen und Familien gar nicht. Sie wussten nicht, wo sie wohnen und leben würden. Sie mussten sich zumeist eine Arbeit suchen. Ihre Gelder waren größtenteils beschlagnahmt durch die Reichsfluchtsteuer.

Philipp: Wie ist das noch mal mit dem neuen Holocaustdenkmal? Soll man da nicht auch so ein bedrückendes Gefühl drin kriegen?

Joachim: Schon. Es werden wohl Betonsäulen aufgestellt, aber noch größer, höher. Der Architekt möchte, dass die Leute hindurchgehen und ein Gefühl der Bedrückung und Bedrohung empfinden.

Philipp: Und wenn man da durch ist, was dann?

Joachim: Sind die Leute wahrscheinlich erleichtert, dass sie es hinter sich haben. Sie erfahren vielleicht ein neues Gefühl der Freiheit und Leichtigkeit, natürlich gemischt mit dem Schmerz der verfolgten und getöteten Menschen, den sie ein wenig nachempfunden haben, soweit das überhaupt möglich ist.

[...]

Philipp: Ein Fotoalbum.

Joachim: Von Recha Löwi, zwei Seiten aus dem Fotoalbum.

Philipp: Sie war die Leiterin eines jüdischen Kinderheims.

Joachim (liest): *...war die Seele des Hauses. Das Heim wurde 1935 geschlossen. Recha Löwi bekam zum Abschied dieses kleine Album von den Kindern geschenkt. Kurz vor ihrer Deportation nach Theresienstadt vertraute sie es einer ehemaligen nicht-jüdischen Kollegin zur Aufbewahrung an.*

Philipp: So ist das Album hier ins Museum gekommen. Da vorne sieht man die Erzieherin auf dem Bild, ganz rechts.

[...]

Philipp: Verschlüsselte Mitteilungen.

Joachim: Jüdische Familien im Exil und ihre in Deutschland zurückgebliebenen Verwandten konnten sich Briefe über das Rote Kreuz schreiben und so in Kontakt bleiben. Die Familie Luft aus Berlin und die Fränkels in Shanghai benutzten dabei eine verschlüsselte Sprache. Warum wohl?
Philipp: Falls die Nazis die Briefe unterwegs abfingen.
Joachim: Eben. Welches Verschlüsselungssystem haben sie denn verwendet?
Philipp: Das ist ja vielleicht spannend.
Joachim (liest): *So bedeutete zum Beispiel der Hinweis, jemand sei verreist, das der- und diejenige verhaftet und in ein Lager deportiert,* das heißt abtransportiert *worden war... Das deutsche Rote Kreuz hat einen Nachrichtendienst aufgebaut ... Gerne hätte ich euch noch gesehen, aber es ist wohl besser so, denn ich klappe bald zusammen. Wie noch alles werden wird, weiß ich nicht. Jedenfalls fahre ich ohne einen einzigen Groschen in die unbekannte Welt, gänzlich arm und mittellos, bloß mit den paar Lumpen. Gott gebe mir noch die Kraft dazu.* Das schreibt Käte Fränkel.
Philipp: Ach da oben ist das mit dem Roten Kreuz, mit den verschlüsselten Nachrichten.
Joachim: Im Alter von siebzehn Jahren flüchtete Steffi Messerschmidt vor den Nationalsozialisten nach Belgien, doch sie wurde verhaftet und in ein Internierungslager im französischen Gours gebracht. Von dort schrieb sie ihrem Vater. Zwei der Briefe sind erhalten geblieben... Sie hat am kulturellen Leben des Lagers teilgenommen und in der Dreigroschenoper von Brecht mitgespielt... Dann hat sie geschrieben: *Bitte schreibe nicht mehr hierher, ich fahre jetzt weg.* Und dann wurde etwas geschwärzt. *Schicke dir die nächste Adresse vom Ankunftsort. Geht es dir gut? Kopf hoch, lieber Papa, bleibe gesund.* Ein Originalbrief, wer hat das geschwärzt und warum?

Philipp: Was stand da bloß?

Joachim: Ach hier steht was von Zensur, durch die Lagerleitung.

Philipp: Zensur?

Joachim: Meint Kontrolle, was einer schreibt und was davon nach außen gelangen darf... Am Ende ist das Mädchen deportiert worden nach Auschwitz. Dort ist sie dann ermordet worden.

Philipp: Und vorher hat sie noch versucht, ihren traurigen Vater aufzuheitern. *Kopf hoch, Papa.*

Joachim: Das ist ja alles furchtbar traurig. Ein tapferes Kind.

[...]

Joachim: Was hast du für ein Gefühl, wenn du hier in diesem Turm stehst? Jetzt, wo die Tür geschlossen wurde und auch eine Weile zu bleiben wird.

Philipp: Eng, dunkel, gefangen, eingesperrt.

Joachim: Alles so aussichtslos, eine bedrückende Atmosphäre. Das Gefühl, hier nie wieder rauszukommen. Du siehst im Halbdunkel auch nichts mehr von der Tür, durch die wir reingekommen sind.

Philipp: Und da oben die kleine Leiter. Sie ist so hoch, dass du sie nie erreichen könntest.

Joachim: Die Leiter führt auch nirgendwo hin, denn oben ist alles zu. Absurd, ausweglos.

Philipp: Auch wo das Licht ist, du hast das Gefühl, dass du da nie hinkommen könntest.

Joachim: Wie hoch ist das wohl, diese merkwürdige finstere Halle hier?

Philipp: Knapp zwanzig Meter.

[...]

Joachim (liest): *Da sieht man den Peter Rosenbaum, geboren am 15. März 1933... da sehen wir Peter, wie er bastelt...*

Philipp: Was bastelt er denn da?

Joachim: Er arbeitet mit Holz, mit Klötzen... Da auf dem Bild spielt er Geige... Die Familie wurde nach Auschwitz deportiert.

Philipp: Wieso gerade nach Auschwitz und nicht in ein anderes Lager?

Joachim: Das weiß ich nicht. Irgendeine von den Nazis gesteuerte Behörde hat diese Pläne gemacht, wer wann und wohin abtransportiert wurde... Jedenfalls wurden Margarete und Peter Rosenbaum in Auschwitz ermordet. Der Vater hat aus irgendwelchen Gründen überlebt, als Häftling und Zwangsarbeiter.

Philipp: Der Vater ist wieder rausgekommen?

Joachim: Die Mutter und der Sohn nicht. Das ist wirklich sehr traurig. Der arme Vater wird sehr unglücklich gewesen sein.

Philipp: Und wieso wurde der Vater nicht auch umgebracht?

Joachim: Es hört sich so an, als sei er für die Nazis nützlich gewesen, als Arbeitskraft. Aber auch der Zufall spielte hier mit. Sie haben ja andererseits auch wertvolle Arbeitskräfte umgebracht.

[...]

Joachim: Ein Fundstück aus einer Pogromnacht. Weißt du was mit Pogrom gemeint ist?

Philipp: Nein.

Joachim: Verwüstung. Das waren Nächte, in denen gewalttätige Ausschreitungen und böse Aktionen gegen die Juden stattgefunden haben. Man hat etwa die Scheiben ihrer Geschäfte mit Parolen beschmiert wie *Juden raus!* oder *Kauft nichts bei Juden!* Oder die Fensterscheiben wurden mit Steinen eingeschmissen. Die jüdischen Kirchen, die Synagogen, wurden angezündet, sodass sie abbrannten. Dieses angekohlte Buch hier wurde am Abend des 9. November 1938 gefunden. Als dieser Fred M. mit dem Fahrrad unterwegs nach Hause war, hat er es auf der Straße oder auf dem Gehweg liegen sehen. Das Buch gehörte zur Bibliothek einer Synagoge, hier aus Berlin-Mitte. Auch diese Synagoge war in Brand gesetzt worden. Zuvor hatten die Nationalsozialisten die Bücher aus den Fenstern geworfen.

Philipp: Und diese Schriftrolle hier?

Joachim: Die haben sie 1943 in Berlin-Tiergarten gefunden, ein Fragment, also ein Teil einer Schriftrolle. Darauf wird der Schluss der biblischen Esthergeschichte erzählt. Diese Geschichte wurde beim jüdischen Purimfest gelesen. Wahrscheinlich haben die Juden nach den Pogromnächten bestimmte wertvolle Schriftstücke aus den Synagogen genommen und in ihren Wohnungen aufbewahrt oder versteckt. Hast du schon von der Reichskristallnacht gehört?

Philipp: Nein.

Joachim: Das war eine solche Nacht voller Zerstörungen und Ausschreitungen, gegen die jüdische Bevölkerung... (liest) *Ab 1933 begannen die Nationalsozialisten einen, auf rassistischen Lehren beruhenden brutalen Kampf gegen die Juden, der sich schließlich auf ganz Europa erstreckte. Bis zum Ende des zweiten Weltkrieges hatten die Nazis und ihre Verbündeten Millionen von Menschen umgebracht. Ungefähr sechs Millionen Opfer waren Juden, davon ungefähr 200 000 deutsche Juden.*

[...]

Philipp: Wieso wurde diese Familie Kantor aus Mainz in einem Konzentrationslager ermordet? Waren Konzentrationslager denn auch Vernichtungslager?

Joachim: Zum Teil ja. Es gab ja keine feste Regeln. Auch in den Konzentrationslagern sind unendlich viele Menschen getötet worden oder vor lauter Erschöpfung gestorben. Wenn du etwas älter bist, solltest du dir einmal den Film *Schindlers Liste* ansehen. Die Lagerleiter haben oftmals blind drauflos getötet. Es waren halb Verrückte, die hier die Macht hatten, oft genug. Wenn sich die Gefangenen aus der Sicht der Aufseher nicht ordentlich verhielten, was auch immer das bedeutete, dass sie vielleicht nicht schnell genug gingen oder nicht hundertprozentig in einer Reihe standen, griffen die Naziaufseher zum Gewehr und drückten einfach ab.

Philipp: Die Menschenrechte waren ja völlig außer Kraft gesetzt!

Joachim: Wie in den meisten Diktaturen. Für Menschen, die nur unser deutsches Gegenwartsleben kennen, ist es einfach unvorstellbar. Es gibt jedoch Originalfilmaufnahmen aus dieser Zeit. Ich habe viele davon gesehen.

[...]

Philipp: Alice Schindel...

Joachim: Sie war zehn Jahre alt, so wie du, als sie im März 1941 in letzter Minute mit ihrer Mutter zusammen aus Berlin geflohen ist. Diese Flucht ging über Russland und Japan. So gelangten sie in die USA. (liest) *Dabei konnte Alice nur einige wenige Dinge mitnehmen. In einen kleinen Koffer packte sie ihre Schulzeugnisse und zwei Poesiealben. Die meisten Verse darin sind von Freundinnen, Klassenkameradinnen und Lehrern geschrieben. Alice Schindel besuchte zuerst die Schule der israelitischen Synagogengemeinde, dann die Volksschule der jüdischen Gemeinde in Berlin-Tiergarten. Viele von denen, die in dem Poesiealbum geschrieben haben, wurden später deportiert und ermordet.*

[...]

Philipp: Es gab auch Kindertransporte nach England.

Joachim: Ja, hier hat eine Mutter ihren fünfzehnjährigen Sohn mit einem solchen Transport nach England geschickt, damit er dort in Sicherheit war.

Philipp: Wieso ging die Mutter selber nicht mit nach England?

Joachim: Wenn ich das wüsste. Vielleicht wollte sie ihre Arbeitsstelle nicht aufgeben. Oder sie hoffte, der Nazispuk sei bald vorbei. Leider war es nicht so. Die Mutter ist selber von der Gestapo, der Geheimpolizei verhaftet und deportiert und ermordet worden.
[...]
Philipp: Der Mann hier hatte einen Laden Unter den Linden.
Joachim: Ein angesehenes Silberwarengeschäft, Gebrüder Friedländer, Hoflieferanten... Das war offenbar eine alteingesessene und zuvor sehr respektierte Geschäftsfamilie.
Philipp: Und in der Nazizeit ging es ihnen an den Kragen.
[...]
Museumsfrau: Hier ist ein Wunschbaum, hier können Sie Ihre guten Wünsche auf die roten Papieräpfel schreiben und diese dann irgendwo in die Zweige hängen.
Wir machen das. Zuerst einmal lesen wir, was die anderen geschrieben haben. Es hängen ja schon Dutzende von Äpfeln in den Zweigen. Philipp schreibt auf seinen Apfel: *Ich wünsche mir, dass so etwas wie die Verfolgung der Juden nie wieder passiert.* Und ich schreibe: *Ich wünsche mir, dass die Idee menschlicher Freiheit in der Welt stärker Verwirklichung findet.* Wir hängen die Äpfel auf.
[...] Wir befinden uns gerade vor einer Vitrine. Darin steht eine kleine Öllampe aus Ton. Auf Metallplatten sind Fragen eingraviert, etwa: *Wie alt ist die Lampe? Was ist jüdisch an der Lampe? Wozu wurde die Lampe gebraucht?* Und ganz unten, da finde ich diesen Satz: *Wie so oft in der Archäologie wirft diese Lampe mehr Fragen auf, als sie beantwortet.*
Joachim: Das ist ja auch für uns Geschichtsreisende, also für dich und für mich, ein guter Impuls, denn wir beide werfen mit unseren Berlinerkundungen ja auch mehr Fragen auf, als dass wir Antworten präsentieren könnten. Antworten gibt es für uns immer nur im Ansatz.

[...]

Philipp: Fenster der westlichen Synagogenwand, Speyer, aus dem Jahre 1104.

Joachim: Das haben sie sicher gerettet, dieses Stück Mauer, nachdem die Synagoge angezündet worden ist.

Philipp: Worin bestand denn eigentlich der Unterschied zwischen Judentum und Christentum?

Joachim: Das ist was für Fachleute. Vielleicht finden wir hier weitere Hinweise. Lass´ uns lesen. (liest) *Ab 1096 änderte sich mit den Kreuzzügen die Situation der Juden drastisch. Man beschuldigte sie nun des Mordes an Christus. Es begann die Zeit der Plünderungen und Massaker.*

Philipp: Was ist damit gemeint?

Joachim: Plündern ist stehlen, aber im großen Stil. Die Leute überfielen die Juden und nahmen ihnen einfach alles Eigentum weg. Massaker bedeutet, dass viele Menschen gleichzeitig auf brutale Weise getötet werden. (liest) *So wurden im 12. und 13. Jahrhundert viele jüdische Gemeinden ausgelöscht, ihre Mitglieder vertrieben oder ermordet.*

[...]

Philipp: Da oben hängen Straßenschilder.

Joachim: Von Straßen, in denen Juden wohnten.

Philipp (liest): *Synagogenweg, Judenberg, Judengasse, Judenhof...* Sind es Originalschilder von früher? Sie sehen so neu aus.

Joachim: Es kann sein, dass sie neu hergestellt worden sind... Das Problem war, dass sich die Juden in den Dörfern und Städten nicht frei ansiedeln konnten. Sie mussten in bestimmten Straßen oder Vierteln wohnen, die man ihnen zugewiesen hat. Erinnerst du dich an das Ghetto in Venedig? Es war eines der ersten Judenviertel in ganz Europa. Die Juden hatten keine Wahl, als in diesem Ghetto zu leben.

Philipp: Können sie sich denn heute frei entscheiden?
Joachim: Zum Glück ja.
[...]
Philipp: Was ist das für eine Kurbel?
Joachim: Da kannst du einen Bilderreigen abrufen. Ein Lebensrad zu einer jüdischen Kauffrau aus Hamburg. (liest) *Schwangerschaft, Geburt und Kindbett beanspruchten in Glikls Leben einen großen Raum. Sie hatte innerhalb von drei Jahrzehnten vierzehn Kinder geboren.*
Philipp: Ist das die Frau hier?
Joachim: Ich denke schon. *Circle of Life*, Bilder aus dem Leben dieser jüdischen Frau... (liest) *Eine jüdische Frau reinigt sich nach der Menstruation rituell im Tauchbad...* Also, wenn die ihre Tage bekommt, einmal im Monat... *Sie lebten nach dem Grundsatz, dass derjenige, der mit Blut in Berührung kommt, unrein ist... Blut ist der Tod ...* Na, ja, man muss das nicht so sehen. Die Juden sahen es eben so. Ob sie das heute noch so eng sehen, weiß ich nicht.
[...]
Philipp: Nathan Hannover.
Joachim: Der ist gestorben 1683. Und 1652 berichtet er von Massakern, die die Kosaken in Polen und der Ukraine an Juden verübten. (liest) *Alle die nicht fliehen konnten, wurden erschlagen oder mit unnatürlicher Grausamkeit zu Tode gefoltert. Einigen von ihnen zogen sie die Haut ab und warfen ihr Fleisch den Hunden vor. Kinder wurden an der Mutterbrust geschlachtet. Schwangeren Frauen schlitzten sie die Bäuche auf und rissen die ungeborenen Kinder heraus.*
Philipp: Das ist ja schrecklich.
Joachim: Es ist die finstere Seite des Menschen. Leider existiert sie. Auch heute noch.
[...]

Philipp: Was sind das hier für Kästen? ... Da können wir ja Bilder antippen.
Joachim: *Glikl is about to set off on a long business trip...* Wieder diese Geschäftsfrau von eben, die mit den vierzehn Kindern. Verstehst du, worum es geht?
Philipp: Ach, man muss für diese Glikl den Koffer packen.
Joachim (liest): *Glikl wird fünf Tage mit ihrer Kutsche unterwegs sein. Doch bevor es losgehen kann, muss ihre Reisetruhe gepackt werden, mit allem, was für die Geschäfte und für Glikls Wohlbefinden notwendig ist. Im Moment ist Glikl mit dem Schreiben ihrer Memoiren,* das heißt Lebenserinnerungen, *beschäftigt. Könntest du ihr einen Gefallen tun und ihre Reisetruhe für sie packen?*
Philipp: Was braucht sie denn alles?... Feder und Tinte ...in den Koffer... ein Tefillin? Was ist das? Ach hier steht es... kleine Lederkästchen, die zum Gebet um Kopf, Hand und Arm gebunden werden. Die Kästchen enthalten Papierrollen mit Auszügen aus der Thora. Was ist noch mal eine Thora?
Joachim: Die fünf Bücher Mose, die das jüdische Religionsgesetz bilden...
Philipp: Nur religiöse Männer müssen Tefilline tragen... Öh... Aber sie ist ja eine Frau ... Moment, ich hätte die Thora nicht einpacken müssen, denn sie ist zu groß und zu kostbar, um sie mitzunehmen. Eine einfache Bibel genügt Gliekl auf ihrer Reise... Das mit den Spielkarten ist auch falsch? ... *Glikl ist eine zu seriöse Geschäftsfrau um ihre Zeit und ihr Geld mit solchen Spielen zu vergeuden.* Das habe ich doch gleich im Gefühl gehabt... Handy?... *Sei nicht albern, es werden noch etwa dreihundert Jahre vergehen, bis das Mobiltelefon erfunden wird...*
Joachim: So lange ist das her? Dann war es etwa um 1700, als Glikl lebte... (liest) ... *riskante Geschäfte... mit Bangen mag Glikl manches Mal im Hafen auf Nachrichten gewar-*

tet haben. Der Fernhandel war riskant. Wie viel wertvolle Fracht landete auf dem Meeresgrund. Auch Kriege und Seuchen konnten den Ruin bedeuten... Reisen, die Glikl in ihren Memoiren erwähnt, Zeitraum 1665 bis 1700, ich gehe einmal vom Zentrum aus, ... das ist Hamburg ... hier ist die Rede von einem Zwangsumzug...
Philipp: Wohin?
Joachim (liest): *Wegen Pestausbruch in Hamburg und antijüdischen Ausschreitungen fuhr ich...*
Philipp (liest): *... nach Hameln.*
Joachim (liest): *Die Geschäftsfrau Glikl hatte viel zu verlieren. Sie und ihr Mann Chaim gehörten zu den wohlhabendsten Juden in Hamburg. Perlen, Gold und Edelsteine bildeten die Grundlage ihrer Handelstätigkeit.*
[...]
Philipp: Da vorne waren wir auch noch nicht! Kommst du Papa?
Joachim (liest) : *Im 15. Jahrhundert blieb den meisten Juden der Eintritt in die Städte verwehrt. Die sogenannten Betteljuden wurden überhaupt nicht geduldet. Alle anderen hatten Sonderabgaben zu leisten, die je nach Fürst unterschiedlich ausfielen. In Augsburg zum Beispiel durften sich Juden nur in Begleitung eines Soldaten aufhalten, den sie auch noch selbst bezahlen mussten.*
Philipp: Was es alles gab!
Joachim (liest): *Im 18. Jahrhundert schließlich, gelang es einigen jüdischen Hoflieferanten Ausnahmeregelungen zu erlangen. Sie belieferten die Fürsten und wurden dafür vom Leibzoll befreit.*
[...]
Philipp: Da, Albert Einstein!
Joachim: Der war auch Jude.
Philipp: Wusste ich gar nicht.

Joachim: Jemand hat seinen Familienstammbaum erforscht, bis nach Buchau. Seine Großeltern gehörten zu einer alteingesessenen jüdischen Familie in Buchau. Dann zogen sie nach Ulm, wo Albert Einstein 1879 geboren wurde. Die Buchauer Juden waren erfolgreiche Leute. Sie gründeten Geschäfte und Manufakturen, das sind Fabriken.
Philipp: Warte mal, noch mal zurück. Hier sind immer zwei Sachen von einer Straße...
Joachim (liest): *... wurden Mitglieder des Stadtrates, 1839, als die Juden ungefähr ein Drittel der Bewohner ausmachten, erreichte die Zahl der Gemeindemitglieder ihren höchsten Stand... Doch trotz dieser Zeit friedlichen und produktiven Zusammenlebens wurde später die Synagoge zerstört am 9. November... SA-Männer aus dem nahegelegenen Ochsenhausen haben die Synagoge in Brand gesetzt. Der Brand wurde zwar gelöscht, doch die SA-Männer kehrten in der folgenden Nacht noch einmal zurück, um ihr Werk zu vollenden.*
Philipp: Die waren aber wirklich böse.
[...]
Joachim: Viele Begriffe, die wir in unserer Alltagssprache benutzen, sind jüdischen Ursprungs.
Philipp: Macke... Schlamassel...
Joachim: Stuss reden ...Heiermann ...
Philipp: Betucht, von batuach, bedeutet sicher, kreditwürdig.
Joachim: Und Macke? Welche Erklärung findest du hierzu?
Philipp: Makka, der Schlag... Wenn man auf ein Auto drauf schlägt, gibt es eine Macke.
Joachim: Oder, dass ich sage: Der hat wohl ´ne Macke. Der hat wohl einen Schlag vor den Kopf gekriegt.
Philipp: Ja, das auch. Interessant. Wusste ich alles nicht.
[...]

Joachim: Hier, auf dem Tonband befindet sich ein Auszug aus einem Brief von Moses Mendelsohn, Brief an Johann Jacob Spieß, 1. März 1774:

Stimme: ... *Unter Rabbi Fraenkel, der damals in Dessau Oberrabbiner war, studierte ich den Talmud. Nachdem sich dieser gelehrte Rabbi durch seinen Kommentar über den hierosolymitanischen Talmud der jüdischen Nation großen Ruhm erworben, ward er etwa im Jahre 1743 nach Berlin berufen, wohin ich ihm noch in demselben Jahre folgte. ....gewann ich durch den Umgang mit dem nachjährigen Doktor der Arzneigelehrtheit Herrn Aaron Gumpertz, der vor einigen Jahren zu Hamburg verstorben, Geschmack an den Wissenschaften, dazu ich auch von demselben einige Anleitungen erhielt. Ich ward hierauf im Hause eines reichen Juden Informator, hernach Buchhalter und endlich Aufseher über desselben seidene Warenmanufaktur, welches ich noch auf diese Stunde bin. In meinem dreiunddreißigsten Jahr habe ich geheiratet und seitdem sieben Kinder gezeugt, davon fünfe am Leben. Übrigens bin ich nie auf einer Universität gewesen, habe auch in meinem Leben kein Kollegium lesen hören. Dieses war eine der größten Schwierigkeiten, die ich übernommen hatte, indem ich alles durch Anstrengung und eigenen Fleiß erzwingen musste. In der Tat trieb ich es zu weit und habe mir endlich durch Unmäßigkeit im Studieren seit drei Jahren eine Nervenschwäche zugezogen...*

Philipp: Ein ganz schön anstrengendes Leben... Komm, wir drücken mal hier auf den Knopf, mal sehen, was für ein Thema hier kommt.

Stimme: ... *Ich ergehe mich zuweilen abends mit meiner Frau und meinen Kindern. - Papa? fragt die Unschuld, was ruft uns jener Bursche dort nach? Warum werfen sie mit Steinen hinter uns her? Was haben wir ihnen getan? - Ja, lieber Papa, spricht ein anderes, sie verfolgen uns immer in den Straßen und schimpfen: Juden! Juden! Ist denn dieses so ein Schimpf bei den Leuten, ein Jude zu sein? Und was hindert dieses andere Leute? Ach, ich schlage die Augen unter und seufze mit mir selber, Menschen, Menschen. Wohin habt ihr's endlich kommen lassen? Zwar blühet unter der Regierung eines Friederichs die Freiheit zu denken fast in republikanischer Schönheit. Allein Sie wissen, wie wenig Anteil meine Glaubensbrüder an allen Landesfreiheiten zu haben pflegen. Die bürgerliche Unterdrückung, zu welcher uns ein zu sehr eingerissenes Vorurteil verdammt, liegt wie eine tote Last auf den Schwingen des Geistes und macht sie unfähig, den hohen Flug des frei Geborenen jemals zu versuchen...*

Joachim: Das war aus Briefen an Peter Adolf Winkopp und Isaak Iselin, geschrieben zwischen 1762 und 1780.

Philipp: Iselin?

Joachim: Ein schweizerischer Philosoph und Schriftsteller, ein Denker der Aufklärung...

Philipp: Aufklärung?

Joachim: Diesen Denkern ging es um die menschliche Freiheit.

[...]

Philipp: Sabbat.

Joachim: Anfang, Freitag Abend... Das ist der Feiertag der Juden.

Philipp: Da haben sie schon alles vorbereitet auf dem Tisch liegen, Bücher, Kerzen und eine weiße Tischdecke. Die Kinder kriegen so eine Art von Segen und sie haben bereits das Nachthemd an.

Joachim: Der Vater oder der Rabbi, ich bin mir nicht sicher, legt ihnen die Hand auf den Kopf.

Philipp: *Der Segen des Rabbi*, steht da geschrieben.

[...]

Philipp: Die Beschneidung, haben sie das denn einfach so zuhause gemacht? Nicht im Krankenhaus? Ohne Betäubung?

Joachim: Ich will mal hoffen, dass sie den Jungs irgendwas gegen den Schmerz gegeben haben.

[...]

Joachim: Warum hatten die Juden wohl typische Berufe? Wie zum Beispiel Rechtsanwalt, Arzt, Bankier oder Textilhändler?

Philipp: Weiß ich nicht.

Joachim: Hier steht es. Sie durften bis Anfang des 20. Jahrhunderts gar nicht in anderen Berufen arbeiten. In bestimmte Zusammenschlüsse von Handwerkern, die Zünfte, durften sie gar nicht eintreten. Wie unfair!

[...]

Philipp: Hier hängen Familienstammbäume. So was haben wir mal in der Schule durchgenommen.

Joachim: Auszüge aus Ahnentafeln...

Philipp: Eltern, Großeltern, Urgroßeltern... und danach kommen die Alteltern.

Joachim: Den Begriff kannte ich noch nicht. Und dann steht jeweils der Beruf hinter den Namen.

Philipp: Viehhändler, ... Viehhändler, ... Rabbiner...

Joachim: Also ein Priester quasi..., der Rabbiner.

[...]

Joachim: Hier geht es um die rechtliche Stellung der deutschen Juden, eine Karte der deutschen Staaten von 1830. Sieh dir mal die Fläche an und vergleiche das mit dem heutigen Deutschland.

Philipp: War ja viel größer. Da oben rechts ging es ja bis Königsberg. Berlin hat damals wirklich in der Mitte gelegen. Deutschland war zu der Zeit fast doppelt so groß.

Joachim: In dem südwestlichen Bereich ist es ja fast wie heute, Bayern, im Norden eigentlich auch...

Philipp: ... aber im Osten, was da noch alles dazugehörte, Posen, Schlesien, Pommern...
[...] Ich werde eine Treppe herauf gewunken und muss folgen. Hinten geht es wieder nach unten.
Joachim: Was hast du hier entdeckt, Philipp?
Philipp: Hier geht es um die Paulskirche.
Joachim: Die Nationalversammlung in der Paulskirche, von 1848. Da waren also auch einige jüdische Vertreter mit drin. Hättest du das gedacht?
Philipp: Was war denn das für eine Versammlung?
Joachim: Das war eine Art erstes deutsches Parlament.
[...]
Philipp: Kupferstich von Johann Michel Volz... Wer wird denn da angegriffen? Es sieht so aus, als würden die hier angegriffen und die hier sich verteidigen, aber ...
Joachim: Hier steht, dass dieses Bild kein objektives, also wahrheitsgetreues Bild sei. (liest) *In diesem Bild wurden jüdische Klischeefiguren wie der „ewige Jude", in der Mitte, oder der „Wucherjude" verwendet. Mit diesen Negativbildern sollte der Hassausbruch der Bevölkerung gerechtfertigt werden.* Kunst ist also nicht objektiv. Sie kann auch Menschen manipulieren, beeinflussen und in die Irre führen.
Philipp: Was heißt hepp, hepp?
Joachim: So eine Art von Kampfesschrei oder Schlachtruf. Vielleicht auch eine Beleidigung. Wir können es vielleicht in einem Lexikon nachsehen.
[...]
Philipp: Was sind das für Karikaturen?
Joachim: Sie haben sich über die Juden lustig gemacht. Natürlich wollten die Juden gleichberechtigt sein, zum Beispiel auch Soldat werden beim Militär. Die Juden in diesen Bildern tragen zwar eine Uniform, doch sie reiten auf Hunden, Eseln und Schweinen, statt auf Pferden.

Philipp: Nicht gerade nett.
[...]
Joachim: Hier noch ein weiterer Grund, warum man die Juden verfolgt hat. Etliche von ihnen waren gezwungen, im Geldgewerbe zu arbeiten, weil sie viele andere Berufe ja gar nicht ergreifen durften. Dann gab es den großen Börsenkrach, 1873, verbunden mit einer allgemeinen Wirtschaftskrise und man hat eben die deutschen Juden für die finanziellen Verluste und die wirtschaftlichen Schwierigkeiten verantwortlich gemacht. So entwickelte sich noch einmal eine neue Form des Judenhasses.
Philipp: Dabei waren es doch gute Handelsleute.
Joachim: Das waren sie auch. Die Deutschen brauchten aber einen Sündenbock, auf den sie alles abschieben konnten. Und sie suchten nach immer neuen Gründen, um die Juden zu verfolgen.
Philipp baut aus Holzklötzen eine Synagoge zusammen und ich habe eine kleine Verschnaufpause ... Museumspädagogik.
[...]
Joachim: Schau mal, das hier ist über Führungen im jüdischen Museum, mit Kindern. Ein spezielles Programm für Kinder: *Mit Siebenmeilenstiefeln durchs Museum.* Was soll das bedeuten?
Philipp: Ein Schnelldurchgang, oberflächlich.
Joachim: Warum das?
Philipp: Weil die Kinder nicht so viel aufnehmen können.
Joachim: Wäre das für dich auch die richtige Art, das Museum zu erkunden?
Philipp: Nee.
[...]
Philipp: Wer war das, dieser Alfred Kerr?
Joachim: Ein Lebemann, ein Schriftsteller und Intellektueller, wenn ich es recht sehe. (liest) ... *hielt Alfred Kerr als*

Zwanzigjähriger Einzug in Berlin. Er war bald einer der einflussreichsten Theaterkritiker. Die Nazis verbrannten seine Bücher. Er emigrierte nach London und starb dort 1948.

[...] Wir sitzen in einer Hörinsel und lauschen der Stimme auf einem Tonband.:

Stimme: ...*Ernst Toller spricht seine Rede „Deutsche Revolution" vor Berliner Arbeitern im großen Schauspielhaus zu Berlin ...*

Ernst Toller (Originalton): *Aus Fabriken und Werkstätten, aus Schreibstuben und Mietskasernen marschieren Millionen, um zu feiern den Jahrestag deutscher Revolution. Mit welchem Recht? Mit dem Recht der Vergangenheit? Was haben wir gewirkt? Mit dem Recht der Zukunft? Was werden wir wirken? Tag des Gerichtes ist dieser Tag eher denn Tag der Feier. Ermordet eure Besten, alle die namenlosen Scharen derer...*

Joachim: Das war 1929, als Toller diese Rede hielt. Er bezieht sich auf die Revolution von 1919. Ernst Toller nahm 1918/ 1919 an der Revolution in Bayern teil, doch die bayrische Räterepublik wurde zerschlagen und Toller zu fünf Jahren Festungshaft verurteilt.

Philipp: Wer war Ernst Toller?

Joachim: Ein Schriftsteller, der sich für die Interessen der Arbeiter einsetzte.

[...]

Stimme: ....*das bürgerliche Leben ist eng begrenzt und arm an Gefühlsinhalt. Es hat aus seiner Armut lauter Tugenden gemacht, zwischen denen es sich schlecht und recht durchzwängt. Der normale Mensch empfindet gewöhnlich einmal im Leben die ganze Seligkeit der Liebe, einmal den Jubel der Freiheit...*

Joachim: Das war der Schauspieler und Regisseur Max Reinhard, in einer Rede von 1930.

[...]
Joachim: Es gab auch einige sehr erfolgreiche und bekannte jüdische Wissenschaftler.
Philipp: Sie machten Erfindungen, hier...
Joachim: ... das Aaronsche Schwingungsrohr, von 1892.
Philipp: Und die Aaronslampe, auch 1892, eine Quecksilberdampflampe, von 1907.
Joachim: Leo Aarons.
[...]
Joachim: Der Stapellauf des Dampfschiffes Imperator, Hamburg, 23. Mai 1912.
Philipp: Ein Ozeandampfer...
Joachim: ... der Hapag. Es war das größte und luxuriöseste Schiff dieser Zeit. Es übertraf selbst die Titanic.
[...]
Joachim: Eine Präsentation zu jüdischen Schriftstellern und ihren Werken. Merk´ dir mal die Namen.
Philipp: Alfred Döblin...
Joachim: *Berlin Alexanderplatz.*
Philipp: Vorne auf der Tafel steht immer der Name der Schriftsteller. Auf der Rückseite zeigen sie eines ihrer Werke.
Joachim: Da auf dem Buch ist eine Abbildung vom Alexanderplatz, wie er zu Döblins Zeiten ausgesehen hat.
Philipp: Ah!
Joachim: Franz Kafka, merk´ dir den Namen Kafka, Kafka...
[...]
Philipp: Bilder von der Ostfront? Wieso?
Joachim: Stereophotos, nach stereoskopischen Aufnahmen des Kaiserpanoramas von August Fuhrmann, 1914 ...
Philipp: 3-D, du kannst es dir so richtig vorstellen... Händler am Marktplatz in Lowicz, Polen.
Joachim: Jüdischer Händler in Hermanovicze... Galizische Flüchtlinge in der Eisenbahn.

Philipp: Ist da eine Lampe hinter?

Joachim: Ich denke schon... Kutnow, Volkstypen auf dem Marktplatz... Wie sie da sitzen die Jungen, mit ihren Kappen, den kurzen Jacken und in Lederschuhen. Guck mal die Schuhe? Wer trägt heute noch solche Lederschuhe? Alles rennt mit synthetischen Materialien, die Jugend ...

Philipp: Sie sehen doch sehr elegant aus, die Lederschuhe.

[...]

Joachim: Wieder ein Baum, in den beschriebene Zettel reingehängt werden können.

Philipp (liest): *Was bedeutet Gleichberechtigung?*

Joachim: Zu dieser Frage sollen wir jetzt was schreiben.

Philipp: Lass´ uns lesen, was die anderen Leute geschrieben haben. Was auf italienisch...

Joachim: Hier steht: *Gleichberechtigung bedeutet für mich, dass jeder Mensch gleich behandelt werden sollte.* Und hier: *Gleichberechtigung bedeutet, dass es keine Unterschiede mehr zwischen den Menschen gibt. Sie alle werden in gleicher Weise geliebt und respektiert.*

Philipp: Dass es gar keine Unterschiede mehr geben soll, finde ich nicht so gut.

Joachim: Wie meinst du das?

Philipp: Na ja, die Menschen sollen ruhig verschieden sein und sich trotzdem gegenseitig respektieren.

Joachim: Da hast du sicherlich Recht... Hier schreibt jemand: *Jeder Mensch ist gleichberechtigt, auf der Grundlage der Menschenrechte und auf der Grundlage des christlichen Evangeliums.*

Philipp: Und hier steht: *Die Würde des Menschen ist unantastbar.*

Joachim: Diese Karten hier sind auf englisch und französisch geschrieben.... Ein anderer schreibt: *Gleichheit vor dem Gesetz, egal welchen Geschlechts, egal, welche sexuelle Orientierung...* Was ist wohl damit gemeint, Philipp?

Philipp: Dass zum Beispiel auch homosexuelle Menschen dieselben Rechte haben und respektiert werden.
[...]
Philipp: Ein Schild, vor einem Geschäft. Da steht: *Juden werden hier nicht bedient.*
[...]
Joachim: Ein Amateurfilm vom Brand der Synagogen in Bühl, in Baden, und in Bielefeld, 1938. Das hat irgendjemand mit einer kleinen Kamera aufgenommen.
Philipp: ... wie die Flammen aus den Fenstern schlagen.
Joachim: Die Feuerwehrleute stehen nur rum.
Philipp: Sie löschen gar nicht richtig.
Joachim: Zwar sind sie angerückt, mehr um den Schein zu wahren, aber löschen tun sie nicht.
Philipp: Die Synagogen wurden mit Absicht angesteckt.
Joachim: Von aufgeputschten Nazihorden... Die Leute standen in den Fenstern und schauten zu.
Philipp: Jetzt kracht er ein, der Kirchturm.
Joachim: Novemberpogrom, 1938.... Da steht es ja: *Die Synagoge brannte am hellichten Tag unter den Augen einer schaulustigen Menge nieder...* Die Filmaufnahmen wurden erst 1999 gefunden. Das ist in Bühl... das mit der Kuppel war anscheinend in Bielefeld...
[...]
Philipp: Dieser Film hier spielt in Stuttgart.
Joachim: Der Abtransport in ein Lager, 1941, sie müssen sich melden, Personalausweise vorzeigen...
Philipp: Da haben die Nazis noch so offiziell getan, alles abgestempelt.
Joachim: Oder mussten sie ihren Pass abgeben? Das haben Nazis gefilmt, ein Nazifilm, ein Propagandafilm.
Philipp: Was ist das da?
Joachim: Sachen, die sie abgeben mussten.
Philipp: Sie haben ihnen die Sachen abgenommen.

Joachim: Uhren, Geld, Schmuck... Es muss dort eine äußerst beklemmende und verängstigende Atmosphäre geherrscht haben. Sie waren alle zusammengepfercht in dieser Halle.
Philipp: Es muss einfach schrecklich gewesen sein.
Joachim: Jetzt müssen sie auf die LKWs, dann in einen Zug, Tage und Nächte in den kalten Holzwagen...
Philipp: So wie der Güterwagen, den wir im Technikmuseum betreten haben ...
Joachim: Deportation, Stuttgart-Killesberg, 1941.
[...]
Philipp: Und das neue Holocaustmahnmal, von dem dieser Architekt im Fernsehen gesprochen hat?
Joachim: Du meinst Daniel Libeskind?
Philipp: Ja. Haben sie schon angefangen mit dem Bau?
Joachim: So viel ich weiß, ja.
[...]
Joachim: Was meinst du denn jetzt mit Streifen? Meinst du diese Einritzungen dort? Sind es nicht Fenster?
Philipp: Nein, guck dir doch mal da vorne den Streifen über der Türe an. Der zieht sich doch immer höher.
Joachim: Sie haben dadurch die Außenwände dieses Gebäudes, das so aussieht, wie ein metallener Blitz, strukturiert, unterteilt, gegliedert. Es erzeugt alles eine düstere Wirkung...
Philipp: ... wie bei einer finsteren Burg...
Joachim: ... oder wie bei einer Gruft, einem Grab, all diese Kreuze und Einritzungen...
Philipp: Auch der Boden hier draußen ist wie ein Kunstwerk gestaltet.
Joachim: Gut, wenn du das Gebäude, von innen wie von außen und auch hier draußen diesen Hof einmal als Kunstwerk betrachtest, was wäre denn dann der Sinn eines Kunstwerks, wenn du es in diesem Falle einmal auf die

Verfolgung und Vernichtung der Juden beziehst? Was hat Kunst denn da für eine Aufgabe?

Philipp: Helfen, dass so etwas nicht noch mal passiert.

Joachim: Und wie kann das gehen, mit den Mitteln der Kunst?

Philipp: Die schrecklichen Dinge erfahrbar machen...

Joachim: Dass die Angst, der Horror, das Entsetzen und die Trauer, denk an die Fotoalben, Briefe, an die Zeichnung des kleinen Fritz mit der eingezeichneten Fluchtroute, an all die anderen persönlichen Dokumente dort unten in den finstern Gängen des Museums, es ist wirklich wie ein riesiges Grab, das alles soll erlebbar gemacht werden ...

Philipp: ...um ein Bewusstsein zu schaffen... dass alle diese schrecklichen Dinge und das Leben dieser armen Menschen nicht vergessen werden.

Joachim: ...zum Beispiel durch den Aufenthalt in diesem hohen finsteren Turm... oder durch die blitzartige Form des Gebäudes. Was machst du denn, wenn so ein riesiger Blitz direkt vor deinen Füßen einschlägt?

Philipp: Ich kriege Angst, bin geschockt, und wenn ich noch kann, renne ich weg.

Joachim: Wenn du noch kannst. Viele Juden konnten nicht mehr wegrennen. Sie haben den niedersausenden Blitz zu spät gesehen, oder sie waren so geschockt, dass sie nicht mehr reagieren konnten... Lesen wir doch mal im Reiseführer, im Marco Polo, um zu sehen, ob wir mit einer solchen Interpretation einigermaßen richtig liegen: *Der Architekt Daniel Libeskind hat eine Bodenskulptur aus Basalt und Granit geschaffen. Ihre mosaikähnliche, rau strukturierte Oberfläche zieht sich durch das Gebäude und erweckt mit den weiteren Bruchstücken, die in alle Richtungen verteilt liegen, den Eindruck als erhebe sich das Gebäude aus einem Trümmerfeld.* Kannst du diese Sichtweise nachvollziehen?

Philipp: Schon.
[...]
Nach diesem einigermaßen anstrengenden Besuch des Jüdischen Museums ziehen wir uns in die Brüderstraße zurück. Ich koche uns ein frühes Abendessen. Es gibt gedünstete Tomaten, Bratkartoffeln, eine Pizza, Brötchen mit Butter, dazu Weintrauben und Honigmelone.
[...] Es ist schon spät am Abend, gegen 22.45 Uhr. Wir kommen gerade aus dem Museum am Checkpoint Charlie zurück, haben uns mit Getränken aus dem Kühlschrank versorgt und sinken erschöpft im Wohnzimmer auf die Sessel nieder.

Joachim: Santa Maria del Mare! Womit die alles geflüchtet sind!
Philipp: Das hätte ich nie gemacht.
Joachim: Warum nicht?
Philipp: Das wäre mir viel zu gefährlich gewesen.
Joachim: Und du wärest in der DDR geblieben?
Philipp: Auch nicht so gerne.
Joachim: Hättest du dich mit den Einschränkungen der Leute dort abgefunden? Du bist doch auch ein sehr freiheitsliebender Mensch?
Philipp: Schwer zu sagen.
Joachim: Was sie sich alles haben einfallen lassen: Selbstgebaute Flugzeuge... Ich kann es nicht fassen!
Philipp: Ein Heißluftballon aus vielen Stoffbahnen zusammengenäht. Was für eine Arbeit! Was für ein Mut!
Joachim: Die beiden Familien, die mit dem selbstgenähten Ballon über die Grenze geflogen sind.
Philipp: Da hat der Ballon ja auch auf der einen Seite Feuer gefangen.
Joachim: Der Junge hat das Feuer mit einem Feuerlöscher erstickt. Ein wahrer Held der Kleine!
Philipp: Es hat so gerade noch geklappt.

Joachim: Beim ersten Versuch ja nicht. Da kamen sie nur bis zweihundert Meter vor die Grenze... Was ist dir noch aufgefallen?
Philipp: Der Phantasiereichtum der Leute. Die Frau, die in den beiden Koffern versteckt wurde...
Joachim: ... die nebeneinander auf der Gepäckablage im Zug lagen... im Interzonenzug...
Philipp: Wie ging das noch genau?
Joachim: Es war eine Frau aus der DDR. Ein Franzose hatte sich in sie verliebt und wollte sie mit nach Frankreich nehmen... Sie haben die beiden Koffer so präpariert, dass man die Seitenteile rausnehmen konnte, dort wo sie sich berührten. So konnte sich die Frau da reinlegen.
Philipp: Die Frau ist erst in den Zug eingestiegen, ganz normal, oder?
Joachim: Ja. Dann schnell ins Abteil und noch bevor ein Schaffner oder ein Grenzpolizist das Abteil erreichte, war sie schon oben in den beiden Koffern verschwunden... Was haben wir noch gesehen?
Philipp: Mauerstücke.
Joachim: Künstlerisch gestaltet, wenn man es so nennen will. Das meiste ist bunte Graffiti... Aber es gab auch Kunstwerke im traditionellen Sinne. Die Künstler haben das Problem der deutschen Teilung, das Problem der Grenze, des Todesstreifens, thematisiert.
Philipp: Es gab auch sehr viele Photos. Einmal sah man einen Soldaten, der die Waffe auf den Photographen gerichtet hatte. Er hat aber nicht geschossen.
Joachim: Das war am 17. Juni 1953, als sie den Volksaufstand gemacht haben gegen die sowjetische Besatzungsmacht... Es ging viel um die verschiedenen Besatzungszonen, den amerikanischen Sektor, den sowjetrussischen Sektor. Das Interessante war doch, dass das Mauermuseum genau am ehemaligen Checkpoint Charlie steht.

Philipp: Welches Haus war das denn jetzt? War es früher ein ganz normales Haus?

Joachim: Sie haben schon vor der Öffnung der Mauer angefangen, eine Art Museum daraus zu machen.

Philipp: Es gab ja dieses Fenster im Treppenhaus, von wo aus die Fluchthelfer beobachten konnten, ob auch alles geklappt hat. Das war ja abenteuerlich.

Joachim: Und der VW-Käfer, wo sie vorne, in einem Fach, noch unter dem Kofferraum, jemanden drin versteckt hatten. Beim VW-Käfer ist ja der Motor hinten, und vorne gibt es diesen flachen Kofferraum, den sie hier geschickt umgebaut hatten.

Philipp: Oder, wie hieß dieses Auto noch, dieses ganz kleine. Da hatte sich doch jemand reingequetscht. Das Auto hatten sie doch so oft für Fluchtaktionen genommen.

Joachim: Ich habe den Namen von diesem Fahrzeugtyp vergessen. Dann diese Frau, die ihr Kind rausgeschmuggelt hat, mit einer fahrbaren Einkaufstasche, so eine Tasche mit Rädern drunter. Was haben sie denn noch gemacht?

Philipp: Tunnels gegraben. Meistens gab es dabei ziemliche Schwierigkeiten. Durch einen dieser Tunnel flüchteten neunundzwanzig Menschen, dann gab es einen Rohrbruch und der ganze Tunnel stand unter Wasser.

Joachim: Und einmal ist einer erwischt worden, weil oben die Erde eingesackt ist. Den haben sie dann gleich verhaftet. Oftmals sind Leute beim Fluchtversuch erschossen worden, von den Grenzsoldaten. Es gab viele Tote an der Mauer. Wenn du das alles so hörst, läuft es dir nicht eiskalt den Rücken runter?

Philipp: Etwas Eiskaltes merke ich nicht am Rücken, aber es ist nicht grad das schönste Kapitel, das ich kenne.

Joachim: Die Mauer wurde errichtet in dem Jahr, als ich geboren wurde, 1961. Und dann war sie bis 1989 dort, Jans Geburtsjahr.

Joachim: Mir ist aufgefallen, dass du in dem Museum wahnsinnig intensiv die Informationstafeln gelesen hast. Und immer wenn ich schon einen Raum weiter war ...
Philipp: Ich lese ja auch nicht so schnell wie du.
Joachim: Ja schon, aber du bist immer wieder zurückgegangen, hast noch mal intensiv nachgelesen, die Bilder und Zeitungsartikel angesehen.
Philipp: Manchmal haben sich auch Leute vor mich geschoben. Da konnte ich nicht alles am Stück lesen. Da musste ich erst wieder die Stelle suchen, an der ich zuvor aufgehört hatte zu lesen.
Joachim: Ein Teil der Besucher war nicht sehr zuvorkommend, dafür, dass du das einzige Kind warst, in dem Museum, am Abend.
Philipp: Doch da saß noch eins vor einem Fernseher.
Joachim: Also noch ein Kind?
Philipp: Es war ein größerer, bequemerer Junge.
Joachim: Ansonsten war es sehr voll, phasenweise, je nachdem in welchem Raum wir gerade waren, vielleicht wegen der Abendstunde. Das Mauermuseum hatte ja geöffnet bis 22.00 Uhr. Für dein Alter hast du die Zusammenhänge dort sehr gründlich erforscht. Ich fand das ganz hervorragend. Du bist ein sehr explorativer Typ.
Philipp: Was ich schockierend fand, diese einen beiden, die sich eine Seilkurbel gebastelt hatten und dann über dieses Blitzableiterkabel, direkt neben der Hochspannungsleitung, gesaust sind, um über die Grenze zu kommen.
Joachim: Fast schon lebensmüde. Die Familien im Ballon ja auch. Was werden die eine Angst gehabt haben. Aber der Wunsch nach Freiheit war einfach größer.
Philipp: Und das mit den Schüssen da. Mit dem alten Opel, dem dunkelroten Oldtimer.
Joachim: Was hatten sie noch einmal gemacht, um ihn abzusichern, gegen die Gewehrkugeln der Grenzsoldaten?

Philipp: Vorne hatten sie dicke Stahlplatten hinter die Windschutzscheiben montiert. Und die Türen haben sie mit viel Zement ausgegossen.

Joachim: In die Stahlplatten hatten sie kleine Löcher reingebohrt, damit sie da ein bisschen was sehen konnten, um das Auto zu lenken. Wie bei James Bond!

Philipp: Und mit diesem Oldtimer sind sie voll über die Grenze gebrettert.

Joachim: Die Grenzsoldaten haben tüchtig geschossen. Vorne durchs Handschuhfach ist geschossen worden. Aber alle sechs Insassen haben es überlebt.

Philipp: Wie kamen sie denn an diesen Opel, wo sie sonst doch nur den Trabant hatten?

Joachim: Als die Mauer gebaut wurde, gab es innerhalb der sowjetischen Besatzungszone noch alle möglichen Automodelle... Was ist dir sonst noch aufgefallen, heute Abend im Mauermuseum?

Philipp: Dieses U-Boot. Ich weiß auch gar nicht, wie sie das alles hinbekommen haben. Sie mussten ja auch gut sein auf technischem Gebiet, um sich solche Geräte zu bauen. Allein diesen Antrieb zu konstruieren.

Joachim: Sie haben auch Teile aus alten Motoren oder Geräten verwendet. Der eine hatte doch das kleine Flugzeug gebaut und darin einen Trabi-Motor installiert.

Philipp: Ein Leichtflugzeug mit Flügeln wie von einer großen Fledermaus.

Joachim: Immerhin, sie haben es geschafft. Da waren ja immer die Photos und Schlagzeilen aus den Zeitungen... Es gab dann jeweils viel zu lesen für uns und alle Originalgeräte waren ja auch dort ausgestellt.

Philipp: Sogar das kleine U-Boot, ungefähr 1,20 Meter lang.

Joachim: Davon hat sich der Mann kilometerweit durch das Wasser der Ostsee ziehen lassen. Aus eigener Kraft hätte er so weit nie schwimmen können.

Philipp: Ging das nicht bis nach Dänemark?

Joachim: Und der andere Mann, mit dem aufblasbaren Kajak. Auch er paddelte Richtung Dänemark, zum Glück kam er jeweils an den wachhabenden Kriegsschiffen der DDR vorbei.

Philipp: Zum Glück haben sie ihn nicht gesehen.

Joachim: Dann wurde er ja von einem westdeutschen Ausflugsschiff aufgenommen. Seine Fluchtroute war auf einer Seekarte eingezeichnet. Es gab Windböen oder hohe Wellen, Strömungen. So wurde der Mann in die verschiedensten Himmelsrichtungen getrieben.

Philipp: Einmal hatte er ja auch Glück. Da ist er gerade noch an so einem Bewachungsschiff vorbei gekommen.

Joachim: Das war eine sehr gefährliche Methode. Da stand ja auch, dass insgesamt vierzig Menschen diese Fluchtmethode probiert haben und nur die Hälfte von ihnen hat es geschafft. Die anderen sind entweder ertrunken oder geschnappt worden... Also, dass muss ich alles erst mal verdauen, es sind ja völlig ungeheuerliche Vorgänge. Das alles hat sich auf deutschem Boden abgespielt. Ich will gar nicht begreifen, dass es überhaupt so etwas geben konnte, in unserer direkten Nachbarschaft, unglaublich.

Philipp: Na ja, so ganz nah war es ja nicht.

Joachim: Aber ja! Du denkst vielleicht, Berlin sei so weit weg, vom Bergischen Land, von Köln. Aber Berlin lag ja mitten in der DDR. Und die reichte noch viel weiter nach Westen hinüber. Sie ging bis kurz hinter Kassel, da war doch schon die Zonengrenze und der Todesstreifen.

Philipp: Wir wohnen jetzt eigentlich in einer kleinen Insel, einer ehemaligen Insel.

Joachim: West-Berlin war diese Insel und die DDR das Meer, ein Binnenmeer sagen wir mal. Allerdings wohnen wir mit der Brüderstraße ja in Berlin-Mitte, und das gehörte ja zu Ost-Berlin und damit zum Osten. Wenn wir einmal bei dem Vergleich mit dem Meer und der Insel bleiben, dann wohnen wir im Moment auf dem Gebiet des DDR-Meeres. Ich war einmal in dem Zonenrandgebiet, 1983, es war hinter der Edertalsperre, nicht weit von Fritzlar. Da habe ich während eines Ausflugs mit einer Jugendgruppe zum ersten Mal den Grenzstreifen, den sogenannten Todesstreifen, gesehen. Mit Wachtürmen, alle fünfhundert Meter und Soldaten, die mit einem Jeep und Gewehren bewaffnet, den hohen Zaun entlang fuhren. Da wurde mir erst einmal bewusst, was diese Grenze allein schon landschaftlich bedeutete. Sie haben einen kilometerbreiten Streifen Wald abgeholzt. Jetzt einmal gar nicht zu reden von den menschlichen Tragödien. Im Häusermeer Berlins fiel die Mauer ja optisch gar nicht so sehr ins Gewicht. Weil eh alles so zugebaut war. Aber hier in der freien Natur, da wirkte die Einzäunung der DDR unglaublich absurd und brutal.

Philipp: Es liefen da ja noch die abgerichteten Wachhunde entlang, auf dem eingezäunten Streifen.

Joachim: Dieser Grenzstreifen ging nun rund herum um die DDR, von der Ostsee bis Bayern.

Philipp: Wieso haben denn die Russen in Berlin noch ein Gebiet für Frankreich, England und die Amerikaner gelassen? Sie hätten sich das doch auch noch nehmen können?

Joachim: Das haben sie ja versucht. Die Russen haben versucht, die Westmächte aus Berlin zu vertreiben. Natürlich hat es die Sowjets gestört, dass da noch ein freiheitlicher Bezirk war. Die Amerikaner, Engländer und Franzosen haben sich dagegen gesperrt, auch die Westberliner Bevölkerung leistete Widerstand... Doch was haben wir heute Abend noch gesehen?

Philipp: Wir haben unten auf der Straße, kurz hinter dem Mauermuseum gesehen, wo genau die Mauer durch die Stadt verlief.

Joachim: Das echte Stück Grenzstreifen haben sie rausgebrochen und ins Museum gelegt. Jetzt ist da ein Messingbalken in die Straße eingelassen, zum Gedenken an die Zeit der Unfreiheit und des Eingesperrtseins der DDR-Bürger.

Philipp: Und die DDR-Kontrollhäuser haben sie abgerissen. Nur das alte amerikanische Kontrollhäuschen haben sie wieder hingestellt, den Checkpoint Charlie.

Joachim: Daneben einen Stapel Sandsäcke, um sich vor feindlichen Kugeln zu schützen. Es erinnert ein wenig an den Wilden Westen.

Philipp: Gingen da keine Kugeln durch?

Joachim: Nein, nein. Das ist sicher. Das Häuschen ist noch aus der ganz frühen Zeit. Es hat mehr Museumscharakter jetzt. Als wir eben dort herumliefen, erinnerte ich mich, wie ich 1981 als frisch gebackener Abiturient dort die Grenze von West nach Ost überquerte. Ich wohnte damals für eine Woche bei einem Freund in Berlin-Steglitz und wollte einen Tag in Ost-Berlin verbringen. Ich habe dann ein Tagesvisum bekommen, also eine Ein- und Ausreisegenehmigung für einen einzigen Tag, musste einen bestimmten Betrag an D-Mark in Ost-Mark umtauschen und bin dann Richtung Alexanderplatz gegangen. Es war im Frühsommer und es gab einen warmen Sommerregen. Ich ging barfuß, damit meine Ledersandalen nicht völlig aufweichten. Ich kaufte mir zwei Bücher in einem Warenhaus, es waren Biographien über Rosa Luxemburg und Karl Liebknecht. Die beiden wurden ja in der DDR als Helden verehrt, weil sie für die Rechte und Interessen der einfachen Arbeiterschaft gekämpft und gar ihr Leben gelassen hatten. Ich interessierte mich damals für alle möglichen gesellschaftskritischen Strömungen, sympathisierte auch mit sozialistischen Ideen, obwohl ich hier ja hautnah erleben konnte, das die DDR kaum ein brauchbares Modell für eine bessere Gesellschaftsordnung abgeben konnte. Es war mehr eine theoretische Auseinandersetzung, die schon ab der elften Klasse auf dem Gymnasium begann. Es gab dort einen sehr gesellschaftskritischen Zirkel. Wir trafen uns bei russischem Tee und diskutierten die Schriften sozialistisch orientierter Autoren, aber auch von Psychoanalytikern, die die gesellschaftlichen Strukturen aufzudecken versuchten, kritische Theorie usw. Was man mit neunzehn an Ideen im Kopf hat... Du wirst das alles schon noch kennen lernen. Aber sicher mehr aus der Distanz und auf eine andere Art. Ich bin gespannt, was die Themen und die Auseinandersetzungsprozesse deiner Generation sein werden, wenn du in diesem Alter bist... Dann war ich auch am Schlossplatz, im Palast der Republik, trank dort einen Kaffee und rauchte eine Zigarette. Ich blickte auf Ährenkranz, Hammer und Zirkel, im bronzefarbenen Licht der Scheiben. Dahinter lag dieser große leere Platz, wo sich früher das Stadtschloss befand. Das habe ich dir ja schon erzählt.

Philipp: Aber, was die Rosa Luxemburg und der Karl Liebknecht da wollten, wofür sie gekämpft haben, im Grunde war es doch eine gute Sache...

Joachim: Aber natürlich. Du hast völlig Recht. Aber auch gute Ideen und ein an sich edles Engagement für bestimmte gesellschaftliche Gruppen werden von anderen, vielleicht mächtigeren Gruppen bekämpft. Manchmal geschah dies mit äußerst brutalen Mitteln. Rosa Luxemburg und Karl Liebknecht wurden ermordet, weil man fürchtete, sie könnten die Masse der einfachen Arbeiter noch erfolgreich machen in ihrem Wunsch nach Mitbestimmung,

Mitgestaltung und Überwindung ihres Elends in den überfüllten Mietskasernen.

Philipp: Und heute? Ist es heute besser?

Joachim: Auf bestimmten Gebieten schon. Es hat sich schon etwas getan. Aber wie kann es sein, dass viele Menschen immer noch dagegen sind, dass wir alle behinderten Kinder in die Grundschulen integrieren? Auch hier gibt es ein tugendhaftes Engagement von vielen Eltern und Pädagogen. Doch andere kämpfen mit allen Mitteln dagegen.

Ab jetzt stehen mir keine Tonbandaufzeichnungen mehr zur Verfügung. Die vier Neunzigminutenkassetten waren voll und ich hatte alles weitere auf losen Blättern notiert. Jetzt habe ich das Problem, dieses Bündel an Zeichnungen und Mitschriften erst einmal sortieren zu müssen. Ich versuche dennoch, diese Fragmente zu sichten, so gut es geht.

Nächtliches Gespräch, 23.30 Uhr: Da wirkte noch etwas nach an Eindrücken aus dem Mauermuseum. Die Geschichte der Oberschulenschüler, die zwischen Bahnhof Friedrichstraße und Bahnhof Zoo auf den fahrenden Interzonenzug aufsprangen. Zuvor hatten sie eine Eisenbahnbrücke erklommen. Philipp versucht den genauen Ablauf zu rekonstruieren. Wir zeichnen das auf. Die alten D-Züge hatten noch zwei Haltestangen an den Seiten der Türen, und die Türen ließen sich noch von Hand öffnen. Das alles geht bei den modernen Zügen ja nicht mehr. Aber wie genau haben die Jungs das gemacht? Wo genau kletterten sie hoch? Mussten sie nicht den Fahrplan der Züge genau studiert haben, bevor sie einfach über die Gleise zu dem fahrenden Zug liefen? usw.

20. August 2003

Was ihn auch immer angetrieben hat, das Märkische Museum war für Philipp von Anfang an ein zwingender Bestandteil unseres Berlinprogramms. Gleich als erstes an diesem

Tag gingen wir hin, von der Brüderstraße ohne Schwierigkeiten zu Fuß. Wir schliefen allerdings lange und nahmen uns auch Zeit mit dem Frühstück.

Ich blättere in meinen Bleistiftnotizen, die ich mir während unserer Erkundungen und Gespräche vor den Objekten, Bildern oder Landkarten in die Taschen stopfte... Wir sahen die Palette, auf der Adolf von Menzel seine Farben gemischt hat. Menzel und seine wilhelminischen sowie friderizianischen Bilder, zwei mal zwanzig Jahre hat er das Leben aus dieser Zeit festgehalten. War er ein Verherrlicher der preußischen Geschichte? ... Ein Photo der Straße Unter den Linden: Die Berlitz Language Schools, mit elegantem Schild über der Tür, schon 1910? ...

Wer war Ernst Thälmann, von dem wir eine Skulptur sahen? ...ermordet im KZ Buchenwald, 1944 ... ein sozialistischer, später kommunistischer Politiker ... Berlin unterm Hakenkreuz, ein Photo des Wannseebades vom 16. April 1934 ... Propagandaplakate der DDR, Stalin, Grüße der SED, der Sozialistischen Einheitspartei der DDR an den Genossen Stalin, an die Kommunistische Partei der Sowjetunion, zum XIX. Parteitag. Wie wirkt Stalins Gesicht auf uns? Nicht unfreundlich. Man darf sich durch diese Plakate nicht täuschen lassen...

13.50 Uhr: Eigentlich wollten wir längst das Märkische Museum verlassen. Eben war noch die Rede von Hunger und Durst. Doch jetzt geht Philipp noch einmal zurück, um das Holzmodell des mittelalterlichen Berlin mit einer Karte von 1450 zu vergleichen. Das hier ist die Nikolaikirche... Hatte die nicht später zwei Türme? ...

Es kommt zu einer längeren Bildbetrachtung: *Die Familie des Malers Max Liebermann, in ihrer Villa am Wannsee*, 1926. Es handelt sich um ein von Liebermann selbst gemaltes Bild. Frau Martha ging 1943 in den Freitod, als ihr Mann schon nicht mehr lebte. Mit welchen Mitteln denn? fragt

Philipp, doch ich weiß es, zum Glück, nicht. Sie sieht so sympathisch aus auf dem Gemälde. Sie liest ihrer Enkelin aus einem Buch vor. Auf dem Tisch ein Blumenstrauß...

Wenn ich mal etwas zügiger durch einen der Ausstellungsräume gehe, holt mich Philipp immer wieder zurück und fragt, ob ich denn diesen oder jenen Gegenstand oder ein Bild oder ein Stadtmodell auch wirklich genau angeschaut hätte? ... Spielsachen aus der Zeit von 1900 bis 1920, eine Draisine und ein Hochrad mit Metallrädern. Das muss gerumpelt haben, so ganz ohne Federung? ... Photographien vom Alexanderplatz, wie er sich über die Jahrzehnte des vergangenen Jahrhunderts verändert hat ... großes Farbportrait des Walther Rathenau, von Edvard Munch gemalt, 1907, in Öl. Munch hat mit viel psychologischem Einfühlungsvermögen gemalt. Rathenau wirkt elegant, lässig und empfindsam. 1922 wurde er als Außenminister der Weimarer Republik ermordet ...

Das Kaiserpanorama von 1881. Eine Erfindung von August Fuhrmann. Wir sitzen um das Rondell und schauen. Vierundzwanzig Plätze gibt es. Das Kaiserpanorama stand früher in einer Passage Unter den Linden, auch Kaisergalerie genannt. Photografen sorgten für aktuelles Bildmaterial aus aller Welt. Doch zumeist sehen wir Truppenaufmärsche, preußische Soldaten zu Pferde, Paraden auf dem Schlossplatz. Bevor das dreidimensional wirkende Bild wechselt, ertönt ein Glockenschlag...

Sehr beeindruckend eine Zeichnung von Heinrich Zille: *Der späte Schlafbursche*, Druck von 1902. Betten, an denen offenbar Mangel war, wurden etappenweise zum Schlafen vermietet. Auf Zilles Bild liegen sie zu zweit oder zu dritt schlafend in den Betten. Einer erhebt sich und macht dem *späten Schlafburschen* Platz. 1900 gab es bei 73 000 Berliner Haushalten etwa 85 000 Schlafburschen und 30 000 Schlafmädchen oder Schlaffrauen. Die andere Seite der Kaiserherrlichkeit. Man sieht es auch in einem Bild von Hans Baluschek, die Arbeiterinnen, von 1900. Verhärmte und blasse, abgearbeitete Gesichter....

Innenaufnahmen vom ehemaligen Stadtschloss ... Eine transportable Feldtoilette für Offiziere ... Eine Photoserie zur Sprengung des Stadtschlosses, Flügel für Flügel ... Wer war putto? Schau, dieses Männchen hier! – Es ist Bergungsgut aus dem Stadtschloss. Die drei Putten, so nennt man diese kleinen Kinderfiguren, standen oben auf einem Dachsims. Sie sind aus Blei und innen mit Schamotte gefüllt. – Schamotte? – Ist quasi Ton....

Die Brüderstraße im Berlinmodell zur Zeit des Barock gesucht, ebenso das alte Brandenburger Tor, die Straße Unter den Linden ... die Zünfte, ab dem dreizehnten Jahrhundert, die Zusammenschlüsse der Handwerker, die Fahnen der Schmiede oder Tischler ... Ein Gemälde zum Berliner Kongress. Das ist Bismarck. Präg dir unbedingt diesen Namen und dieses Gesicht ein, Philipp! Bismarck ist eine historische Schlüsselfigur sondergleichen. Die Gegensätze zwischen Russland, Österreich und Preußen... ein kolorierter Kupferstich von 1750. Er zeigt die Brüderstraße... Die Brüderstraße hatte früher einen etwas anderen Verlauf, wie wir sehen können. Sie führte einst direkt bis zum Stadtschloss ...

Ein Modell rekonstruiert die Orte Berlin und Cölln im Jahre 1688. Erneut finden wir die Brüderstraße... Ein weiteres Modell zeigt Berlin und Cölln im Jahre 1450. Da war die Brüderstraße nur einen Steinwurf von der Stadtmauer entfernt. Boh, das ist interessant!, höre ich Philipp ausrufen. Auch der Verlauf der Spree hat sich inzwischen verändert. Einige Seitenarme wurden zugeschüttet... Ein italienischer Maler namens Perici hat Joachim, den Kurfürst von Brandenburg, gemalt. Siehst du Papa, es gab auch Herrscher, die Joachim hießen! ...

Philipp erforscht die Funktionsweise eines Klavichords, dessen quer zur Tastatur verlaufende Saiten von Metallstiften angeschlagen werden. Es stammt aus der Brüderstraße 13, aus dem Hause des Nikolai... Bildnis und Büste des Verlegers, Schriftstellers und Aufklärers Nikolai ... Die Forschungsreisen des Alexander von Humboldt, 1799 bis 1804, Amerika, Südamerika, 1829 nach China, Ideen zu einer Physiognomik der Gewächse, Beobachtungen und Reisebeschreibungen.... Ich beginne ein wenig zu ermüden, doch Philipp läuft immer noch einmal zurück, als wolle er alles in sich aufsaugen: Er will alles genau wissen, sage ich zu einem der Aufseher, als wir erneut vorbeikommen. Das kann ja nicht verkehrt sein, meint der Mann....

Wir stehen vor einem Portrait von Albert Einstein, von 1931. Er erhielt einen Ruf nach Berlin, an die Akademie der Wissenschaften, ins Institut für Physik. Einstein aber spottete: *Die Herren Berliner spekulieren mit mir wie mit einem präparierten Legehuhn. Dabei weiß ich selbst nicht, ob ich überhaupt noch Eier legen kann.* Was wurde aus Einstein in der Nazizeit? War er nicht Jude? fragt Philipp. ... Ein Photo aus dem Jahre 1891 zeigt die Gebäude Brüderstraße 41 – 43. Franke & Pfullmann, Atelier für Herrenmoden, im ersten Stock darüber: Gardinen und Stickereien, August Knoll: Zumeist haben die Häuser vier Etagen und Dachetagen, manchmal sind sie auch niedriger, nur mit drei Etagen. Fünf Männer in Anzügen stehen vor einem Geschäftseingang, daneben eine Kutsche mit einem Schimmel davor...

Ein Photo vom Spittelmarkt, aus dem Jahre 1880. Man sieht ein Kirchlein, die Gertraudenkirche, davor Holzbottiche, wohl mit Fischen, die zum Verkauf angeboten werden. Pferdegespanne, stehend. Ruhe liegt über dem Platz. Heute, im Jahre 2003, ist der Spittelplatz dagegen so gesichtslos. Vor dem Eingang zur U-Bahn steht eine fahrbare Würstchenbude. Dahinter Hochhäuser. Es dominieren die auf der breiten Straße durchbrausenden Autos.... Einschneidende Ereignisse. 1948: Berliner Blockade, die Alliierten versorgen die Westberliner Bevölkerung aus der Luft. Die Zeit der Luftbrücke und der Rosinenbomber, Philipps große Faszination. 1951: Sprengung des Stadtschlosses; 13. August 1961: Mauerbau; 1973: Transitabkommen über vier Luft- und Straßen- bzw. Eisenbahnkorridore von und nach West-Berlin; 9. November 1989: Öffnung der Mauer ... Ein Photo von der Kreuzung Unter den Linden und Friedrichstraße, von 1909. Das vornehme und mondäne Victoria-Café, Fuhrwerke, Männer mit hohen Zylindern, Frauen in taillierten Kostümen und üppigen Hüten. Bogenlampen und Gaslampen, wie wir sie im technischen Museum sahen...

Eine künstlerische Arbeit von Wolf Vostell, aus dem Jahre 1972, eine große Schwarzweißaufnahme von Berliner Mauer und Brandenburger Tor, eine klotzige Betonmanschette draufmontiert. Gut, dass das nun vorbei ist.... Was Philipp im Marco Polo gelesen hatte und unbedingt sehen wollte: den Kopf des äußeren rechten Pferdes vom Dach des Brandenburger Tors, das einzige Überbleibsel der historischen Quadriga von 1791/93, inzwischen grün und schwarz oxidiert, die ja zwischenzeitlich von Napoleon mit nach Paris geschleppt wurde, von Blücher wieder zurückgeholt, im zweiten Weltkrieg zerstört wurde, bis auf eben diesen Pferdekopf. Vorsorglich machte man 1942 einen Gipsabdruck, das alles ist doch schon Grund genug, ins Märkische Museum zu gehen und überhaupt nach Berlin zu fahren, sich Napoleon und seine Truppen vorzustellen, wie sie nun durchs Brandenburger Tor reiten und dann noch die Quadriga in Kisten verpackt nach Frankreich schaffen...

Wir stärkten uns mit spaghetti Napoli, machten ein wenig Pause und brachen auf, ins Strandbad Wannsee. Nach soviel geistiger Betätigung musste der Körper erneut zu seinem Recht kommen.

Zeichnung, *Rosinenbomber*, Philipp, 2003

Am späteren Abend schlenderten wir noch durch die Hackeschen Höfe. Ein abschließender Eindruck für diesen Tag, obwohl das wirklich nicht mehr nötig war und uns auch nicht sonderlich ansprach. Schnell eilten wir wieder zurück in die Brüderstraße, da war eher unser Berlin, wie wir es auf dieser Reise entdeckt hatten, in dieser scheinbar so verlassenen Straße, zwischen DDR-Plattenbau, Nikolaihaus und geisterhaft leerem Warenhaus Hertzog. Erst recht nach dem Besuch des Märkischen Museums sahen wir die Straße mit anderen Augen.

Sie war bunt, voller Menschen, Pferdegespanne. Philipp und ich wohnten in einem Zimmer in einer der oberen Etagen. Vom Fenster aus sah man das Stadtschloss. Wir rochen die frischen Pferdeäpfel und hörten das Getrappel der Hufe auf dem Kopfsteinpflaster. Abends waren wir zu einer kleinen Soirée bei Nikolai eingeladen. Ich würde dort eine Passage aus einem neuen Manuskript vorstellen, Philipp derweil im efeubewachsenen Innenhof des Hauses spielen, oder auch zuhören, ja, so aufmerksam wie ich ihn während dieser sieben Tage in Berlin erlebte, würde er es vielleicht sogar vorziehen, einem solchen Diskurs zuzuhören, wenngleich er doch immer wieder gerne in einem schönen Hof herumtollt. Ach, er ist ja noch ein Kind, glücklicherweise!

21. August 2003

Rückfahrt mit dem Intercityexpress nach Köln, morgens ab 11.00 Uhr vom Bahnhof Zoo. Auf dem Berliner Bahnsteig, nur wenige Meter weiter, steht Hartmut von Hentig, der große Pädagoge, in Begleitung eines Freundes. Die Blicke des Bekannten (H.v.H.) und des Unbekannten (J.B.) kreuzen sich für einen Moment, als berührten sich zwei geistige Welten.

23. August 2003

Jetzt ist auch Jan wieder von der Segeltour zurück. Ich hole ihn in der Nacht von Freitag auf Samstag um 0.30 Uhr in Eckenhagen ab. Die Atmosphäre am Bus war so, dass man sich voneinander verabschiedete und aufgeregt von Sturm oder fehlendem Wind und anderen Vorkommnissen während der Fahrt erzählte. Jan hatte zuerst eine Kajüte mit den zwei Jungs aus unserem Dorf geteilt. Dann hatte ihn der Leiter gebeten, sich zu einem Jungen zu gesellen, den man wegen einer Kopfverletzung nicht allein schlafen lassen wollte. Dieser war nachts im Schlaf aus der Koje gefallen und hatte sich eine Platzwunde zugezogen. In Rostock hatte es zunächst kaum Wind gegeben und die Abfahrt verzögerte sich um einen ganzen Tag.

Dann ging es Richtung Rügen, Stralsund, Bornholm, später Kopenhagen. Endstation war Kiel. Unterwegs gab es auch einmal kräftig Sturm, immerhin Windstärke fünf. Jan wirkt auf mich sehr entspannt und zufrieden. Die zwei Wochen scheinen ihm sehr gut bekommen zu sein. Im Auto erzählte er schon mehr als je zuvor. Zuhause sitzen Karin, Jan und ich noch bei einem kleinen Nachtmahl, um noch mehr zu erfahren. Das unmittelbar Erlebte anzuhören ist immer am schönsten, auch wenn es zu einer Zeit ist, zu der man eigentlich besser schläft.

Die Jungs auf dem Schiff haben sich die verschiedenen Dienste wie Tischdecken, Kochen, Spülen, Sauber machen, Nachtwache schieben, das Schiff steuern und anderes teilen müssen. Gelegentlich wurden Ausflüge an Land unternommen, besonders in Kopenhagen und auf Bornholm. Jan spricht von einem intensiven Gruppen- und Gemeinschaftserlebnis. Mit dem pädagogischen Leiter, einem Gemeindereferenten aus Eckenhagen und dem Team der Betreuer kam er ausgezeichnet zurecht. Dasselbe gilt für den holländischen Kapitän und einen Matrosen. Das Leben auf dem

Schiff folgte klaren Regeln. Die Gemeinschaft der insgesamt siebenundzwanzig Menschen an Bord trug Jan offenbar in einer besonderen Weise mit.

Noch in der Nacht seiner Rückkehr betonte Jan, dass er auch länger auf See geblieben wäre und dass er an einer solchen Fahrt jederzeit wieder teilnehmen würde. Er hat Beobachtungen gemacht, an denen er uns ein wenig teilhaben lässt. Diese beziehen sich einmal auf die Menschen an Bord, auf ihre Verhaltensweisen, Charaktere und Interaktionen. Zum anderen beziehen sie sich auf die Naturkräfte des Windes und des Wassers. Nachdem ihn der Kapitän eingewiesen hatte, steuerte Jan über einen längeren Zeitraum das Schiff, indem er das Steuerrad in der Hand hielt, natürlich unter Aufsicht und Anleitung. Er sah die Segel im Wind und fand, das Schiff habe immer so nach rechts gewollt. Ich hätte das gerne mitangesehen und miterlebt, respektiere jedoch, dass Jan auch Erfahrungen ohne mich machen muss und soll. Heimweh hat er auch keines gehabt. Ab 3.00 Uhr wird dann endlich geschlafen.

24. August 2003

Ich habe einige Recherchen zu Berlin unternommen, im Internet. Philipp und Jan kamen zwischenzeitlich dazu. Mich interessierte etwa die Geschichte des Strandbads Wannsee. Ich surfte also durch die Webseiten und fand das Folgende heraus: Am Ufer des Wannsees gab es eine sanft abfallende Stelle mit Sandstrand, klarem Wasser und einer von Bäumen überschatteten Uferböschung. Diese Stelle wurde trotz Verbotes zum Baden genutzt. 1907 wurde ein kleines Stück Ufer offiziell zur Badestelle erklärt. Erste Holzgebäude entstanden, dann Steingebäude. 1929 bauten die Architekten Richard Ermisch und Martin Wagner die noch heute vorhandenen, allerdings inzwischen etwas heruntergekommenen Gebäude mit Umkleiden, Duschen, Toiletten, Kiosken und Läden. Die Strandlänge beträgt insgesamt 1275 Meter. Das Strandbad Wannsee ist das größte Binnenseebad in Europa. Nicht schlecht.

Und dann haben wir noch nach dem Schlager *Pack die Badehose ein* geforscht. Erste Recherche: Wer hat das Lied gesungen? Connie Froboess. Zweitens: Wie alt war sie, als sie das Lied sang? Sieben. Drittens: In welchem Jahr kam das Lied heraus? 1951. Viertens: Wer schrieb die Musik? Der Komponist Gerhard Froboess. Fünftens: Wer dichtete den Text? Hans Bradtke. Sechstens: Wo finden wir den Text? Wir entdeckten ihn in einem Musikarchiv, aber leider fanden wir, trotz aufwändiger Suche noch nicht die Möglichkeit, ihn im Original anzuhören. Wir entdeckten lediglich eine instrumentale Passage, die uns immerhin schon einmal die Melodie näherbrachte. Hier der Text:

Wenn man in der Schule sitzt, über seinen Büchern schwitzt
Und es lacht der Sonnenschein, dann möcht man draußen sein
Ist die Schule endlich aus, geh' n die Kinder froh nach Haus
Und der kleine Klaus ruft dem Hänschen hinterher:
Pack die Badehose ein, nimm dein kleines Schwesterlein
Und dann nischt wie raus nach Wannsee
Ja, wir radeln wie der Wind durch den Grunewald geschwind
Und dann sind wir bald am Wannsee
Hei, wir tummeln uns im Wasser
Wie die Fischlein, das ist fein
Und nur deine kleine Schwester
Nee, die traut sich nicht hinein
Pack die Badehose ein, nimm dein kleines Schwesterlein
Denn um acht müssen wir zuhause sein
"Woll'n wir heut ins Kino geh' n und uns mal Tom Mix anseh'n?"
Fragte mich der kleine Fritz, ich sprach "Du machst 'n Witz!

Schau dir mal den Himmel an, blau soweit man sehen kann.
Ich fahre an den Wannsee und pfeife auf Tom Mix."
Pack die Badehose ein, nimm dein kleines Schwesterlein
Und dann nischt wie raus nach Wannsee
Ja, wir radeln wie der Wind durch den Grunewald
geschwind
Und dann sind wir bald am Wannsee
Hei, wir tummeln uns im Wasser
Wie die Fischlein, das ist fein
Und nur deine kleine Schwester
Ach, die traut sich nicht hinein
Pack die Badehose ein, nimm dein kleines Schwesterlein
Denn um acht müssen wir zuhause sein
Hei, wir tummeln uns im Wasser
Wie die Fischlein, das ist fein
Und nur deine kleine Schwester
Ach, die traut sich nicht hinein
Pack die Badehose ein, nimm dein kleines Schwesterlein
Denn um acht müssen wir zu Hause sein.

Wir fuhren zwar nicht mit dem Rad, sondern mit der S-Bahn, bis zur Station Nikolassee und gingen von dort aus zu Fuß, doch unsere Stimmung war trotzdem mindestens so gut wie diejenige, die das Lied vermittelt. Ich photographierte Philipp vor dem noch historisch belassenen Häuschen auf dem Bahnsteig Nikolassee. Was steckt hinter dem Namen Nikolassee? Erneute Recherche, Philipp schaut mir über die Schulter, eine Villenkolonie, lauter prächtige Landhäuser, ganz vornehm. Die hatten es dann ja nicht so weit, wie auch die Leute aus Schlachtensee, und die ganzen frechen Berliner Gören sind durch den Wald an ihnen vorbeigezogen, singend, man muss es sich mal vorstellen ... Ich werde dranbleiben, bis wir das Lied irgendwo auftreiben können. Auch Philipp will es ja unbedingt anhören, um sein persönliches

Erlebnis am Wannsee zu vertiefen, abzurunden, nachträglich auszukosten.

25. August 2003

Jan wird noch vollends zum Weltenbummler. Heute fragte ich ihn, wie er sich seine Herbstferien denn vorstellt? Ob er nicht ein weiteres Mal in Sprachferien gehen wolle? Er rechnete sich vor: Jetzt zwei Wochen Leerlauf zu Hause, in der letzten Ferienwoche das Tenniscamp hier in Nümbrecht, vom Tennisverein aus. Dann plötzlich und ohne irgendeinen Zweifel daran zu lassen sagt er: Ja, ich fahre noch einmal nach England. Christchurch again. Freie Plätze gibt es noch, wie ich telefonisch beim DJH erfahre. Die Damen in Detmold haben nun schon zweimal die Buchung bei Europartner für uns gemacht. Das Fax ist raus.

Schon vorgestern habe ich per e-mail in einer Pension in der Altstadt von Neapel nachgehört, ob sie mich dort unterbringen können. Noch keine Antwort. Eine erste Orientierung über den Golf von Neapel erfolgte anhand eines Polyglottbüchleins von 1960, reichlich veraltet die Angaben darin. Schnell wurden zwei brandaktuelle Reiseführer in unserer Buchhandlung geordert. In wenigen Tagen geht es schon wieder los.

26. August 2003

Heute holte ich das Lied *Pack die Badehose ein* aus der mailbox. Ich hatte es auf Mannis Webpage gefunden und dieser Manni war so nett, es uns zu schicken. Sogleich haben wir es angehört, erst Philipp und ich gemeinsam, dann haben wir es Jan und Karin vorgespielt. Wirklich rührend, wie die kleine Connie das singt und nachher der Chor der Kinder hinzukommt. Die Musik bringt die ganze Sehnsucht und Lebensfreude der Kinder zum Ausdruck, mit einem Hauch Melancholie.

Philipp, gezeichnet von Friedrich von Bömches, Juni 2003

28. August 2003

Ich forsche im Kindler Literaturlexikon nach den veröffentlichten Texten und Büchern von Nicolai, Friedrich II. und Voltaire. Bei Nicolai war es vielleicht die rein räumliche Berührung, durch unser kurzes, aber intensives Leben in der Brüderstraße. Bei den anderen beiden war es sicher eine stärker geistige Berührung. Ich stellte mir vor, wie Friedrich II. und Voltaire in dem Schloss in Sanssouci zusammensaßen, wie sie miteinander durch den Park spazierten, dabei Ideen und Gedanken austauschten, oder wie sie auf die Entfernung per Brief miteinander korrespondierten, Briefe, die dann mit berittenen Kurieren durch die Lande transportiert und am Zielort entsiegelt, aufgerollt und gelesen wurden.

Was schrieb also Friedrich Nicolai? Er lebte von 1733 bis 1811 in Berlin. Ein wesentliches Werk von ihm ist hier erwähnt: *Das Leben und die Meinungen des Herrn Magister Sebaldus Nothanker*, erschienen in Etappen, von 1773 bis 1776... *die Geschichte der Werbung eines gelehrten Dorfpfarrers um die Hand einer fürstlichen Kammerjungfer bis zu ihrer Heirat...*

Von Voltaire werden im Kindler Lexikon allein zwanzig Werke ausführlich dargestellt und besprochen. Voltaire, geboren 1694, gestorben 1778, jeweils in Paris. *Brutus*, Tragödie in fünf Akten, von 1729, *enthält eine deutlich revolutionäre Idee, die im Paris Ludwigs XV. missfallen musste, aber bezeichnenderweise nach der Revolution Anklang fand. Das Stück blieb vierzehn Abende auf dem Spielplan, bevor es zurückgezogen wurde und Voltaire inkognito nach Rouen verschwand...* weitere Werke: *Geschichte Karls XII., König von Schweden ... Der Tod Cäsars ... Ödipus ... Das Jahrhundert Ludwigs XIV. ... Traktat über die Toleranz ...*

Und Friedrich II., was finde ich von ihm? ... *Antimachiavell oder Kritischer Versuch über den „Fürsten" des Machiavell*, staatstheoretische Schrift von König Friedrich II.

von Preußen, anonym in einer Bearbeitung von Voltaire, erschienen 1740 ... Der Antimachiavell ist die theoretische Verteidigung dessen, was er später in der Praxis gezwungen war zu verletzen, die Verteidigung der aufklärerischen Ideen einer tugendhaften, maßvollen, auf Wohlfahrt der Untertanen, auf Frieden und Gerechtigkeit bedachten Staatsführung ... Ach, hätte ich doch nur mehr Zeit zum Lesen!

30. August 2003
Ich griff nach Egon Friedells *Kulturgeschichte der Neuzeit*, um die Zusammenhänge ein wenig genauer zu rekonstruieren... zuerst also geht es um Voltaire ... ich las wieder einmal bis in den frühen Morgen ...

Der Kreis, den Voltaire vertrat, hatte den denkbar größten Radius: Voltaire ist die Essenz ganz Frankreichs und des ganzen achtzehnten Jahrhunderts ... Schon als Knabe hatte er eine große Vorliebe für elegante Kleider und gutes Essen und sein ganzes Leben lang war er bestrebt, sich mit einem grandseigneurhaften Luxus zu umgeben, zu dem er sich aber mehr durch seine Leidenschaft für schöne Form und großartige Verhältnisse als durch wirkliche Genusssucht hingezogen fühlte. Als er auftrat, war ein homme de lettres ein gesellschaftlich unmöglicher Mensch, ein Desperado, Taugenichts und outlaw, Schmarotzer, Hungerleider und Trunkenbold. Voltaire war der erste Berufsschriftsteller, der mit dieser festgewurzelten Tradition brach.

Er führte von allem Anfang an ein Leben im vornehmen Stil und brachte es zumal in der zweiten Hälfte seines Daseins zu fürstlichem Reichtum. Voltaire besaß zwanzig Herrschaften mit zwölfhundert Untertanen und einem Jahresertrag von 160 000 Francs, herrliche Villen und Schlösser mit Äckern und Weinbergen, Gemäldegalerien und Bibliotheken, kostbarem Nippes und seltenen Pflanzen, einen Stab von Lakaien, Postillonen, Sekretären, einen Wagenpark, ei-

nen französischen Koch, einen Feuerwerker, ein Haustheater, auf dem berühmte Pariser Künstler gastierten und sogar eine eigene Kirche ... Diesen Wohlstand verdankte er zum Teil Pensionen und Büchererträgnissen ... zur größeren Hälfte allerlei dubiosen Geldgeschäften, die er mit großem Geschick betrieb: Börsenspekulationen, Kaufvermittlungen, Grundstücksschiebungen, Armeelieferungen, hoch verzinsten Darlehen...

Und Voltaires Verhältnis zu Friedrich II.? Jetzt wird es erst interessant. Mein Bild von Sanssouci und dem Neuen Palais in Potsdam bekommt mehr Farbe und Kontur. Hier nur einige wenige Passagen aus Friedells Abhandlung: ... *Aus Voltaires überreiztem und hyperaktivem Kämpfertum erklären sich auch seine vielen kleinen Bosheiten, für die sein Verhältnis zu Friedrich dem Großen, der ihm hierin ähnlich war, besonders charakteristisch ist. Durch unvermeidliche Reibung haben diese beiden Genies einander ununterbrochen Funken des Hasses, der Liebe und des Geistes entlockt. Schon die Art, wie sie sich zusammenfanden, war sehr sonderbar. Um Voltaire in Frankreich zu kompromittieren und ihn dadurch an seinen Hof zu bekommen, ließ Friedrich der Große einen sehr ausfälligen Brief des Dichters bei den zahlreichen einflussreichen Personen verbreiten, die darin angegriffen waren. Voltaire wiederum versuchte, aus der Schwäche, die der König für ihn hatte, möglichst viel Geld herauszuschlagen. Friedrich der Große, der nachträglich fand, dass er Voltaire überzahlt habe, beschränkte ihn im Verbrauch von Licht und Zucker; Voltaire steckte im Salon Kerzen ein...*

Auch Nicolai kommt bei Egon Friedell nicht ausschließlich gut weg ... *ein braver und kenntnisreicher, kluger und schreibgewandter Mann, der als Abkömmling einer angesehenen Buchhändlerfamilie eine Art Mischung aus Kaufmann und Literat, eine bemerkenswerte Begabung im Exponieren und Exploitieren geistiger Strömungen zu entwickeln wusste, aber andrerseits durch seine Plattheit und Rechthaberei, die sich auch in der eigenmächtigen Redaktion der eingesandten Beiträge sehr widrig bemerkbar machte, und durch den engstirnigen Rationalismus, mit dem er alles verfolgte und verhöhnte, was er nicht kapierte (und das war ziemlich viel) ... Nicolai ist der echte Berliner, logisch, sachlich, zumindest stets voll gutem Willen zur Sachlichkeit, sehr misstrauisch gegen alle Phrase, Phantastik und Charlatanerie, sehr solid, sehr fleißig, für alles interessiert und von stets wacher Spottlust, die aber von der berlinischen Art ist und daher fast immer einen vernünftigen Kern hat...*

Interessanter wird es noch in den Abhandlungen über Friedrich II. ... *Als echter Philosoph zeigte sich Friedrich der Große schon allein durch seine Toleranz...* Friedells mit spitzer Feder, geistreich und elegant geschriebene Analysen reißen einen mit. Sie sind süffig und machen süchtig nach immer mehr... Ehe ich mich versehe, krähen die Dorfhähne und ich muss wieder einmal mit Rändern unter den Augen in den Schulunterricht... Doch will ich lieber hier aufhören. Es geht ja nun eher um meine historischen, philosophischen Interessen..., aber sie sind eben doch durch diese Reise nach Berlin wieder neu angestoßen worden...

2. September 2003
Morgen fliege ich nach Neapel. Ich werde erst eine Zeit in der Stadt verbringen, um dort ein wenig zu schreiben – und ein wenig Abstand zum Alltagsleben zu bekommen. Danach werde ich mit dem Tragflügelboot nach Procida übersetzen, um ein wenig zur Ruhe zu kommen. Die Tonbänder mit den Berlinaufzeichnungen sind abgeschrieben. Etwas mühevoll war das Abtippen der Kassetten am Ende schon. Das Manuskript „Reisetagebuch" kommt mit nach Italien, für den letzten Schliff am Text. Erfahrungsgemäß kommt das hin.

1. Oktober 2003
Inzwischen habe ich Arturos Insel von Elsa Morante zuende gelesen. Nein, der Vater wird nicht mit dem Jungen reisen. Die vielen Reisen des Vaters bleiben bis zum Schluss ein streng gehütetes Geheimnis. Höchstens reist der Vater mit einem jungen Mann, was Arturos Eifersucht weckt, zu einer tiefen Enttäuschung des Jungen führt und ihn veranlasst, Procida zu verlassen. Er schreibt einen Abschiedsbrief:
Lieber Pa, mein letztes Wort, das ich dir jetzt schreibe, ist dies: dass du dich geirrt hast heute Abend, wenn du wirklich glaubtest, dass ich noch mit dir zusammen reisen möchte, wie ich es mir früher gewünscht hatte. Damals stimmte es vielleicht, aber jetzt ist dieser Wunsch vorbei. Und du irrst dich ebenfalls, wenn du glaubst, dass ich neidisch bin auf deine Freunde ... Addio. Arturo.
Ich hoffe, ich habe es etwas besser gemacht als William Gerace. Es war auch nicht schwer. Philipp fragte mich vor einigen Tagen, was denn aus Arturo geworden sei...

2. Oktober 2003
Auf Procida besuchte ich eine Art Autorenlesung mit Alain Elkann. Nein, es war im Grunde eine nette Plauderei, die der Schriftsteller mit einem Moderator abhielt, über sein neues Buch *Una lunga estate*, ein lässiger Diskurs über das Wesen der vacanze, des Urlaubs. Man solle nun rein gar nicht arbeiten, meinte der signore, sich einfach nur treiben lassen ... Barbara, die Lufthansaflugbegleiterin, die auch im alten Barockpalazzo Savoia wohnte, gleich im Zimmer nebenan, wir beide saßen also in einer zum Kulturort gewordenen Kirche, weil die nach Elsa Morante benannten Gärten, i giardini di Elsa, unter Wasser standen, an dem Abend. Später neapolitanische Lieder. Annetta, eine Sopranistin von einer solchen Kraft und Sinnlichkeit, dass es den Putz von den Wänden herunterfallen ließ. Und Luciano wollte lieber genüsslich im

ristorante essen, kam aber später in die Bar. Una lunga estate..., wie wahr.

3. Oktober 2003

Glücklicherweise sind wir im Besitz einiger Photografien, vom Leben auf der Hendrika Barthelds, aus Kerry, aus Berlin. Jan hat die Route des Segelschiffs in eine Kartenkopie der westlichen Ostsee eingezeichnet und das Ganze zusammen mit einer vergrößerten Aufnahme des Schiffes in einen Glasbildhalter gepackt und in seinem Zimmer aufgehängt. Eine andere Vergrößerung zeigt Jan mit Rucksack auf dem Kerry Way, irgendwo zwischen Killarney und Kenmare, einer der schönsten Etappen des Weges überhaupt.

4. Oktober 2003

Die Reisen dieses langen Sommers rücken allmählich in die Vergangenheit, wie alles andere auch. Das neue Schuljahr ist in vollem Gang. Es ist die Rede von Leistungstests, Klassenfahrten und Pflegschaftsabenden. Das Leben der Kinder besteht erneut aus Schule, Hausaufgaben, Tennis, Klavier, einigen dazwischen gezwängten Verabredungen. Karin ist völlig absorbiert von den vielen kleinen Problemen an den integrativen Grundschulen, wo sie tätig ist und ich? Unterricht an der Sonderschule, Arbeit an zwei verschiedenen Buchprojekten, einem Aufsatz für ein Handbuch, Vorbereitung eines Workshops für einen Kongress im Frühjahr, gemeinsam mit Sylvia, viele kleine Handgriffe im Haushalt und in der Versorgung der Kinder, die Kinder hin und herfahren, im Rahmen ihres Freizeitprogramms, soweit Karin die Fahrten nicht macht. Leider kein Italienischkonversationskurs im Moment, weil es alles zu viel ist, aber doch einigermaßen regelmäßig zum Joggen und ins Sportstudio. Reisepläne, Reiseerinnerungen? Es ist keine Zeit.

5. Oktober 2003
Jan wird in gut zehn Tagen nach Weymouth, Südengland fahren. Für nächsten Sommer sind beide Jungs erneut für das internationale Camp auf Schloss Rohlstorf angemeldet. So werden sie wieder in dieser herrlichen Ostseelandschaft sein, mit anspruchsvollem Programm, fundierter und förderlicher Gruppenerfahrung und exzellenter Betreuung durch Professor Dr. Carl Kluge, seine Frau Eva, Dr. Doris Meyer und ihr internationales Team. Ach wäre ich nur ein Voltaire, ich müsste mir keine Gedanken mehr über die Finanzierung all dessen machen.

6. Oktober 2003
Philipp kommt zu mir ins Zimmer und meint, er hätte sich erneut mit der Beschleunigungstechnik von U-Bahnen beschäftigt. Er hätte da etwas in einem Buch gelesen...

7. Oktober 2003
Ich habe ein nettes sechstes Schuljahr bekommen, unverhofft. Die meisten haben bisher keine Fahrt gemacht. Ich schlug den Kindern und ihren Eltern vor, für sechs Tage nach Hörnum auf Sylt zu fahren, ins Fünf-Städte-Heim, wo ich schon einige Male mit Schulklassen gewesen bin. Schiffsfahrt zur Hallig Hooge, mit der Pferdekutsche von einer Warft zur anderen zockeln, Wattwanderung mit Herrn Lüders, dem Seebären, Wanderung um die Hörnumer Odde...
Die Kinder freuen sich. Sandra, unsere Schulsozialarbeiterin, begleitet mich, wie vor zwei Jahren. Außerdem habe ich die Gesellschaft und die Unterstützung eines netten und aufgeschlossenen Vaters, dessen Junge bedauerlicherweise zuckerkrank ist und der zur Zeit, wegen einer Umstellung in der Behandlung, besonders viel Betreuung benötigt. Wieder eine neue Form zu reisen, und neue Erfahrungen.

8. Oktober 2003

Karin und ich tranken ein Glas Wein mit Freunden. Sie haben drei Jungen im Alter von dreizehn, zehn und acht Jahren. Dazu kommt noch ein sechsjähriges Mädchen. Der jüngste Sohn benötigt sehr viel Aufmerksamkeit wegen eines körperlichen Leidens. Der zweite Sohn zeigt überdies in der Schule gelegentlich Verhaltensprobleme, indem er sich prügelt und den Lehrern gegenüber unzugänglich reagiert. Die Fahrt in den Sommerferien nach Frankreich, an die Côte d´Azure, erlebten die Eltern als recht anstrengend, weil sich die Kinder untereinander viel gestritten hätten. Sie überlegten nun, was sie in Zukunft anders machen könnten. Der Vater fuhr spontan mit dem Zweitgeborenen einige Tage lang in ein nettes kleines Hotel, in der Normandie. Sie gingen zusammen schwimmen und essen. Der Junge entspannte sich. Auf den Photos sieht man ein strahlendes Gesicht.

9. Oktober 2003

Als ich vierzehn Jahre alt war, es war im Sommer 1976, packte ich, gemeinsam mit einem Freund und dessen Bruder Zelt, Schlafsack und Bratpfanne aufs Rad. Wir fuhren die gut hundert Kilometer vom Südsauerland an den Möhnesee, für eine Woche. Die erste Nacht zelteten wir am Seeufer, in einem Wald, weil wir es nicht besser wussten. Das Abendessen wurde auf dem offenen Feuer zubereitet. Die nächsten Nächte campierten wir auf einem Jugendzeltplatz, wo wir Gasfeuerstellen, Duschen und fließendes Wasser zur Verfügung hatten.

Mit fünfzehn reisten wir per Anhalter nach Paris und von dort aus ans Mittelmeer, mein Freund Christoph und ich. Geschlafen wurde zumeist am Strand. Mit sechzehn fuhren wir, Chrissi, Charlie und ich, mit dem Zug an die Adria. Wir zelteten auf dem Lido di Jesolo und erkundeten Venedig.

Im selben Jahr organisierte ich mir eigenständig einen zweiwöchigen Aufenthalt in einer englischen Familie, in der Nähe von Southampton. Vorher und nachher blieb ich für jeweils drei Tage in London. Dabei übernachtete ich in der German Catholic Mission, im East End gelegen, in einem Schlafsaal. Ich erkundete die Stadt, ging ins Theater usw.

Mit siebzehn folgte eine vierwöchige Interrailtour, mit meinem Freund Rainald, der schon nicht mehr lebt. Über Amsterdam und Paris ging es durch Spanien und Portugal bis Tanger und Marrakesch. Übernachtet wurde in Zügen, auf Bahnhöfen, auf Stränden oder in billigen Hotels.

Karin und ich, wir waren achtzehn, fuhren per Anhalter in die Bretagne. In Paris übernachteten wir auf den Stufen von Sacre Coeur, im Schlafsack. Ich ging mit dem Teekessel in eine Bar um Wasser zum Kaffee kochen zu holen. Wir waren so spät in der Stadt angekommen, dass alle preiswerten Zimmer schon belegt waren. Mit zwanzig reisten wir fünf Wochen durch Sizilien. Wir schliefen mal in einem kleinen Zelt, mal in billigen Hotels, mal auf dem Strand. Das Essen kauften wir uns in kleinen Läden zusammen. Restaurantbesuche hätten wir uns nicht leisten können. Na gut, mal eine Pizza oder einen Teller Spaghetti, mehr aber nicht.

Es war abenteuerlich. Es war eine andere Zeit. Wir lebten in einer engeren Struktur. Entsprechend war der Drang nach Freiheit größer. Es waren natürlich auch weniger finanzielle Mittel vorhanden. Ich bin geprägt von diesen Erfahrungen. Zu wiederholen braucht das deshalb keiner meiner Söhne.

10. Oktober 2003

Was wären mögliche Reiseprojekte für das nächste Jahr? Mit Jan nach Connemara oder Donegal? Erneut wandern und noch weiter hinein in die irische Einsamkeit? Mit Philipp nach Italien? Sicher würde er sich mühelos ein wenig Italienisch aneignen. Erst nach Palermo und dann auf das kleine Inselchen Levanzo, zu erreichen mit dem aliscafo von Trapani? Aber würde er die Langsamkeit und die Passivität ertragen, die ich in der Regel in Süditalien an den Tag lege? Oder setzen wir jetzt ganz auf Gruppenerfahrungen? Gut, sie fahren in das internationale Camp nach Rohlstorf. Finde ich noch einen Segeltörn für Jan? Ostern alle zusammen nach Cornwall und die Küste abwandern? Einen Reiseführer über Cornwall habe ich bereits gekauft. Noch mal als komplette Familie reisen? Es war schon schön, wenn wir nach unseren Wanderungen in der Cinque Terre abends in Sestri Levante in die trattoria gleich neben dem Hotel Marina einkehrten. Ist es wirklich vorbei mit den Familienreisen? Oder wieder nach Sylt, mit Philipp und Lukas? Jan Ostern wieder nach England? Ich noch mal allein im Oktober nach Italien? Nach Procida, Sizilien, Levanzo?

Auch muss eines der beiden Autos bald ersetzt werden und dann sind Rollos nötig, auf der Wetterseite des Hauses, wo es bei den schräg herankommenden bergischen Regengüssen im Winter in die Stuben tropft, der graue Anstrich der Holzverschalung beginnt zu blättern und alle Lebenshaltungskosten steigen ... Nein Bröcher, du bist kein Voltaire, keine Landgüter, keine großzügigen Pensionen, nur Pläne und Ideen, und bescheidene Einkünfte. Also, bleib mit beiden Füßen auf dem Boden. Beginnen wir doch im kommenden Jahr einfach zu träumen, zu lesen, zu malen und zu dichten. Wir reisen einfach in der Phantasie!

Doch lassen wir zunächst Jan nach Weymouth und Philipp mit seiner Schulklasse auf die Freusburg fahren, übrigens ein idyllischer Ort, zwischen Bergischem Land und Westerwald gelegen. Und dann sehen wir weiter.

13. Oktober 2003
Heute morgen fuhr ich Philipp an den Bus, zur Klassenfahrt. Er wird fünf Tage auf der Freusburg bleiben. Sein Lehrer

und seine Klassenkameraden nahmen ihn in Empfang. Er packte Koffer und Rucksack selbstständig, wünschte dabei jedoch unser Mitdenken und Nachfragen, ob auch alles vollständig sei. Versunken saß er vor dem rostroten Trolley. Vor Jahren kaufte ich zwei Exemplare davon. Japanisches Fabrikat, für Zug und Flug. War der mit auf Procida? fragt er.

21. Oktober 2003
Jan ist inzwischen wohlbehalten in Weymouth angekommen und Philipp ist schon wieder von der Freusburg zurück.
Joachim: Was war für dich eine besonders schöne Erfahrung während deiner Klassenfahrt?
Philipp: Der Ausflug in ein Bergwerksmuseum.
Joachim: Was war daran so interessant?
Philipp: Mit den Loren zu fahren.
Joachim: Welche Rohstoffe wurden dort gewonnen?
Philipp: Eisenerz.
Joachim: Und das Leben in der Gruppe? Wie lief das?
Philipp: Wir haben zusammen eine Nachtwanderung und ein Lagerfeuer gemacht. Es gab auch einen Diskoabend.
Joachim: Kamest du gut mit den anderen Kindern zurecht?
Philipp: Ja, gut. Meistens habe ich mit Lukas, Matthias und Tim gespielt, aber auch mit vielen anderen aus meiner Klasse.
Joachim: Was habt ihr genau gespielt?
Philipp: Tischtennis oder Gruppenspiele wie *Wer ist das?*
Joachim: Gab es auch anstrengende Situationen?
Philipp: Die Wanderung nach Betzdorf, die war schon recht anstrengend.
Joachim: War der Weg zu weit?
Philipp: Wir mussten hin und zurück gehen, und zwischendurch waren wir ja Schwimmen.
Joachim: Gab es auch Schwierigkeiten und Konflikte während dieser fünf Tage auf der Burg?

Philipp: Einige hatten Heimweh und am Schluss haben sich zwei geprügelt.
Joachim: Warum haben sie sich geprügelt?
Philipp: Weil sie sich gegenseitig nicht leiden konnten. So habe ich es zumindest verstanden.
Joachim: Warst du in diesen Konflikt verwickelt?
Philipp: Nein.
[...]
Joachim: Was denkst du heute über unsere Berlinfahrt?
Philipp: Dass es interessant war.
Joachim: Was ist nach den Erfahrungen dieses Sommers für dich der Sinn des Reisens?
Philipp: Was von der Welt kennen zu lernen. Und für dich?
Joachim: Immer wieder neu seinen geistigen Horizont zu erweitern. Und, wenn du mit jemand anderem unterwegs bist, gemeinsam eine schöne Zeit zu haben. Lernt man auch richtig was während einer Reise?
Philipp: Nicht immer. Aber meistens.
Joachim: Sag mal ein Beispiel, wo du was gelernt hast, in Berlin.
Philipp: In den ganzen Museen habe ich was gelernt.
Joachim: Was denn?
Philipp: Zum Beispiel über die Geschichte Berlins, über die Geschichte der Menschen in Berlin, die Geschichte der Juden...
Joachim: Was würdest du anderen Kindern empfehlen, ausgehend von deinen persönlichen Reiseerfahrungen?
Philipp: Aufmerksam und neugierig sein, genau beobachten, Fragen stellen ...
Joachim: Was sollen die Erwachsenen tun, um Kinder bei diesen Erkundungen zu unterstützen?
Philipp: Dem Kind zur Verfügung stehen.